Antoine de la Fère

Die Nacht am Feuer

Band 2

Der Krieg im Winter

EK-2 Militär

Für Andrea und Nevio

Ihre Zufriedenheit ist unser Ziel!

Liebe Leser, liebe Leserinnen,

zunächst möchten wir uns herzlich bei Ihnen dafür bedanken, dass Sie dieses Buch erworben haben. Wir sind ein kleines Familienunternehmen aus Duisburg und freuen uns riesig über jeden einzelnen Verkauf!

Mit unserem Label *EK-2 Militär* möchten wir militärische und militärgeschichtliche Themen sichtbarer machen und Leserinnen und Leser begeistern.

Vor allem aber möchten wir, dass jedes unserer Bücher **Ihnen ein einzigartiges und erfreuliches Leseerlebnis** bietet. Daher liegt uns Ihre Meinung ganz besonders am Herzen!

Wir freuen uns über Ihr Feedback zu unserem Buch. Haben Sie Anmerkungen? Kritik? Bitte lassen Sie es uns wissen. Ihre Rückmeldung ist wertvoll für uns, damit wir in Zukunft noch bessere Bücher für Sie machen können.

Schreiben Sie uns: info@ek2-publishing.com

Nun wünschen wir Ihnen ein angenehmes Leseerlebnis!

Jill & Moni
von
EK-2 Publishing

Hinweis

Dieser Roman behandelt die Burgunderkriege und spielt somit hauptsächlich in der heutigen Schweiz. Auch ist der Autor Schweizer. Für maximale Authentizität folgt der Text den Regeln der Schweizer Rechtschreibung; so gibt es beispielsweise kein ß und die Guillemets (französische Anführungszeichen) bei wörtlicher Rede werden *umgekehrt* dargestellt: «» Das heißt, aus Sicht eines Deutschen oder Österreichers sind sie umgekehrt dargestellt. Für Schweizer ist ihre Darstellung in diesem Buch üblich.

Prolog – Schmerz

Die Welt war weiss.

Er versuchte sich zu bewegen, aber der Schmerz stoppte den Versuch auf der Stelle. Er öffnete die Augen. Alles um ihn herum war weiss, er konnte nichts erkennen. Dann langsam kam sein Sehvermögen zurück.

Er lag in einem Zelt. Einem weissen Zelt. Aber mehr als die Stoffbahnen, aus denen es zusammengenäht war, konnte er nicht erkennen.

Dann hörte er eine Stimme, tief, basslastig. Er kannte diese Stimme. Irgendwoher.

«Hauptmann!», machte die tiefe Stimme, «Hauptmann, er ist wach.»

Matthias versuchte seine Augen zu bewegen, aber sogar das bereitete ihm Schmerzen. Dann beugten sich zwei Gesichter über ihn. Das eine, gross, mit wildem Bart und einem riesigen Grinsen. Das andere mit schwarzem, langem Bart und dafür ernsten Augen.

Das ernste Gesicht schüttelte den Kopf. «Was zum Teufel ist in Dich gefahren?», sagte es. «Was zum Henker wolltest Du allein da oben?» Die Stimme war vorwurfsvoll und doch mehrheitlich besorgt. «Wolltest Du den feigen Hurenbock wirklich allein erledigen?»

Matthias wollte etwas sagen, aber es ging nicht. Er konnte seinen Mund nicht bewegen.

«Still!», herrschte ihn die besorgte Stimme mit den ernsten Augen an. «Bist Du denn eigentlich ganz von Sinnen? Es ist ein Wunder, dass Du überhaupt noch lebst. Wäre die berittene Garde Karls nicht so in Eile gewesen, mit ihm zu fliehen, hätte der Hieb Dich ganz bestimmt voll getroffen. Und dann wärst Du jetzt tot!» Die Stimme machte eine Pause, nahm tief Luft. «Du verd…» Die Stimme seufzte wieder. «Mach das nie wieder! Hörst Du? Nie wieder, mein Freund.»

Dann war das Gesicht mit dem ernsten Blick weg. Dafür erschien wieder das Grinsende, das mit dem wilden Bart. Es lachte Matthias immer noch an.

«Schön, seid Ihr wieder unter den Lebenden, Kapitän», sagte das grinsende Gesicht.

Matthias schloss die Augen und die Welt wurde wieder dunkel.

* * *

An Eure Durchlaucht, hochgeborene Fürstin Jolanda, Herzogin von Savoyen und Prinzessin von Frankreich.

Untertänigst grüsse ich Euch und wende mich an Euch in einer persönlichen wie auch in einer politischen Sache.

In erster Linie danke ich Eurer Hoheit im Namen der Stadt Zürich wie auch in meinem persönlichen von ganzem Herzen für Eure Bereitschaft, das Bündnis mit den Ständen der Eidgenossenschaft zu erneuern und im Gegenzug dasjenige mit Herzog Karl von Burgund genannt dem Kühnen aufzukündigen. Die offizielle Antwort unserer Tagsatzung wird Euch durch denselben Boten zugestellt, wofür ich Sven von Einsiedeln ausgewählt habe, welchen Ihr schon kennenlernen durftet und der als einer der ganz wenigen das volle Vertrauen von meinem werten Freund Matthias und mir besitzt.

Mit Freude darf ich Euch mitteilen, dass wir, die Gemeinschaft der Eidgenossenschaft, vor den Toren zu Murten den Herzog Karl auch im zweiten Aufeinandertreffen geschlagen haben. Des Herzogs Heer haben wir über die Hälfte dezimieren können und der Herzog selbst ist nur mit viel Mühe entkommen.

Jedoch muss ich Euch aber zu meinem Bedauern auch mitteilen, dass unser gemeinsamer Freund, Matthias von Altstetin, bei dem Versuch, den Herzog zu stellen und ihn in einen Zweikampf zu verwickeln, von einem Schwerthieb an der Seite und im Gesicht schwer verletzt wurde. Wir belassen ihn zurzeit in Murten, wo er durch Ärzte und einen Medikus versorgt wird, bis er wieder zu Kräften kommt. Die Ärzte sind aber zuversichtlich, dass dem so sein wird.

Sobald dies der Fall ist, wird er von unserer Obrigkeit zum Ritter geschlagen.

Die Tagsatzung hat Ihrem Vorschlag zugestimmt, ihn zu dem offiziellen Botschafter zwischen Eurem werten Herzogtum Savoyen und der Gemeinschaft der Eidgenossenschaft zu machen und ich werde ihn nach dem Ritterschlag zu Ihnen senden.

Somit verbleibe ich gnädigst und sende Euch demütig meine besten Glückwünsche.

Euer treuer Freund, Hans Waldmann, Ritter von Zürich. Murten, den 25. des Monats Juni 1476 ad

* * *

An den hochgeehrten Hans Waldmann, Ritter von Zürich, Heerführer und Hauptmann der Gemeinschaft der Eidgenossenschaft.

Mit herzoglichen Gnaden grüsse ich den werten Herrn Waldmann und danke Euch im Namen des Herzogtums Savoyen und meines ganz persönlichen Herzens für Ihre Mitteilung.

Mit grossem Schrecken habe ich Eure Nachricht über die schwere Verletzung meines geliebten Herrn Matthias von Altstetin vernommen und verbleibe in Sorge um seine Gesundheit. Trotzdem überwiegt die Freude, dass er lebt und sich auf dem Weg zur Besserung befindet. Ich habe aufgrund der Schwere der erlittenen Verletzung beschlossen, meinen persönlichen Leibarzt mit Herrn Sven von Einsiedeln eigens zur Behandlung und Betreuung von Matthias an Euch zu schicken.

Ich sende meinen Dank durch Euch auch an die Tagsatzung, dass mein Vorschlag, Herrn Matthias von Altstetin zum Ritter zu schlagen und ihn als Botschafter einzusetzen, angenommen wurde.

Ebenso teile ich Ihnen mit, dass mein ehrenwerter Bruder Louis XI., König von Frankreich, sich von Herzog Karl von Burgund abgewandt und ihm jegliche politischen Beziehungen aufgekündigt hat. Gegebenenfalls wäre es denkbar, dass die Gemeinschaft der Eidgenossenschaft eine Abordnung zu meinem werten Bruder sendet, um mit ihm ebenfalls ein mögliches neues Bündnis auszuhandeln? Ich bin der vollen Überzeugung, dass dies unseren Ländern den langersehnten Frieden bringen wird und dabei die Macht und den Einfluss von Herzog Karl gleichermassen schwächt.

Darf ich Euch bitten, dies der Tagsatzung so mitzuteilen und ich erbiete die ergebensten Grüsse.

Jolanda von Frankreich, Herzogin von Savoyen.

Chambéry, den zweiten des Monates Juli im Jahre des Herrn 1476

Teil 3 – Nancy

Er starrte an die Decke. Unterdessen kannte er jeden der sieben Querbalken bis in das kleinste Detail. Jedes Astloch, jede Maserung, jede farbliche Differenzierung. Er zählte zum tausendsten Male die Bretter an der Wand und die Fehler in der Knüpfung der Wandteppiche. Sonnenstrahlen fielen durch das kleine Fenster und Staub flimmerte darin. Er stützte sich unter Schmerzen auf und versuchte einen Schluck Wasser aus dem Zinnbecher neben dem Bett zu trinken. Nur mit allergrösster Mühe konnte er ihn an die Lippen heben und trank ein paar Schlucke.

Auch vom Wasser hatte er so was von genug. Lieber hätte er ein kaltes Bier oder einen guten Wein gehabt, aber der savoyische Arzt hatte es ihm verboten. Wenigstens schmuggelte Hans Waldmann ab und an eine kleine Feldflasche mit Wein in sein Zimmer und erlaubte seinem alten Freund ein wenig davon zu kosten.

Der Leibarzt von Jolanda, ein weiterer Arzt aus der Stadt Thun und Linhart von Klosters, der Medikus in seiner Truppe, wechselten sich täglich mit der Betreuung von Matthias ab. Mägde und Diener gingen ihnen dabei zur Hand; wuschen ihn, halfen, die Kleider zu wechseln, fütterten ihn zu Beginn, als er den Mund noch nicht richtig bewegen konnte, bepflasterten die Wunden mit den verschiedenen Salben und wechselten die Verbände.

In den ersten Tagen nach der Verletzung konnte er sich an nichts erinnern. Matthias schlief die meiste Zeit, geplagt von teilweise fürchterlichen Träumen. Er schwitzte und fror gleichzeitig und die Mägde mussten die Laken und Decken mehrmals täglich wechseln. Erst mit der Ankunft von Jolandas Leibarzt und der neuen Salben, Tinkturen und Säfte, die er Matthias verabreichte, wurde es besser. Dennoch war an Bewegung lange nicht zu denken.

Der Schwerthieb war unter seinem hoch erhobenen linken Arm durchgegangen, hatte ihm eine tiefe, klaffende Wunde seitlich am

Oberkörper zugefügt. Dabei war der Schlag mit solcher Wucht ausgeführt worden, dass es ihm dabei noch mehrere Rippen brach. Und weil der Reiter auf dem Pferd sass, war die Spitze des Schwertes am Ende des Hiebes nach oben geschnellt und über seine linke Gesichtshälfte gefahren, zerschnitt ihm die Wange, verfehlte das Auge nur um eine Fingerbreite und schlitzte ihm die Kopfhaut bis auf den Knochen auf.

Er hätte eigentlich tot sein müssen.

Auch dass die Klinge nicht zusätzlich noch die Lunge verletzte, war nur dem Umstand zu verdanken, dass der Ritter schon in vollem Galopp war und er deshalb nicht mehr richtig zielen konnte.

Jeden Tag besuchte ihn Sven oder Hans, manchmal kamen sogar beide. Sie brachten ihm die neuesten Neuigkeiten. Karl war mit den Überresten seines Heeres geflohen. Er hatte sich in das Burgund zurückgezogen, während sich seine geschlagenen Kämpfer in alle Winde zerstreuten. Wieder war der Herzog mit seinem Leben davongekommen und für Hans Waldmann wie auch für Matthias selbst trübte dieser Umstand ihre Freude über den Sieg.

Matthias machte einige Gedankenspiele, wie sie dem entgegnen könnten, aber nicht wirklich einer davon war realistisch genug, um ihn auch ausführen zu können. Er spielte einmal sogar mit dem Gedanken, mit seiner kleinen Truppe im Burgund einzufallen, beliess es aber auch hier nur bei der Idee.

Waldmann wollte ihn zuallererst wieder auf den Beinen sehen, bevor er sich erneut mit dem Burgund befasste, und erstickte alle Pläne, die ihm der Kapitän aus seinem Bett heraus vortrug. Doch das Schmieden dieser Pläne tat ihm gut. Wenn ihn schon der Schwerthieb nicht umgebracht hatte, tat es sonst die Langeweile. Matthias' Laune wurde mit jedem Tag, dem es ihm besser ging, übler und er tyrannisierte Mägde, Diener und auch die Ärzte, die jedoch seine Übellaunigkeit alle mit stoischer Ruhe und Gelassenheit entgegneten.

Erst mehrere Wochen nach der Schlacht konnte er zum ersten Mal wieder aus dem Bett aufstehen. Sein Körper ächzte und er stöhnte. Jede Bewegung schmerzte und er war noch so schwach, dass Sven ihn stützen musste. Der Hüne half ihm nach draussen.

Es war Hochsommer, die Hitze flimmerte über den Feldern und nur eine leichte Brise vom See her brachte Erleichterung. Trotzdem genoss es Matthias, endlich wieder aus diesem Zimmer hinaus zu sein. Sven führte ihn langsam die Treppe zu einem der Türme der Burg hinauf. Oben war eine Terrasse und sie konnten von dort in alle Himmelsrichtungen sehen.

Matthias sog die Luft tief in seine Lungen. Die Bewegung schmerzte, doch die frische Luft und die Gerüche überwiegten. Er genoss jeden Atemzug.

Sven setzte ihn zwischen zwei Zinnen und Matthias blinzelte in die Sonne.

«Wie geht es Jolanda?», fragte er den Hünen.

Dieser lächelte. «Ich war bei ihr in Chambéry. Es geht ihr gut, Kapitän. Sie hat sich aber um Euch grosse Sorgen gemacht.»

«Ach», machte Matthias und ächzte, da ihm die abwehrende Bewegung mit der linken Hand wehtat.

«Aber schon, Kapitän», sagte Sven ernst. «Darum hat sie ja auch ihren Arzt hierher gesandt. Und», er machte eine Pause, «sie vermisst Euch. Sehr sogar!»

Matthias lächelte bei dem Gedanken. Er sah ihr Gesicht vor sich und sein Herz wurde warm.

«Und sie hat mir das hier gegeben.» Der riesige Kämpfer nahm ein zusammengefaltetes Stück Papier hervor, hielt es Matthias hin. «Sie hat mich ausdrücklich gebeten, den Brief nur Euch zu übergeben.»

Matthias streckte die rechte Hand aus, ergriff das Schreiben. «Und, das alles hast Du verstanden?», fragte er mit einem schiefen Grinsen.

Sven nickte heftig. «Aber ja doch, Kapitän. Meine Madeleine … Ihr wisst schon, die kleine Magd, sie hat es mir erklärt. Ich hatte ihr ein Buch mitgebracht. Wo die Wörter auf Deutsch und Französisch darinstehen.»

«Du meinst ein Wörterbuch?» Matthias war überrascht und erfreut und Sven nickte eifrig.

«Ich danke Dir, mein Freund!», lächelte Matthias. «Und jetzt lass mich bitte allein, ich will den Moment geniessen und den Brief lesen. Ich lasse Dich rufen, wenn ich Dich brauche.»

Der Kämpfer trollte sich mit einem unsicheren Gesichtsausdruck.

Als Matthias allein war, drehte er sich um und sah zum See hinunter. Das tiefe Blau erinnerte ihn an die Augen der Herzogin. Er lächelte leicht.

Dann zerbrach er das Siegel und begann zu lesen.

Mein geliebter Lancelot, Licht meines Lebens.

Ich danke unserem Herrgott, dass Du noch immer unter uns weilst, auch wenn ich zum Zeitpunkt dieses Schreibens nicht genau weiss, wie es Dir ergeht. Aber ich habe meinen Arzt, Alexandre de Crussol, gebeten, mich jede Woche schriftlich auf dem Laufenden zu halten.

Und so bete ich jeden Tag, dass Du sehr bald in der Lage sein wirst, meine Zeilen zu lesen. Und dass Du bald wieder bei Kräften bist, um die lange Reise zu Deiner Geliebten zu machen, die sehnsüchtig wartet, Dich wieder in ihre Arme zu schliessen.

Ich sende Dir meine liebsten Genesungswünsche und all meine Gebete.

Ich sende Dir meine Liebe, damit sie den Schmerz verdrängt und Dein Herz wieder in Glück hüllen möge.

Deine Guinevere

Matthias spürte die Tränen nicht, welche ihm über das Gesicht liefen.

Aber er spürte, dass der Schmerz aus seinem Körper wich, um diesem wunderbaren Brennen in seinem Herzen Platz zu machen.

* * *

Wie jeden Tag kämpfte sich Matthias langsam die Stufen des Turmes hoch. Endlich war der Himmel aufgeklart. Die Wolken zogen in schnellen Bahnen dahin, aber die Sonne brannte sie langsam, aber sicher hinweg. Mit ihren Strahlen kam auch schnell die Wärme zurück, ersetzte nach tagelangem Regen die Nässe und Kühle. Doch ihm war das schlechte Wetter egal, er genoss die Stunden ausserhalb seines Zimmers. Und jeden Tag war das Treppensteigen einfacher geworden. Langsam kamen seine Kräfte zurück. Er hatte begonnen, wieder mit dem Schwert zu üben. Zuerst mit einer einfachen, leichten Holzwaffe, dann schliesslich wieder mit seinem Langschwert.

Die Bewegungen kamen zurück, nur das Ausgleichen des Gewichtes der Waffe, was er mit seinem linken Arm machen musste, sowie die Drehungen des Oberkörpers bereiteten ihm immer noch Mühe. Zu Beginn übte er nur für ein paar Minuten, doch unterdessen schaffte er schon wieder über eine Stunde.

Er liess die Klinge durch die Luft sausen und genoss das altbekannte Gewicht der Waffe zu spüren. Er schwitzte, ächzte unter den Schmerzen, aber er biss die Zähne zusammen und arbeitete verbissen weiter.

Plötzlich knallte die Tür der Terrasse und er fuhr herum, liess das Schwert herumwirbeln. Er stöhnte leicht, als der Schmerz wieder durch seine linke Seite fuhr.

«Schlag mir doch nicht gleich meinen Kopf ab», lachte Hans Waldmann, der hinter ihm auf die Terrasse getreten war und die Holztür zugestossen hatte.

Matthias liess das Schwert sinken und stützte sich darauf ab. «Hauptmann.» Er nickte zur Begrüssung.

«Es scheint, als ob Du es wieder mit Karl aufnehmen kannst.» Waldmann lachte immer noch. «Auch wenn Deine Bewegung diejenigen eines alten Mannes sind.»

Matthias riss die Waffe hoch und vollführte einen Ausfallschritt, wobei er die Klinge durch die Luft auf Waldmanns Hals zu pfeifen liess. Nur eine Handbreite davor verharrte sie zitternd in der Luft. Der Hauptmann hatte sich nicht bewegt.

«Alter Mann?», sagte Matthias und lachte ebenfalls. «Ihr hättet es nicht mal bemerkt, bis Ihr ohne Kopf vor der Himmelstüre gestanden hättet, werter Hauptmann.» Er nahm das Schwert herunter und liess es in der Scheide verschwinden.

Waldmann ging an Matthias vorbei und stellte einen Fuss auf den Zwischenraum zwischen zwei der Zinnen. Er sah auf die Stadt herunter, dann zum See.

«Wir müssen hier weg», sagte er dann, die Stimme ernst. «Ich muss nach Zürich zurück. Die Geschäfte warten.»

Matthias stellte sich neben ihn und Waldmann drehte den Kopf, sah seinen Kapitän an. «Und Du musst zu Deiner Jolanda.»

Matthias' Herz machte einen Sprung, doch er liess sich nichts anmerken. «Und wann soll ich aufbrechen?»

«Sobald Du dafür in der Lage bist.» Hans Waldmann machte eine Pause. «Und, wenn Du zum Ritter geschlagen wurdest.»

«Vielen Dank, Hans.» Matthias sprach leise.

«Nicht mir musst Du danken, mein alter Freund. Danke unserem Herrgott! Danke ihm, dass Du überhaupt noch lebst.» Er war immer noch ernst. «Aber ich denke, der Herr im Himmel hat noch eine Aufgabe für Dich.»

Matthias wusste, was sein Hauptmann meinte.

«Ob wir ihm uns nochmals stellen werden?»

«Oh ja! Wir werden!» Waldmanns Stimme war voller Zuversicht. «Wir werden, da bin ich mir absolut sicher.»

Waldmann nahm den Fuss herunter und drehte sich um. «Die Zeremonie findet morgen statt. Es wird zuerst ein Gottesdienst abgehalten und dann vor der Kirche wirst Du Deine wohlverdiente Ehre erhalten. Von Hallwyl hat sich dagegen gewehrt, aber Feldhauptmann Wilhelm Herter von Hertneck und Oswald von Thierstein sind beide meiner Meinung, also wurde er überstimmt. Und so wird es morgen geschehen.» Waldmann sah ihn an, die Augen voller Freundschaft. «Und heute», seine Stimme wurde wieder schalkhaft, «heute Abend werden wir uns so richtig besaufen.» Waldmann grinste und liess ihn allein auf der Terrasse zurück.

Matthias lächelte.

* * *

Hans stellte ihm am Abend einen Säckel voller Geld hin. «Weisst Du noch, der Graf in Vaumarcus? Wir haben da ein schönes Sümmchen für seine Freilassung bekommen.»

Matthias öffnete den Lederbeutel, spähte hinein.

«Aber dafür wirst Du heute uns alle einladen müssen. Du bezahlst alles! Das Bier, den Wein, das Essen und die Huren!» Waldmann grinste und Matthias lächelte schief. «Ja, ich weiss», redete Waldmann weiter, «Du hast danach nichts mehr übrig, aber das ist nicht unser Problem. Oder was meint Ihr, Männer?»

Die hinter ihnen stehenden Söldner lachten, jubelten und riefen durcheinander.

Waldmann stand auf und knallte ihm eine Hand auf die Schulter. Matthias zuckte vor Schmerz zusammen, sagte aber nichts.

«Kommt! Lasst uns feiern gehen!» Waldmann nahm den Ledersäckel und drückte ihn Matthias in die Hand. Dann stapfte er aus dem Raum.

* * *

Die kleine Kirche von Murten stand direkt neben der Wehrmauer. Immer noch waren die Beschädigungen in der Mauer durch Karls Geschütze gut zu sehen. Doch das Gotteshaus war bei der Belagerung unversehrt geblieben und jetzt strömten die Besucher der Messe durch das halbrunde Portal auf den Vorplatz hinaus. Sie nahmen die vorgegebene Aufstellung an. Matthias wurde angewiesen, direkt vor dem Portal zu warten. Ein kleines Holzgestell war aufgestellt worden, worauf sein Langschwert, eine goldene Kette, ein zusammengefaltetes Wams und eine zusammengerollte Fahne lagen.

Als alle ihre vorgegebenen Plätze innehatten, stellte sich Feldhauptmann Wilhelm Herter von Hertneck neben Matthias. Seine blauen Augen sahen Matthias an, er lächelte. Seine blonden, langen Haare fielen ihm über den Nacken. Wie immer war er glattrasiert.

Er nahm tief Luft. «Geschätzte Ritter und Edelleute. Meine geliebten Waffenbrüder, wir haben uns hier und heute versammelt, um einen von unseren besten Kämpfern die Ehre zuteil kommen zu lassen, die ihm durch seine Taten, und nicht nur in Grandson und Murten, ein Verdienst sind. Ausserordentliches hat er geleistet im Kampf um unsere Freiheit.» Herter von Hertneck machte eine bedeutungsvolle Pause. «Wir sind hier zusammengekommen, um Matthias von Altstetin die Ehre des Ritterschlages zu erweisen.» Er winkte Matthias zu sich heran, zeigte mit einer Handbewegung, dass er niederknien sollte.

«So sprecht mir nach, Herr von Altstetin: Ich gelobe stets tapfer, edelmütig und grossherzig zu sein. Selbstbeherrschung und Bescheidenheit zu üben. Ich begehe nie Verrat und ich beschütze die

Notleidenden. Ich werde weder Angst noch Furcht zeigen. Treu und hold werde ich immer meinen Pflichten als christlicher Ritter nachkommen. So wahr mir der Herrgott helfe.»

Getreu der Anweisung sprach Matthias ihm nach, laut und deutlich. Als er geendet hatte, schlug ihm der Feldhauptmann mit der flachen Hand ins Gesicht. «Dies soll der letzte Schlag sein, welchen Ihr entgegennehmt, ohne ihn zu erwidern.» Er machte wieder eine Pause. Matthias hatte seinen Kopf gesenkt.

«Erhebt Euch, Ritter Matthias von Altstetin!»

Jubel brandete auf. Applaus, Pfiffe und Geschrei waren zu hören. Herter von Hertneck nahm die Goldkette vom Gestell und legte sie ihm um den Hals. Dann hielt er ihm das neue Wams hin und Matthias schlüpfte hinein. Der Feldhauptmann nahm Matthias' Schwert und gürtete ihn damit. Zuletzt ergriff er die Fahne und entrollte sie. Sie hatte eine königsblaue Grundfarbe, darauf waren zwei goldene Löwen eingestickt. Diese hielten ein grosses Wappen, worauf der schwarze Turm mit den drei Zinnen, stehend auf dem roten Dreiberg auf goldenem Grund, zu sehen war. Über dem Wappen waren noch dasjenige von Zürich und das weisse Kreuz auf rotem Grund der Eidgenossenschaft aufgebracht.

Matthias besass nun sein eigenes Wappen.

* * *

Das Wetter blieb weiterhin unbeständig.

Die grosse Feier in der Burg war wie auch der eigentliche Akt des Ritterschlages bei warmem Wetter vonstattengegangen, jedoch nahm die Bewölkung im Laufe der Nacht wieder zu und am Morgen begann es wieder zu regnen.

Sie verabschiedeten sich voneinander. Hans Waldmann kehrte mit den zehn verbliebenen Söldnern von Matthias' Truppe nach Zürich zurück, während der Kapitän und Sven sich auf den Weg gen Süden machten, mit Ziel Chambéry. Matthias ritt noch etwas ungelenk, war die Bewegungen noch nicht gewohnt. Er und Sven liessen sich deshalb Zeit, machten oft Pausen und benötigten letztendlich über vier Tage, um die ganze Wegstrecke zu bewältigen.

Endlich durchquerten sie die Stadttore. Matthias wäre am liebsten im gestreckten Galopp durch die schmalen Gassen gesprengt, doch Plätze, Strassen und Gassen wimmelten nur so von Menschen und dies liessen nur einen sehr langsamen Gang zu. Dazu schmerzte ihn sein ganzer Körper von der Reise.

Doch schliesslich kam der grosse Platz von der Burg in Sicht.

Matthias und Sven waren angekündigt worden und Peter von Savoyen wartete bereits auf der grossen Treppe. Sie führten ihre Pferde die Rampe hinauf, die an der Treppe vorbeiführte, und sie begrüssten den Fürstbischof mit freundlichen Worten.

«Es ist schön, Euch hier bei Gesundheit empfangen zu dürfen, meine werten Herren», antwortete der Berater der Herzogin. «Darf ich Euch unterdessen mit Herr Ritter begrüssen?»

Matthias neigte den Kopf als Bestätigung und Peter verneigte sich leicht. «Es freut mich, dass Ihre Taten belohnt worden sind, Herr Ritter von Altstetin.»

«Ich danke Ihnen, Herr Fürstbischof. Leider sind diese noch nicht abgeschlossen», antwortete Matthias und Peters Miene verdunkelte sich leicht. «Das habe ich leider vernommen. Herzog Karl ist immer noch am Leben.» Er seufzte leise. «Es wäre nicht nur der Eidgenossenschaft, sondern auch Savoyen und dem französischen König sehr gelegen gekommen, Ihr wärt erfolgreich gewesen.»

Der leichte Tadel war nicht zu überhören, aber Matthias ging nicht darauf ein.

Peter von Savoyen führte sie in die Burg. «Die Herzogin ist zurzeit noch beschäftigt, aber Ihr werdet gebeten, mit ihr heute Abend zu speisen, allein.» Dann wandte er sich an Sven: «Und Ihr, Monsieur Ivarsson von Einsiedeln, werdet sehnsüchtig in der Hofküche erwartet.»

Matthias übersetzte und Sven grinste über das ganze Gesicht.

Matthias blieb mitten im grossen Hof stehen. Er sog die Gerüche in die Nase, hörte die bekannten Geräusche.

Er war zu Hause.

Sein Herz klopfte. Fast dachte er, die Diener und Mägde müssten es schlagen hören können. Er stand vor der massiven Tür, die in den grossen Saal führte. Seine Hände waren schwitzig und er atmete ein paar Mal tief ein und wieder aus, um sich irgendwie zu beruhigen. Doch es gelang ihm nicht.

Dann öffnete er die Tür.

Jolanda sass auf einer der beiden Bänke vor dem Kamin. Die Öllampen im schmiedeeisernen Kronleuchter brannten, obwohl es noch nicht dunkel war. Auf der Tafel standen schon die Speisen und Getränke, der Tisch war für zwei gedeckt.

Sie drehte sich um und blickte ihn an.

Da waren sie wieder, ihre Bergsee–blauen Augen, welche er so vermisst hatte. Sie lächelte, liess ihre weissen Zähne blitzen und die Grübchen um ihre Augen erschienen. Sie trug ihr Haar offen und war gekleidet mit einem schlichten, langen Kleid in leuchtend roter Farbe. Der Ausschnitt war tief und um den Hals schmiegte sich eine einfache Kette aus schwarzen Perlen.

«Lasst uns alleine!», rief sie und die Diener und Mägde verschwanden, nicht ohne jedoch Matthias beim Vorbeigehen vielsagende Blicke zuzuwerfen.

Als die Tür ins Schloss fiel, sprang sie auf und lief ihm entgegen. Sie warf sich um seinen Hals und küsste ihn.

Ein Geruch von Lavendel und Jasmin.

Er erwiderte den Kuss heftig, innig.

Die Schmerzen seines Körpers waren wie weggeblasen, nur das altbekannte Brennen war wieder da.

Jolanda löste sich von ihrem Kuss, sah ihn an. In ihren Augen standen Tränen der Freude, ihre Hände berührten sein Gesicht, seine Haare, seine Augen, seinen Mund.

«Du bist zurück, mein Lancelot», hauchte sie. «Du hast es mir versprochen und Du hast Dein Versprechen gehalten.»

«Ich habe Dich so vermisst, meine Liebste.» Matthias antwortete ernst. «Du kannst Dir nicht vorstellen, wie sehr.»

Ihre Augen strahlten. «Jeden Tag habe ich mir diesen Moment vorgestellt, habe ihn mir so sehr erwünscht.» Ihre Stimme so sanft, so leise.

Er hielt sie fest, wollte sie nie wieder loslassen. Er spürte ihr Zittern, ihre Spannung. Freude. Glück.

Seine Hände hielten sie sanft und doch fest. Er sog den Geruch von Lavendel und Jasmin ein. Spürte ihre Wärme und ihre Sanftheit, die er so liebte.

Sie fuhr mit einer Fingerspitze sanft über die noch frische rote Narbe in seinem Gesicht. Dabei schüttelte sie leicht den Kopf.

«Was hast Du Dir nur gedacht, mein Ritter?», hauchte sie.

Sie assen kaum.

Jolanda wollte alles wissen, jede Einzelheit der Schlacht. Sie lobte ihn bei der Darstellung, wie sie die Artilleriestellung ausgeschaltet hatten, tadelte ihn heftig bei der Erzählung seines Alleinganges in das Lager Karls und dem Versuch, diesen zu stellen und freute sich, als er darlegte, wie die Ärzte ihm geholfen hatten. Sie begutachtete die Narben, die unterdessen zwar schon gut verheilt waren, wenn sie auch manchmal, vor allem bei schlechtem Wetter, noch schmerzten. Und sie gratulierte ihm bei der Beschreibung seines Ritterschlages. Nicht ganz ernst nehmend, stand sie auf und verbeugte sich. «Mein Ritter», lachte sie und Matthias lachte mit.

Sie liebten sich direkt auf der Tafel.

Sie liebten sich auf dem Teppich, direkt vor dem grossen Kaminfeuer.

Sie liebten sich in ihrem Schlafzimmer.

* * *

Der Spätsommer war in vollem Gang, das Wetter mehrheitlich schön und warm. Ohne Rücksicht auf das Geschwätz in der Burg genossen sie ihre Zeit zusammen. Sie ritten aus, gingen spazieren und besuchten gemeinsam die Gottesdienste, die der Fürstbischof Peter von Savoyen in der Kapelle der Burg, Saint-Chapelle, durchführte.

Die Kapelle der Burg war nicht minder so beeindruckend wie die Burg selbst. Das Kirchenschiff wurde von einem Halbkreis abgeschlossen, in welchem fünf schmale, aber hohe Fenster eingelassen waren, die bemalte religiöse Szenen, Heilige, dazu aber auch das Wappen Savoyens zeigten. Das bogenförmige Dach war mit wunderbaren, vielfältigen Verzierungen geschmückt, ebenso die Wände, in denen Nischen eingelassen waren, worin unzählige Heiligenfiguren standen. Im Halbrund vor den Fenstern befand sich ein grosser, mehrstöckiger Steinaltar mit Intarsien aus Gold. Kerzenleuchter, ebenfalls aus purem Gold, standen darauf. Die Kerzen gaben dem Inneren der Kapelle ein warmes, schönes Licht. Und in einem Reliquienschrein hinter dem Altar lag eines der grössten Heiligtümer in der christlichen Welt: das Grabtuch Jesu.

«Es wird erzählt», flüsterte Jolanda, als sie das Grabtuch Matthias erstmals zeigte, «dass ein französischer Ritter namens Geoffroy de Chamy in einer Kirche bei Troyes das Grabtuch aufbewahrte. Da aber in Troyes in der damaligen Zeit immer wieder Banden marodierten, musste das Tuch nach Saint–Hippolyte gebracht werden, sonst wäre es gestohlen worden und wahrscheinlich für immer verschwunden.» In Jolandas Stimme schwang Ergriffenheit mit, als sie fortfuhr: «Die dortige Gräfin, Margaret de Chamy, gab es später dem Vater meines verstorbenen Ehemannes, Ludwig von Savoyen. Dessen Frau und Mutter meines Ehemannes, Anne von Zypern, liess dafür hier diesen kleinen Schrein anfertigen.» Jolanda sah ihn mit grossen Augen an, bevor sie immer noch leise flüsternd fortfuhr: «Ludwig zahlte sogar Abgaben, damit er das Tuch für immer hierbehalten konnte.»

«Und es verbleibt immer hier?», fragte Matthias, aber Jolanda schüttelte den Kopf. «Nur für die grossen, heiligen Feste. Peter lässt es immer an verschiedenste Orte versenden, sodass so viele Menschen wie möglich, vor allem auch die armen Leute, das Tuch sehen können. Es war sogar schon in Turin.»

Matthias bekreuzigte sich mehrmals, als er den Schrein sah. Welch ein Heiligtum.

Im Reliquienschrein war eine Nische und diese mit einem schmiedeeisernen Gitter und einem grossen, vergoldeten Vorhängeschloss versehen. Dahinter lag ein in rotes Tuch aus Seide gehülltes und mit purpurrotem Velours bedecktes Etui, das mit goldenen Nägeln verziert war.

«Unser Fürstbischof verfügt als einziger über den Schlüssel dazu und er nimmt das Grabtuch nur zu speziellen Anlässen hervor, wie Ostern, Christi Himmelfahrt, zum Weihnachtsfest, oder auch, das wirst Du morgen sehen, zum Erntedankfest.

Oder wenn es wieder zu einem anderen Ort gebracht werden soll.» Jolanda sprach wieder normal, als sie in das gleissende Licht des Nachmittags traten. Sie sah ihn an. Matthias war gerührt, ergriffen, noch nie hatte er eine solch heilige Reliquie gesehen.

«Vielleicht zweifelst Du an der Echtheit des Tuches, mein Geliebter?», fragte sie, aber Matthias schüttelte den Kopf. «Mit keinem Gedanken. Warum fragst Du?»

«Ach», sie seufzte, «der Bischof von Troyes und Papst Clemens VII. ...»

«Der Gegenpapst?», unterbrach Matthias sie und sie nickte. «Genau der. Sie hatten erwirkt, dass das Grabtuch nicht als das Grabtuch unseres Herrn Jesu benannt werden darf. Beide meinten, es sei eine Fälschung.»

Matthias war erschüttert. «Aber wieso? Und was denkst Du?»

«Ich?» Jolanda lachte hell. «Ich bin Herzogin von Gottes Gnaden. Wer bin ich denn, dies zu beurteilen?» Sie machte eine Pause, überlegte. «Aber ob es echt ist oder nicht, spielt mir eigentlich keine Rolle. Wir haben immer viele Besucher, wenn Peter das Tuch bei einem Gottesdienst hervorkramt, und das bringt bekanntlich viel Geld in die Stadt. Viele Menschen kommen zu den Gottesdiensten oder auf Besuch, um dann das Tuch zu sehen. Da denke ich doch eigentlich sehr praktisch.»

Matthias sah sie schockiert an und Jolanda lachte wieder.

«Sieh mich nicht so an, Liebster. Ich habe ein Land auf meinen Schultern und nehme alles, was der Herrgott mir gibt, das diesem Land und seinen Menschen helfen kann.»

Sie nahm ihn an der Hand und zog ihn über den Hof.

«Und jetzt lass uns nicht mehr über Politik und Kirche sprechen.» Sie strahlte ihn mit ihren blauen Augen an. «Lass uns ausreiten. Morgen wimmelt es hier nur so von Menschen und ich will noch etwas Zeit mit Dir allein verbringen können.»

* * *

Am nächsten Tag war der Hof überflutet mit Menschen. Capitaine Henry d'Aramitz und seine Leute der Palastwache hatten alle Hände voll zu tun, den Menschenmassen Herr zu werden. Auf Anweisung der Herzogin waren die Burgtore offen und der Gottesdienst für alle Menschen zugängig. Da Jolanda bei den kirchlichen Feiertagen auch immer Esswaren und Kleider an die ärmeren Bewohner der Stadt verteilen liess, war auch der grosse Platz vor der Festung überfüllt.

Matthias besah sich das Spektakel von der Treppe zum Aufgang in das Haupthaus, Sven war bei ihm. Obwohl der Hüne zwei Stufen weiter unten als sein Kapitän stand, überragte er diesen immer noch.

«Seht nur, Kapitän», sagte der Hüne plötzlich und zeigte auf das innere Burgtor. «Das sind doch die Mönche, welche wir auf unserer ersten Reise hierhin getroffen haben?»

Und tatsächlich, innerhalb der Gruppe von Franziskanermönchen, die soeben durch das Tor auf den Platz schritten, befand sich auch der Prediger, den Herzog Karl im Sommer aus Genf herausgeworfen hatte. Matthias studierte, suchte den Namen des Mönches.

«Du hast recht», meinte er und zwängte sich an seinem Gefährten vorbei. «Bernhardin von Feltre heisst der Mönch. Er hat für uns die Meldung betreffend Murten an den Hauptmann geliefert. Komm, wir müssen sie begrüssen, uns bedanken.»

Die beiden Söldner drängten sich durch die Menschenmassen. Der Franziskaner hatte sie schon erblickt und winkte freudig.

«Pater Bernhardin von Feltre», begrüsste ihn Matthias freundlich, «es ist mir eine grosse Freude, Euch wiederzusehen.»

«Monsieur von Altstetin», erwiderte der Mönch. «Auch ich freue mich ausserordentlich, Euch hier wohlbehalten vorzutreffen.»

«Mein allergrösster Dank an Euch, dass Ihr unsere Nachricht an Hauptmann Waldmann überbracht habt.» Matthias verneigte sich leicht.

Auch der Mönch senkte kurz den Kopf. «Es war uns ein Vergnügen. Wir haben schon gehört, dass Ihr den gottlosen Hund vor

Murten wieder bezwungen habt.» Er sah Matthias fragend an. «Wie geht es dem Hauptmann?»

«Ich habe ihn zum letzten Mal in Fribourg gesehen, er wollte nach Zürich. Da ging es ihm gut.»

«Das freut mich zu hören.» Der Mönch lächelte, dann runzelte er seine Stirn. «Aber was macht Ihr hier? Ich will nicht neugierig sein, aber müsstet Ihr nicht auch in Zürich bei Eurem Hauptmann sein?»

Matthias lächelte ebenfalls. «Ich bin offiziell als Botschafter zwischen dem Herzogtum Savoyen und der Eidgenossenschaft eingesetzt.»

Der Franziskanermönch unterbrach ihn: «Aber das bedeutet, Ihr müsstet offiziell dem Ritterstand angehören?»

«Ich hatte die Ehre, ja», antwortete Matthias und Bernhardin klatschte in die Hände.

«Ich gratuliere Ihnen, Monsieur. Aber jetzt müssen wir weiter, sonst kommen wir nicht mehr in die Kirche und wir wollen doch unbedingt unseres Herrn Jesu Grabtuch sehen. Habt Ihr es schon gesehen?»

«Ich hatte das Privileg, die Herzogin selbst hat es mir gezeigt.»

Die Antwort löste bei Von Feltre ein leichtes Stirnrunzeln aus, er fragte aber nicht weiter.

«Ich würde mich freuen, wenn ich Euch nach dem Gottesdienst der Herzogin persönlich vorstellen dürfte», sagte Matthias und der Franziskaner zeigte sich erfreut.

«Dann sprechen wir uns später, werter Herr von Altstetin», antwortete er und machte sich daran, durch die Menge hindurch seinen Ordensbrüdern nachzueilen.

Sie nahmen das Abendessen wieder im grossen Saal zu sich. Neben Matthias und der Herzogin, welche immer noch dem Anlass gebührend mit einem schlichten, weissen Kleid und passender Haube gekleidet war, sassen auch der Fürstbischof Peter von Savoyen und Bernhardin von Feltre am Tisch. Seine Brüder assen zusammen mit Sven im Saal des Pavillons.

«Werter Vater», sprach Jolanda zu dem Mönch, der sichtlich die guten Speisen genoss, «Herr Matthias von Altstetin hier hat uns erzählt, Ihr wart auf Pilgerreise nach Einsiedeln zu der schwarzen

Madonna?» Der Franziskaner nickte, während er sich einen grossen Bissen gebratenes Hähnchen in den Mund schob.

«Habt Ihr sie gesehen?»

«Aber ja, meine Herzogin», antwortete er, nachdem er heruntergeschluckt hatte. «Und sie ist wunderschön! Der Abt hat sie bekleidet mit einem einfachen, weissen Gewand und sie steht in der sogenannten Gnadenkapelle. Diese ist mitten im Kirchenschiff gebaut und besteht, ganz im Gegensatz zu der ganz in weiss gehaltenen Kirche, aus schwarzem Stein. Goldene Engel bewachen den Eingang der Kapelle und die heilige Mutter Gottes», er bekreuzigte sich, «steht auf einem hohen Altar und blickt auf uns arme Sünder hinab.»

«Aber ist die Kirche nicht abgebrannt?», fragte Jolanda, da ihr Sven schon die Geschichte des Klosters seiner Heimat erzählt hatte.

«Aber ja, meine werte Herzogin. Die Kirche ist zurzeit eine einzige Baustelle und deshalb leider nicht in ganzer Pracht sichtbar.» Er schob sich wieder einen Bissen ein, dann sprach er weiter: «Der Abt hat mir aber die Pläne gezeigt und diese sind wirklich ambitioniert. Ich hoffe, er kann sie realisieren. Und wegen des Brandes musste die Madonna auch ersetzt werden.» Er trank einen Schluck seines Weines. «Das war auch der Grund, dass wir uns damals auf die Pilgerreise aufgemacht hatten.»

Peter von Savoyen schaltete sich in das Gespräch mit ein: «Und Ihr habt einen grossen Beitrag geleistet im Kampf gegen Herzog Karl von Burgund.»

«Aber nein, Herr Fürstbischof», Bernhardin von Feltre schüttelte entschieden den Kopf. «Unser Herr hat uns mit den Herren Matthias und Sven zusammengeführt.» Er zeigte mit seiner Hand auf Matthias. Und da uns der gottlose Mensch aus Genf hinausgeworfen hatte, war es uns ein Vergnügen, die Nachricht an den Herrn Hauptmann Waldmann zu überbringen.»

«Aber das war doch ein ziemlich grosser Umweg?», fragte der Fürstbischof.

«Als Dank für die Überbringung durfte ich in den Orten auf unserem Weg predigen. Hauptmann Waldmann hat uns extra ein Schreiben dafür ausgestellt. So hat der Herr uns geleitet und so durfte ich mein Wort über diese gottlosen ...» Matthias stiess den Franziskaner unter dem Tisch mit dem Fuss an. «Diese ...» Er stockte wieder und Matthias musste lächeln. «Jedenfalls durfte ich das Wort Gottes verbreiten auf dem Weg, und das zeigte doch, dass unser Zusammentreffen eine Fügung unseres Herrn war.»

Jolanda und Matthias blieben noch an der Tafel, nachdem Peter und Bernhardin sie verlassen hatten.

«Ein sehr ...» Jolanda suchte nach dem richtigen Wort, «ehrgeiziger Mann, dieser Bernhardin von Feltre.»

«Er prangert die Banken und die Geldverleiher an», antwortete Matthias, dann nahm er einen Schluck Wein. «Und die Juden.»

Jolanda runzelte die Stirn. «Die Juden?»

Matthias nickte. «Er gibt ihnen die Schuld für das heutige Geldsystem mit den Wucherzinsen. Er glaubt, dass sie das Ganze unter sich aufteilen und sich dabei bereichern wollen.»

«Aber eine Arbeit mit Geld will ja auch sonst niemand erledigen.» Jolanda spielte mit ihrem Weinglas, trank aber nicht. «Es sei niederere Arbeit, wird gesagt.»

«Dem ist in der Stadt Zürich ebenfalls so», führte Matthias aus. «Auch da haben die Zünfte die Arbeit mit Geld als schmutzig erklärt. Also haben die Juden das Geschäft übernommen und verdienen sich dabei eine goldene Nase. Was ich persönlich als ziemlich klug empfinde.»

«Und er bekämpft dies?»

«Und wie!» Matthias lachte. «Er wurde schon aus mehreren Städten geworfen, unter anderem aus Genf von Karl, weil er das System so heftig kritisierte und die Juden als die Geissel Gottes unserer Zeit beschimpft hatte.» Er zuckte mit den Schultern. «Dabei ist das doch völliger Blödsinn, auch wenn das mit den Wucherzinsen sicherlich ein Problem darstellt.»

«Mir war zu Ohren gekommen, dass sich die Florentiner als Juden verkleidet hätten, um es diesen unterzuschieben. Aber hier in der Stadt konnte es nie nachgewiesen werden. Also haben wir es dabei belassen. Zudem, es sind mehr die Politiker, welche dies mit ihren unsinnigen Gesetzen und Geboten überhaupt möglich machten.» Sie machte eine Pause. «Und diejenigen mit dem Geld kontrollieren die Obrigkeit», unterbrach ihn Jolanda, als Matthias etwas entgegnen wollte. «Aber so ist die Welt. Diejenigen mit viel kontrollieren diejenigen mit wenig.» Sie seufzte leise. «Das ist so bei Königen und Herzögen wie auch im gemeinen Volk.»

Matthias goss sich Wein ein, nahm einen kleinen Schluck. «Du hast heute viel an Dein Volk verteilt.» Er nickte anerkennend.

«Das ist nicht viel», entgegnete sie. «Wir haben mehr als genug und der Frühling und Sommer waren schön, also ist die Ernte gut dieses Jahr.» Sie nippte ebenfalls an ihrem Glas. «Und es gibt so viele Menschen in dieser Zeit, die einfach zu wenig haben. Es ist meine Pflicht.»

«Deshalb lieben Dich die Menschen», sagte Matthias leise.

Jolanda sah ihn mit ihren grossen Augen an. «Liebst Du mich?», fragte sie und er lächelte wie immer, wenn sie diese Frage stellte.

«Mit meiner ganzen Seele, meine Guinevere.»

Jolanda stand von der Tafel auf, ging zu ihm hinüber und küsste ihn.

* * *

Wie meistens an Abenden, an denen das Wetter nicht allzu gut war, sassen sie noch lange zusammen. Sie redeten oft, wussten voneinander unterdessen so viel, als würden sie sich das ganze Leben über kennen. Oder sie spielten gemeinsam Schach. Jolanda beherrschte das königliche Spiel so gut, dass Matthias meistens ohne Chance gegen sie war und so gut wie fast nie gewinnen konnte. Dafür brachte er ihr Kartenspiele bei. Sie war davon so begeistert, dass sie sogar bei einem Kartenmacher Spielkarten mit eigenen Sujets anfertigen liess. Jolanda wusste von Matthias' Problemen, dass er kaum einem Karnöffelspiel um Geld aus dem Weg gehen konnte, und hielt es für besser, wenn er mit ihr spielte. Oder besser, gegen sie. Auch lud sie manchmal den Capitaine ihres Heeres, Isac De Porteau, denjenigen der Stadtwache, Henry d'Aramitz und Peter von Savoyen zu den Spielen ein. Der Fürstbischof war eigentlich der Meinung, dass es sich nicht geziemte, als Herzogin diese Spiele des gemeinen Volkes zu spielen, aber sie überstimmte ihn und so gab es doch den einen oder anderen Abend, an dem sie an der grossen Tafel im Saal zusammensassen und sogar um Geld spielten. Ausgerechnet der Fürstbischof wies sogar ein bestimmtes Talent dafür auf und ging meistens mit mehr Livre in der Tasche, als er gekommen war.

Die Tage wurden kühler, aber an denjenigen mit besserem Wetter ritten sie immer noch viel aus oder spazierten in den Park hinter der Burg. Unterdessen schickten ihnen d'Aramitz und Peter keine Soldaten mehr nach, nachdem diese einmal berichtet hatten, dass sie versehentlich die beiden beim Liebesspiel beobachtet hatten. Jolanda wurde so wütend, dass sie den Soldaten beide Augen ausstechen lassen wollte, aber der Fürstbischof und Matthias konnten sie in letzter Minute davon überzeugen, Gnade walten zu lassen. So wurden die beiden aus der Palastwache entlassen, konnten aber wenigstens ihr Augenlicht behalten.

«Weisst Du noch, als wir zum ersten Mal hier waren?», fragte sie mit ihrer leisen, sanften Stimme. Es war einer der wärmeren Herbstabende und sie lagen beide unter der grossen, alten Linde im Park auf dem Rücken und sahen zu den Sternen. Es war kein Mond zu sehen und die Sterne waren in dieser Nacht besonders schön.

«Als könnte ich das je vergessen, meine Liebste.» Auch Matthias' Stimme war leise. «Du wolltest fliegen wie ein Vogel, bis hinauf zu den Sternen.» Er lächelte, sie ebenfalls.

«Du hast mein Herz zum Fliegen gebracht, mein Lancelot.» Sie sog die frische Luft tief ein, liess sie langsam wieder entweichen. «Ich sah Dich damals, wie Du in den Stall gingst, um Artus zu striegeln. Ich wusste, wer Du warst, Peter hatte mir erzählt, dass zwei Abgesandte angekommen seien und dass Ihr eine Nachricht überbringen solltet.» Sie machte eine Pause, schwelgte in der Vergangenheit. «Ich sah Dich und mein Herz überschlug sich. Ich wollte das nicht, aber ich konnte nicht anders. Ich liebte Dich vom ersten Augenblick an.» Jolanda sah zu ihm.

Er lächelte bei dem Gedanken. «Du hast mich verzaubert.» Er seufzte glücklich. «Du hast mich mit Deinem Finger berührt und mein Herz verzaubert.»

Matthias nahm ihre Hand in die seine, sah sie an, seine Augen ernst. «Ich will nie wieder von Dir weg. Jeden Tag meines Lebens mit Dir verbringen.»

«Ich weiss.» Jolanda sagte es so leise, dass er sie fast nicht verstand. «Aber Du wirst wieder wegreiten müssen, mein Ritter. Du hast zwei Söhne.»

«Die hole ich hierher, dann müssen wir uns nie wieder trennen», rief er dazwischen.

Sie schüttelte leicht den Kopf. «Mach das. Bring Deine Söhne hierher. Es wäre mir eine Ehre, sie kennenzulernen. Aber Du hast Verpflichtungen, mein Liebster. Irgendwann wirst Du wieder nach Zürich müssen. Ausserdemn…» Sie beendete den Satz nicht. Er wusste trotzdem, was sie meinte.

Seine Miene verdunkelte sich.

«Aber lass uns nicht von solchen Dingen sprechen.» Ihre Stimme war immer noch sanft und ganz leise. «Nicht heute und nicht jetzt. Lass uns jeden Augenblick geniessen, den uns der Herr im Himmel schenkt.»

Matthias nickte, aber es fiel ihm schwer, die dunklen Gedanken wegzuscheuchen. Jolanda nahm einen Finger, fuhr ihm damit sanft über das Gesicht, ganz leicht über die Narbe. Dann legte sie ihn ihm auf die Brust. «Brennt Dein Herz immer noch so?»

«Unentwegt.»

Sie setzte sich auf, öffnete die Bändel ihres Kleides, zog es sich über die Schultern. Dann fingerte sie an den Haken des Kleides hinter ihrem Rücken, öffnete es weiter und weiter und schliesslich auch den Gürtel. Sie schlüpfte heraus und er sah ihr dabei zu.

Letztlich war sie nackt.

Sie kniete neben ihm, sah ihn mit undefinierbarer Miene und mit grossen, sanften Augen an. Matthias getraute sich nicht, ein Wort zu sagen oder eine Bewegung zu machen. Nichts sollte den Augenblick zerstören, für immer sollte dieser Moment verweilen.

Er sah sie an und er wusste, nie würde er dieses Bild vergessen.

Doch irgendwann. Irgendwann war der Moment vorüber.

Jolanda beugte sich zu ihm hoch und küsste ihn.

Heftig. Leidenschaftlich. Unersättlich nach Liebe.

Sie zerrte an seinem Gürtel, öffnete seine Hose. Sie nahm in rittlings. Sie ritt auf ihm, in unendlicher Ekstase, in endloser Begierde, in ewiger Sehnsucht.

Matthias liebkoste ihre Brüste, streichelte ihren Nacken, ihren Rücken, ihre Schenkel. Er spürte die Hitze in ihr, die Flamme, die durch ihren Körper brannte. Ihr Leib loderte in einem inneren Feuer. Sie ritt ihn immer schneller und schneller. Dann bäumte sie sich auf, warf ihren Kopf zurück und ihre Haare wehten in der Nacht.

Und wieder, wie jedes Mal, wenn sie sich liebten, flog Jolanda zu den Sternen. Sie flog wie ein Vogel, höher und höher.

Sie schrie ihre Erregung in die Nacht hinaus.

* * *

Der Brief kam am nächsten Tag.

Die Herzogin hiess sie alle in den grossen Saal zu kommen. Peter von Savoyen, der Capitaine ihrer Palastwache, Henry d'Aramitz und Capitaine Isaac De Porteau, der Heerführer Savoyens. Auch Matthias und Sven wurden von einem Diener gerufen, zu erscheinen.

Sie stand an der Tafel, wo sie normalerweise zu Abend assen. Vor ihr lag ein aufgerollter Brief, das Siegel zerbrochen.

«Meine werten Herren», fing sie an und Matthias übersetzte an Sven, obwohl dessen Französisch durch seine Liaison mit der Magd immer besser und besser wurde, «wir haben eine Nachricht erhalten von grosser Wichtigkeit.» Jolanda, wieder ganz die Herzogin, sah sie einen nach dem anderen an. «Louis XI., der König von Frankreich, mein geliebter Bruder, hat uns eingeladen, an seinen Sitz in Montils–les–Tours zu kommen.»

Sven sah Matthias mit grossen Augen an und dieser schüttelte leicht den Kopf.

«Er hat Korrespondenz mit Ritter Hans Waldmann von Zürich geführt und sie wollen das Bündnis zwischen Frankreich und den Ständen der Eidgenossenschaft erneuern.» Jolanda machte eine Pause, sah Matthias ernst an. «Und er will auch, dass Savoyen das Bündnis mit Bern und mit den sieben Zehnden für das Wallis neu aushandelt.» Sie nahm den Brief auf, der ein grosses, wunderschönes Siegel in Blau trug, und hielt ihn Matthias hin. Dieser nahm ihn auf, rollte ihn auseinander. Doch das Lesen auf Französisch war ihm noch nicht so geläufig wie das Sprechen, und dazu war die Schrift des Königs ziemlich unleserlich, sodass er den Brief letztlich ungelesen an Peter übergab, der neben ihm stand. Dieser las ihn, reichte ihn dann weiter an De Porteau, doch der Heerführer schmiss das Papier einfach auf den grossen Tisch.

«Mein werter Bruder macht keine Angaben, was ihm da vorschwebt, oder was er mit den Bernern und mit diesem verfluchten Bischof von Sitten ausgehandelt hat, aber es kann kaum etwas Gutes sein.» Matthias hatte Jolanda noch nie fluchen gehört und war dementsprechend entsetzt. Er wusste, dass Jolanda ihren Bruder liebte, aber er war sich auch sicher, dass sie ihm nicht wirklich traute.

Sie drehte sich um, ging zur Kommode und goss sich aus der Glaskaraffe Wein in ein Weinglas, welches weiss war und wie Porzellan aussah. Sofort begann ein Diener loszulaufen, um sie zu bedienen, doch ein lautes «Nein!» stoppte den armen Mann abrupt. Sie blitzte ihn an, sagte aber kein weiteres Wort und der Diener zog sich wieder auf seinen Platz zurück. Ihren Gästen bot sie keinen Wein an.

«Ich kenne meinen Bruder nur zu gut. Er ist verschlagen, aber äusserst klug. Und er denkt nur an sich, immer nur an sich!» Sie zischte wütend. «Wir müssen uns auf alles gefasst machen!» Sie schüttelte den Kopf, presste ihre Lippen zusammen. «Wir werden morgen die Vorbereitungen für die Reise treffen. Ich will, dass zehn Männer von der Palastwache bereit sind.» Sie sprach zu d'Aramitz. «In voller Montur und voll bewaffnet.»

«Ja, Herzogin.»

«Und ich will, dass Ihr, Capitaine De Porteau, mit uns reitet.»

Der Heerführer wollte etwas entgegnen, aber der Blick von Jolanda war so scharf, dass er gar nicht dazu kam.

«Keine Diskussion! Herr Peter von Savoyen, Ihr werdet mich in der Kutsche begleiten!» Der Fürstbischof nickte nur, dann wandte sich Jolanda an die beiden Söldner: «Meine Herren, auch Ihr werdet mich beide begleiten. Ihr habt Euch schon bewiesen und ich brauche jede Unterstützung. Und dazu seid Ihr, Herr Ritter von Altstetin, unser offizieller Botschafter.» Sie streckte sich. «Und jetzt lasst mich bitte allein. Ich habe Vorbereitungen zu treffen!»

Matthias blieb draussen auf dem Hof stehen. Er sog so viel Luft in die Lungen, wie es nur ging. Dann atmete er langsam aus.

Er erinnerte sich gut an sein Gespräch mit Waldmann in Fribourg, an dem Tage seiner Ankunft. Vor seinem inneren Auge sah er den Blick, welchen der Hauptmann ihm damals zugeworfen, hörte die Frage, die dieser ihm gestellt hatte: «Und, was, wenn Du Dich zwischen Deinem Freund und Deiner Herzensdame entscheiden musst?»

Matthias wusste es immer noch nicht.

Die Vorbereitungen dauerten den ganzen Tag. Diener beluden die Kutsche mit dem Gepäck der Herzogin, Lastpferde mit Ausrüstung und Proviant. Der Fürstbischof überwachte die gesamten Vorbereitungen mit scharfem, geübtem Auge. Sven und Matthias ihrerseits machten ihre Pferde fertig, überprüften mehrfach ihre Bewaffnung. Ihre Kleidung war gewaschen und in einer Kiste auf der Kutsche verstaut. Sven verabschiedete sich von seiner kleinen Magd, die herzzerreissend weinte. Der Riese nahm sie in die Hände und schwang sie durch die Luft, als wäre sie eine Puppe. Er lachte sie an, küsste und drückte sie und schwang sich letztendlich auf sein Pferd. Matthias nickte der Magd kurz zu, verabschiedete sich von Capitaine d'Aramitz und sie ritten vom Hof.

* * *

Ihre Reise dauerte fast zwei ganze Wochen. Der Sommer war zu Ende und das Wetter war umgeschlagen und überwiegend regnete es, mal mehr, mal weniger. Matthias ritt meistens auf Artus, nahm jedoch auch immer wieder für ein paar Stunden in der Kutsche Platz, wo er mit der Herzogin und dem Fürstbischof über die Möglichkeiten der Verhandlungen sprach.

Als Matthias wieder einmal in der Kutsche sass, fragte ihn Jolanda: «Was meint Ihr, was werden die Berner von mir fordern? Eigentlich hatte Herr Waldmann mir durch Euch versprochen, einen Teil der umkämpften Gebiete an Savoyen später angliedern zu können.»

Sie und Peter sahen ihn gespannt an.

Matthias überlegte. «Meine Herzogin», meinte er schliesslich, «Walter auf der Flüe, oder Bischof Supersaxo, wie er sich jetzt nennt, wird sicher versuchen, das gesamte Tal Wallis unter seinen Fittichen zu halten. Da müssen wir alles daransetzen, dass dies nicht gelingt. Wenn doch, habt Ihr kein Recht mehr, Steuern oder Abgaben zu verlangen oder auch militärisch einzugreifen, wenn dies vonnöten wäre.» Matthias machte eine Pause, überlegte sich die weitere Antwort. Keiner der beiden unterbrach ihn. «Bern hingegen wird die gesamte Vaud einfordern.» Peter sog hörbar die Luft ein und Matthias nickte. «Ja, werter Herr Fürstbischof, das war das erklärte Ziel der Berner. Ihnen kam die Kriegslust von Herzog Karl gerade recht. Sie wollten den Konflikt ebenso wie er. Jede der beiden Parteien hatte dasselbe Ziel und jeder wusste vom anderen auch, mit welchen Schritten der Krieg vom Zaun zu brechen war. Nur hatten beide Seiten den Konflikt gewinnen wollen, dies hat dann Bern mit Hilfe der Eidgenossenschaft auch erreicht. Zumindest teilweise, da Karl ja noch lebt und das Burgund somit weiterhin besteht.» Wieder machte er eine Pause, überlegte. «Und solange dies der Fall ist, kann die Vaud weder an Bern noch an Savoyen gehen.»

«Oder an Frankreich», warf Jolanda ein.

«Oder an Frankreich», nickte Matthias.

«Und, was ratet Ihr uns?», fragte Peter. «Immerhin kennt Ihr Niklaus von Diesbach persönlich.»

«Von Diesbach ist ein verschlagener Hund.» Matthias spie das letzte Wort richtiggehend aus. «Er wird Euch unter starken Druck setzen. Ich denke, dass Euer Bruder, der König, das Zünglein an der Waage sein wird, gegebenenfalls zusammen mit meinem Hauptmann Hans Waldmann. Wenn Ihr Gebiete der Vaud an Bern abgeben müsst, meine Herzogin, dann nur unter der Bedingung von hohen Geldzahlungen.»

«Von wie viel?», fragte der Fürstbischof und Matthias zuckte mit den Schultern. «Schwer zu sagen, Monsieur. Es wird auf die Grösse des Gebietes, die Anzahl der Gemeinden ankommen. Und beim Wallis würde ich keinen Schritt weichen. Supersaxo soll gefälligst entweder zurückweichen oder Abgaben bezahlen.»

«Und was hätten wir davon?», fragte Jolanda. «Unser Gebiet wäre um einiges kleiner.»

«Das ist richtig. Jedoch ist der Ausgang des Krieges immer noch völlig offen. Zurzeit haben wir durch Karls Niederlage in Murten, eine Pattsituation, die immer noch auf beide Seiten ausschlagen kann. Sollte der Herzog gewinnen, habt Ihr Euren Bruder im Rücken. Da wird meines Erachtens Karl nicht versuchen, etwas vom Zaun zu brechen. Dazu will er unbedingt sein Gebiet nach Norden erweitern, um das burgundische Holland mit seinem

Kernland zu verbinden. Also kaum gegen Süden und Savoyen.»
Er holte tief Luft. «Sollte Bern den Konflikt gewinnen, bekommt
Ihr eine gewisse Summe und durch den Frieden mit Frankreich
sowie der Tatsache, dass der See und die Berge eine natürliche
Barriere bilden, ebenfalls eine gewisse Sicherheit.»

Jolanda überlegte lange, liess sich seine Worte durch den Kopf
gehen. Schliesslich fragte sie: «Und, wenn sie es doch wagen?»

«Dann habt Ihr, wie erwähnt, Euren Bruder, der schlichten kann
und zum anderen würde ich dann mit Hauptmann Waldmanns
Hilfe die Eidgenossenschaft dazu bringen können, sich für Eure
Seite zu entscheiden. Ihnen ist diese Kriegstreiberei der Berner schon länger ein Dorn im Auge.»

«Warum habt Ihr dann für deren Sache gekämpft?» Peter von
Savoyen sah ihn zweifelnd an.

«Auch wir waren vertraglich daran gebunden», erklärte er. «Die
Stände haben sich zuerst stark dagegen gewehrt, jedoch hat Karl
beim Feldzug von Murten die offizielle Grenze zu Bern über-
schritten und somit war der Vertrag in Kraft getreten.»

«Und Ihr habt gutes Geld damit verdient», warf Jolanda ein
und lächelte schief.

«Das ist richtig, meine Herzogin.» Auch er lächelte. «Vor allem
in Grandson.»

Schweigen hielt Einzug. Alle drei überlegten.

Es war Jolanda, die das Schweigen brach: «Ihr müsst wissen,
dass Louis alles daransetzen wird, dass andere für ihn Herzog
Karl unschädlich machen. Schon früher wollte er das Burgund an
Frankreich binden, hatte deshalb eine Heirat zwischen seinem
Sohn und Maria von Burgund, der Tochter von Herzog Karl,
durchsetzen wollen, aber das hat die Frau von Karl dem Kühnen
und Stiefmutter von Maria, Margarete von York, vereitelt.» Sie
machte eine Pause, reinigte mit dem Ärmel das Fenster von der
Feuchtigkeit und sah hinaus in den Regen. Ihr Blick war dabei
nachdenklich. «Er ist ein Meister darin, andere für ihn die Arbeit machen zu lassen.»

«Wie meint Ihr das, meine Herzogin?», fragte Matthias.

«Er wird hinter seinem Rücken von allen nur 'Die Spinne' genannt.»

«Die Spinne?» Der Kapitän runzelte die Stirn.

«Ja», erklärte Jolanda weiter, «weil er alle Fäden in seinen Händen hält. Er will alles wissen, jede kleinste Information ist ihm wichtig. Und diese Informationen benutzt er für seine Zwecke. Und er hasst Herzog Karl. Sie bekämpften sich in der Vergangenheit immer wieder und Karl hat Louis vor vielen Jahren mit dem Tod bedroht und mein Bruder will seine Rache. Aber wie vorhin schon gesagt, sein eigentliches Ziel ist es, das Burgund in Frankreich zu verinnerlichen.»

«Aber die beiden hatten doch einen Vertrag?», fragte Matthias stirnrunzelnd und Jolanda nickte.

«Hatten sie, ja.» Sie sah zwischen Peter und ihm hin und her. «Und das zeigt, wie intelligent, ja schon fast verschlagen er ist. Trotz seines Hasses hatte er den Vertrag mit Karl, da er gegen Norden einen Feldzug ausführte und keinesfalls das Burgund im Rücken haben wollte. Er ordnet alles seinen Zielen unter, auch seine persönlichen Gefühle.» Jolanda lehnte sich zurück.

Der Regen prasselte laut auf das Dach der Kutsche.

* * *

Die Landschaft war wunderschön. Unzählige sanfte, grüne Hügel prägten das Bild und immer wieder kamen sie an kleinen, pittoresken Dörfern vorbei. Jedoch war der Himmel grau und es zogen Regenschauer über das Land, als sie schliesslich am Schloss des Königs eintrafen.

Capitaine De Porteau ritt als Erster durch das Tor, Matthias folgte hinter ihm. Dann kamen die ersten fünf Palastwachen, die Kutsche mit der Herzogin und dem Fürstbischof, die restlichen fünf Männer der Wache und Sven, der wie ein Turm zu Pferde wirkte und den Abschluss bildete.

Das Schloss war hufeisenförmig angeordnet, wobei die offene Seite zu einem grossen, perfekt symmetrisch angelegten und äusserst gepflegten Garten führte. Die beiden Seiten des Schlosses waren als Stallungen, Werkstätten, für Wohnräume der Bediensteten und der unzähligen Höflinge, Küchen und Unterkünfte für niedere Gäste in Gebrauch. Auch eine Kapelle war eingebaut, deren hoher, spitzer Turm alles überragte.

Das Haupthaus und somit der eigentliche Sitz des Königs bestand aus drei Stockwerken. In das Mauerwerk waren eine Unzahl Fenster eingelassen, jedes umrahmt oder gekrönt mit wunderschönen Stuckaturarbeiten. Die Mauern des gesamten Komplexes hatte man in rot und weiss gehalten, was dem Ganzen einen eleganten Anblick bescherte.

Sie wurden offiziell empfangen vom Kammerherrn des Königs, einem jungen Adligen namens Imbert de Batarnay, welcher die angeborene Arroganz eines Günstlings zur Schau trug. Neben Bediensteten und Mägden, die sich um das Gepäck und die Pferde kümmerten, stand auch Hans Waldmann im Hof, freudig lächelnd.

Matthias sass ab und nach den Begrüssungsfloskeln des Kammerherrn stand er vor seinem Hauptmann. Dieser umarmte ihn spontan.

«Matthias», sagte Waldmann, lachte über das ganze Gesicht, «schön Dich so wohlauf zu sehen.»

«Danke Euch, Hauptmann.» Er wollte noch etwas hinzufügen, aber da stand auch schon Jolanda neben ihm. Waldmann verbeugte sich. «Meine werte Herzogin», begrüsste er sie.

«Herr Ritter Waldmann von Zürich», sie sprach wieder mit dieser sanften Stimme, «endlich treffen wir uns persönlich. Ich freue mich sehr, Euch kennenzulernen.»

«Die Ehre ist ganz auf meiner Seite.»

Jolanda sah ihn mit ihren grossen, blauen Augen an, lächelte leicht. «Ich habe Ihnen zwei alte Freunde mitgebracht», sie nahm Matthias und Sven am Arm, «und ich hoffe sehr, dass wir gemeinsam», sie betonte das Wort speziell, «eine gute und für unsere beiden Seiten zufriedenstellende Lösung finden werden.»

Waldmann wusste genau, was die Herzogin damit meinte, und neigte den Kopf. «Ich bin sicher, meine werte Herzogin, dass dies der Fall sein wird. Ich werde alles dafür tun.»

Jolanda lächelte zufrieden. «Darauf baue ich, mein werter Herr Ritter.»

Sie drückte Matthias' Arm, drehte sich um und verschwand im Eingang des Haupthauses.

Waldmann sah ihr nach. Dann nickte er. «Jetzt verstehe ich, mein alter Freund. Es ist schwer, ihrem Charme zu widerstehen.» Er grinste. «Du wirst müde sein von der langen Reise. Der König wird uns gegen Abend empfangen. Mach Dich frisch und ruhe Dich etwas aus. Wir sprechen uns vor der Audienz noch privat.»

Der Regen hatte aufgehört, aber der Himmel war noch wolkenverhangen und ein frischer Wind ging.

Hans und Matthias gingen gemeinsam in den grossen Park des Schlosses. Sicher, ohne unerwünschte Zuhörer zu sein, sagte Waldmann: «Von Diesbach ist heute ebenfalls angekommen. Er wird die Sache für die Stadt Bern sowie als Abgesandter von Supersaxo vertreten. Und er wird nicht erfreut sein, Dich hier an der Seite von Jolanda zu sehen.» Er sah seinen alten Freund von der Seite an, als sie weiter über die kleinen Kieswege im Park gingen. Ihre Schritte knirschten.

«Er weiss, dass ich als Botschafter zwischen der Eidgenossenschaft und Savoyen fungiere, das sollte ihn also nicht überraschen.»

«Das stimmt», gab ihm Waldmann recht, «doch trotzdem. Bern will die ganze verdammte Vaud für sich haben und Supersaxo unterstützt sie dabei. Wenn sie irgendwie beide das Burgund und Savoyen schwächen können, werden sie vor nichts zurückschrecken. Ich denke, die Forderungen werden äusserst hoch sein.»

«Davon gehe ich aus.» Matthias blieb stehen und sah seinen Hauptmann an. «Aber weder ist Karl tot noch wird sich Savoyen so ohne Weiteres vom Wallis trennen. Und denk daran, Jolanda ist die Schwester von Louis.»

«Gutes Stichwort», meinte Hans. «Der König ist nicht erfreut, dass Du in Murten gescheitert bist.»

«Der verfluchte Hund ist geflohen, hast Du das vergessen?» Matthias Stimme wurde lauter.

«Nein, mein Freund, natürlich nicht. Ich habe dies dem König auch versucht klarzumachen. Aber Louis ist es egal, was genau passiert ist. Dein Alleingang in das Lager hat sich herumgesprochen, aber auch, dass Du dabei fast Dein Leben liessest.» Waldmann seufzte. «Ich habe ihm berichtete, dass es ohne Dich weder in Grandson noch in Murten überhaupt zu einem Sieg gekommen wäre, aber einen König interessieren nur die Resultate.» Er machte eine Pause, seufzte noch einmal tief. «Und der Zungenklaffer lebt immer noch.»

«Ich weiss», meinte Matthias leise.

Hans knallte seinem Weggefährten die Hand auf die Schulter. «Aber wir werden das Kind schon schaukeln. Deine Jolanda unterschätzt man sehr gerne mit ihren grossen Augen und der leisen Stimme, und genau das wird Von Diesbach passieren. Ich denke, sie hat Einiges auf dem Kasten.» Waldmann grinste, sein Ton wurde freundschaftlich. «Bist Du wieder bei vollen Kräften?»

«Bei dem Wetter», Matthias zeigte zum Himmel, «spüre ich die Seite immer noch. Aber die Bewegungen mit dem Schwert funktionieren wieder so, wie sie sollten. Ich habe mit Sven viel geübt und Du kennst diesen Kraftprotz ja. Er hat mich nicht geschont.»

«Gut!», rief Waldmann. «Wir werden Dein Schwert noch brauchen.» Sein Ton war freundschaftlich und gut gelaunt.

Matthias sah ihn fragend an. «Neuigkeiten?»

Der Hauptmann schüttelte den Kopf. «Nein, bisher nicht. Aber ich bin mir sicher, stillhalten kann der Arsch nicht. Er muss seine Ehre wiederherstellen. Ganz Europa lacht über den Kerl und der stolze Gockel wird das nicht auf sich sitzen lassen.»

Sie gingen schweigend weiter. Wiederum waren nur ihre Schritte auf dem Kies zu vernehmen.

Dann plötzlich meinte Waldmann ernst: « Nimm Dich vor dem König in Acht.» Er sah Matthias scharf an. «Louis ist ein kleiner Mann, demütig in Sprache und Gewohnheiten. Er wirkt nicht wie ein Herrscher, aber er hat einen grossen Verstand, ist sehr intelligent. Und er hat ein Netz von Spionen und Informationswegen aufgebaut. Er weiss sehr viel und vermag diese Informationen zu seinem Vorteil zu nutzen. Und sein Vorteil ist alles, was ihn wirklich interessiert.»

«Das habe ich gehört», antwortete Matthias. «Jolanda nennt ihn die Spinne.»

Waldmann lachte bitter und nickte. «Er ist eine dieser grossen, schwarzen, fetten, ekelhaften Dinger in den riesigen Netzen. Unterschätze ihn auf keinen Fall.»

* * *

Die schwarze, grosse, fette Spinne war in Wirklichkeit ein kleiner, drahtiger, kränklich aussehender Mann mit einer viel zu grossen Nase und tiefen Ringen unter den Augen. Es waren nur eben diese Augen, welche die Verwandtschaft mit Jolanda zeigten. Sie hatten dieselbe Bergsee–blaue Farbe.

König Louis XI. sass am Ende der langen, pompös ausgestatten Halle auf einem blauen, mit Gold verzierten Thron, der auf einem Podest über dem Boden stand.

Er war bekleidet mit weissen Strümpfen, die seine schmalen Beine noch drahtiger wirken liessen, und einem blauen, mit Lilien geschmückten Wams sowie einem Mantel mit Pelzbesatz. Und obwohl es im Saal durch ein grosses Feuer im Kamin warm war, trug er einen groben, braunen Filzhut. Kein Schmuck zierte den Herrscher ausser einer goldenen Kette aus aneinandergereihten Muscheln und einem Medaillon auf der Brust. Er sass gerade auf seinem Thron, das Gesicht undurchdringlich, die blauen Augen mit einem stechenden Blick. Neben ihm stand ein kleinerer Thron, jedoch nicht minder schön gearbeitet. Dieser Stuhl war aber leer.

Jolanda ging an der Spitze der ganzen Gruppe, dahinter der Kammerherr de Batarnay, dann De Porteau, Matthias und Sven. An dessen Seite war Waldmann und hinter diesem der Vertreter der Berner, Niklaus von Diesbach. Dieser hatte Matthias mit einem Gemisch aus Abscheu und Überraschung angesehen, als der Kapitän im Vorzimmer des Thronsaales erschienen war. Matthias hatte ihn ignoriert.

Jolanda ging langsam, leicht lächelnd durch den langen Saal, hielt in einem gewissen Abstand zum Thron halt und machte einen tiefen Knicks. Die Männer hinter ihr liessen sich jeweils auf ein Knie hinunter. Der König sah lange auf seine Gäste herunter, ohne dass sich sein Gesichtsausdruck veränderte. Schliesslich erhob er sich und mit einer knappen Handbewegung zeigte er an, dass sie sich alle erheben durften.

«Meine liebste Schwester Yolande, Herzogin von Savoyen, Prinzessin von Frankreich», begrüsste er Jolanda. Seine Stimme war überraschenderweise voll und tief. Er ging die wenigen Stufen des Thronpodestes herunter und nahm Jolandas Hände in die seinen.

«Wir freuen uns, Euch wohlauf und bei guter Gesundheit begrüssen zu dürfen.» Weder sein Gesicht noch die Augen zeigten die von ihm angesprochene Freude.

«Sire, die Freude ist ganz auf meiner Seite, mein verehrter Bruder. Auch mich frohlockt es, Euch bei bester Gesundheit besuchen zu dürfen.» Jolanda sprach mit der Stimme der Herzogin. «Ich danke Euch für die Einladung.» Sie machte nochmals einen leichten Knicks.

Der Kammerherr machte eine Verbeugung. «Sire, darf ich Euch der Herzogin ihre Delegation vorstellen?» Als der König leicht den Kopf senkte, stellte de Batarnay sie einzeln vor. Beim Namen von Matthias verengten sich des Monarchen Augen, während er bei Sven eine Augenbraue anhob. Jeder von ihnen verneigte sich tief.

«Es ist uns eine Freude, Euch auf unserem bescheidenen Hof begrüssen zu dürfen.» Louis sprach langsam, jedes Wort einzeln überlegend. «Ihr werdet alle von der Reise müde sein. Wir würden uns freuen, wenn Ihr mit uns heute gemeinsam speist. Die Verhandlungen beginnen morgen.»

Er winkte knapp mit einer Hand. Sie durften sich entfernen.

An der Stirnseite der Tafel sass Jolanda zur Linken ihres Bruders, dessen Ehefrau, Königin Charlotte, zu seiner Rechten.

Der Platz auf der Seite des grossen Tisches neben der Herzogin wurde De Porteau zugewiesen, dann Hans und Matthias. Von Diesbach sass Waldmann gegenüber. Die weiteren Männer kannte Matthias nicht, es handelte sich um Abgesandte, die mit dem Berner gekommen waren. Auf ausdrücklichen Wunsch des Königs war Politik als Thema nicht erwünscht, er schien aus gutem Grund auf alle Fälle einen frühzeitigen Start der Debatte verhindern zu wollen. Dies könnte schnell in Streit ausarten.

Während der König zu Beginn des Essens schwieg, sprach plötzlich die Königin: «Monsieur von Altstetin, Ihr seid der politische Vermittler zwischen Savoyen und der Eidgenossenschaft?» Ihre Stimme war ruhig, fast monoton. Sie war eine schöne Frau mit gleichmässigen, feinen Gesichtszügen, einer geraden Nase und schmalen, rehbraunen Augen.

Matthias räusperte sich, antwortete dann: «Ja, Majestät. Ich habe die grosse Ehre, als Botschafter zwischen dem Herzogtum und meiner Heimat wirken zu dürfen.»

«Und, wie wir vernommen haben, gefällt es Ihnen in Savoyen?» Weder in ihrer Stimme noch ihrem Blick waren Hohn oder Spott, ganz im Gegenteil zu den Gesichtszügen Von Diesbachs, welcher hämisch grinste. Er erntete dafür von Waldmann einen bösen Blick, der ihn aber nicht im Geringsten störte.

Matthias versuchte mit aller Kraft nicht zu erröten. An Jolandas verkniffenem Lächeln aber konnte er sehen, dass es ihm nicht allzu gut gelang.

Noch bevor er antworten konnte, sprach die Königin weiter: «So müsst Ihr wissen, werter Herr Ritter, dass auch ich aus Savoyen stamme.» Sie lächelte freundlich, sah Matthias direkt an. «Und ich freue mich sehr, dass Ihnen meine Heimat gefällt.» Sie warf Von Diesbach einen Seitenblick zu, welches diesem das Grinsen aus dem Gesicht wischte, konzentrierte sich dann wieder auf den Söldner. «Und wie ich hörte, seid Ihr sehr belesen, werter Herr.»

«Belesen?» Matthias runzelte die Stirn.

«Ihr müsst wissen, dass Lesen und Schreiben eine Leidenschaft meinerseits ist. Ich sammle Manuskripte aus ganz Europa. Vor allem Dante und Petrarca sind zurzeit in hohem Kurs.» Sie machte eine Pause und Matthias nickte, wusste aber nicht so recht, was er dazu sagen sollte. Er kannte keinen der zwei genannten Namen. Dafür nahm er sich einen Schluck des vorzüglichen Weines.

Die Königin hob ihre Brauen, lächelte dann leicht. «Ihre Vorstellung von Liebe und Fortuna, Glück und Liebe sind einfach … sagen wir von einer gewissen Göttlichkeit. Ganz im Gegenteil zu der Artussage.»

Matthias und Jolanda sahen sich mit grossen Augen an.

Er wusste immer noch nicht, was er antworten sollte. Aber es war sicher besser, einfach nichts zu sagen.

Das Essen zog sich weiter hin, es wurde Gang um Gang mit erlesensten Speisen aufgetragen. Der König plauderte unterdessen ausgiebig mit Jolanda, war interessiert an den Zuständen in Savoyen. Er fragte nach dem Wetter, der Ernte, aber auch, wie es um ihren Hofstaat stünde. Dann erkundigte er sich nach ihrer

Verschleppung durch Herzog Karl, und, als sie von ihrer Befreiung durch Matthias und De Porteau erzählte, sah Louis lange zu Matthias herüber.

«Herr Ritter, Ihr habt unsere Schwester gerettet?», sprach ihn dann der König direkt an.

«Sire, unser Herrgott gab uns die richtigen Einfälle und die Kraft, um die Halunken zu überwältigen.» Matthias gab sich alle Mühe, politisch korrekt zu erscheinen.

«Wir danken Euch, Herr von Altstetin, wie auch Ihnen, Herr De Porteau.» Beide neigten den Kopf bei dem Kompliment. «Ihr sagt, Herr Ritter», sprach der Monarch von Frankreich weiter und sah Matthias direkt an, «dass der Herr Eure Wege leitet?»

«Aber ja, Sire.»

«Und, wie hat er Euch geleitet in Murten?» Die Stimme des Königs war leise, einfach.

Matthias seufzte innerlich. So viel zu keine Politik beim Essen.

«Es scheint, als ob Er nicht wollte, dass es vollendet würde.»

«Das erscheint uns auch so», meinte der König und zum ersten Mal war so etwas wie Enttäuschung in seiner Stimme zu hören. «Wir wären Ihm sehr verbunden gewesen, Ihr hättet erfolgreich sein dürfen.»

Gespannt sah der gesamte Tisch nun zu Matthias. Von Diesbach lächelte wieder leicht ob des Tadels, erneut störte ihn der Blick von Waldmann nicht.

«Sire», antwortete Matthias mit simpler Stimme, «die Wege unseres Herrn sind bekanntlich unergründlich. Und ich bin überzeugt, dass Er mich nicht scheitern liess, sondern wollte mich auf einen gefährlichen Gegner besser vorbereiten.»

Zum allerersten Mal sah er den König lächeln. Auch wenn es nur ein leichtes Lächeln war.

«Ihr meint, werter Herr Ritter, dass Ihr uns den Kopf dieses ...», der König stockte kurz, überlegte, «dieses Halunken bringen werdet?»

«Wenn Ihr das wünscht, Sire, werde ich das tun.»

«Nun, mein werter Herr von Altstetin. Ich werde gerne auf Euer Versprechen zurückkommen. Aber es würde uns reichen, wenn Ihr ihn einfach tötet.» Er verzog das Gesicht. «So ein verschrumpelter Kopf wäre hier doch etwas unangebracht.» Er lächelte nochmals und die Spannung an der Tafel wich.

* * *

Die Verhandlungen zogen sich über Tage hin.

Wie erwartet, wollten Von Diesbach und seine Berner die gesamte Vaud bis hinunter nach Genf und das ganze nördliche Ufer des Lac Léman. Auch die Forderung der sieben Zehnden war, wie sie vorausgesehen hatten, das gesamte Wallis für sich zu beanspruchen. Hans Waldmann arbeitete hart, um einen Konsens zu finden, mit welchem alle Seiten, aber vor allem Jolanda zufrieden sein konnten. Er durfte es nicht zulassen, dass Bern sein Gebiet so weit vergrössern würde, dass es eine Bedrohung für Zürich oder die anderen Stände sein würde.

«Wie könnt Ihr es wagen, Monsieur von Diesbach, uns eine solch dreiste Forderung vorzulegen?» Jolanda blitzte den Berner an. «Was sollte mich dazu veranlassen, einen solch grossen Teil meines Herzogtums einfach der Stadt Bern zu überschreiben?»

«Wie schon Euch, werte Herzogin, gestern vorgeschlagen, würden wir eine einmalige Zahlung von zehntausend Gulden entrichten. Und das Wallis ...»

«Über das Wallis werden wir hier nicht verhandeln», unterbrach sie ihn mit autoritärer Stimme. Von Diesbach schien genervt, aber die Herzogin blieb hart. «Ihr wisst das, mein werter Herr von Diesbach. Das hatte ich Ihnen ebenfalls gestern nahegelegt.» Wie immer blieb sie dabei höflich und geduldig. «Und eine Zahlung von egal von welcher Summe ist immer noch keine Antwort auf meine vorherige Frage. Warum sollte ich das tun? Und schliesslich ist der gute Herzog Karl noch am Leben und sein Herzogtum intakt.» Sie sah Matthias mit einem Seitenblick an, wandte sich dann wieder dem Berner zu.

«Meine werte Herzogin, wir waren es, die gegen Karl gekämpft hatten. Ihr mögt recht haben, der Herzog ist nicht tot. Aber das ist nicht unser Fehler.» Auch Von Diesbach sah kurz Matthias an, fuhr dann aber zu Jolanda gewandt weiter: «Es waren unsere Männer, die dort gefallen sind, nicht die Euren. Wir und nicht Savoyen waren es, die sich dem Aggressor entgegengestellt haben.

Ihr konntet es Euch in Eurem Schloss gemütlich machen, während wir auf den Schlachtfeldern geblutet haben.» De Porteau, der hinter seiner Herzogin an der Wand stand, wurde bleich, reagierte aber ansonsten nicht.

«Aber, Herr Ritter», Matthias schaltete sich ein, «Ihr habt weder in Grandson noch in Murten geblutet!» Er machte eine Handbewegung zwischen Waldmann und ihm selbst. «Wir dagegen schon. Und das nicht zu knapp!»

Der Berner Ritter mass ihn mit einem wütenden Blick. «Wir wissen, dass Ihr in den Schlachten gekämpft habt, und dies erfolgreich, Herr von Altstetin.» Er vermied es, ihn mit Ritter anzusprechen. «Aber Ihr wisst auch, dass es die Stadt Bern war, die die meisten Männer gestellt hatte.»

«Und war es nicht auch die Stadt Bern, welche am meisten davon profitierte?», entgegnete Matthias. «Ihr habt sicher die meisten Kämpfer gestellt, das mag so sein. Aber ohne uns», wieder die Handbewegung zwischen Waldmann und ihm, «hättet Ihr diese beiden Kämpfe nicht gewonnen.» Er schüttelte leicht den Kopf.

Von Diesbach Gesicht war unterdessen rot angelaufen. «Darüber werde ich hier nicht mit Euch streiten, Herr von Altstetin.» Wieder fehlte der Titel des Ritters. «Es hat auch gar nichts mit dieser Sache zu tun! Tatsache ist, dass wir es waren, die sich diesem Angreifer entgegengeworfen haben, auch wenn Ihr sicher einen geringen Teil zu dem Sieg beitragen konntet.»

Der Ritter aus Bern wandte sich wieder an die Herzogin, aber bevor er weiterfahren konnte, sagte Hans Waldmann: «Und ob es etwas mit dieser Sache hier zu tun hat, werter Herr. Ihr habt das Herzogtum Burgund ebenso provoziert wie der Herzog Euch. Ihr wolltet den Krieg im selben Masse wie er. Und die Stände haben es Euch versucht auszureden, aber Ihr wolltet ja nicht hören. Und wir», auch Waldmann machte dieselbe Handbewegung, die ihn und Matthias miteinschloss, «haben Euch aus dem Dreck gezogen, vor allem in Murten.»

Von Diesbach holte Luft, aber Waldmann war in Fahrt geraten. «Die Aggression gegen Erlach war Eure Idee!» Er zeigte mit dem Finger auf den Berner. «Eure! Und niemandes anderen! Ich habe mich damals schon fürchterlich darüber aufgeregt, wie man eine

solche Dummheit begehen kann.» Unterdessen war er wie üblich
bei ihm laut geworden. «Erlach war savoyisches Gebiet, nicht bur-
gundisches. Aber als Ihr Eure Dummheit bemerkt hattet, war es
zu spät.» Hans holte Luft, donnerte weiter. «Ich habe damals reagiert und Ritter von Altstetin nach Chambéry entsendet und hätte
er nicht sein ganzes Geschick in den Verhandlungen mit der werten Herzogin ausgespielt», Jolanda und Matthias wechselten einen bedeutungsvollen Blick, beide lächelten leicht, «hätte diese
Dummheit gut zu einem Flächenbrand führen können.» Er
machte eine Pause, keiner unterbrach ihn. Auch der König am
Ende der Tafel sah den Hauptmann mit leicht amüsiertem Blick
an. «Und jetzt besitzt Ihr die Frechheit, hier vor dem werten König
von Frankreich solche absurden Forderungen zu stellen. Die Stadt
Bern hat den grössten Anteil an der Beute von Grandson bekommen. Die Hälfte», er spie das Wort fast, «habt Ihr erhalten und die
andere Hälfte der Rest der Eidgenossenschaft!» Seine Augen blitzten den Berner an. «Ihr solltet Euch schämen, mein werter Herr
Ritter.» Das letzte Wort rief er Von Diesbach mit Spott ins Gesicht.
Dieses wechselte mehrfach die Farbe, wechselte zwischen weiss
und rot. Er wandte sich an den König. Louis sass am Ende der
Tafel, sagte aber nichts, hörte nur zu. Ein leises Lächeln umspiel-
ten seine Lippen. Von Diesbachs Mund öffnete sich, dann
schloss er ihn wieder, ohne etwas zu sagen.

«Mein werter Herr Ritter», Jolandas Stimme war gegenüber derjenigen von Waldmann so leise, dass sie alle genauer hinhören
mussten, um sie zu verstehen, «ich mache Euch ein Angebot, das
Ihr nicht ausschlagen könnt: Ihr dürft Erlach und die zu der Ge-
meinde dazugehörenden Ländereien behalten, keine weiteren.
Und Ihr bezahlt mir dafür die Summe von achtzigtausend Gulden.» Sie lächelte den Berner an, der noch ein weiteres Mal die
Gesichtsfarbe wechselte, sich dann erhob, auf dem Absatz um-
drehte und wortlos aus dem Saal stürmte.

Jolanda stand ebenfalls auf. Sie lächelte die Männer am Tisch an,
ihre blauen Augen strahlten. «Ich nehme das als ein Nein»,
sagte sie mit sanfter Stimme.

«Das denken wir auch.» Es war das Einzige, was der König zu
der Konversation beitrug.

Matthias war sich aber sicher, dass dem französischen Regenten keine Silbe entgangen war.

Sie einigten sich ein paar Tage später. Während König Louis XI. noch einmal die Verträge mit der Eidgenossenschaft erneuerte, gab Jolanda schliesslich die beiden Gemeinden Erlach und Aigle ab, bekam aber dafür die horrende Summe von fünfzigtausend Gulden zugesprochen. Und wie sie gesagt hatte, über das Wallis war nicht debattiert worden.

* * *

Sie sass am Abend mit Matthias zusammen im roten Salon. Dieser kleine, aber wunderschön in verschiedenen Rottönen gehaltene Salon war der Lieblingsplatz der beiden geworden. Sie hatten während der Reise nicht viel Zeit füreinander gehabt und während des Aufenthaltes am Hofe genossen sie die wenigen Stunden nach den offiziellen Anlässen und Zusammenkünften jeweils bei einem Glas Wein.

Dutzende Kerzen brannten, hüllten den Raum in warmes Licht. Der Duft von Lavendel und Jasmin erfüllte den Raum.

«Bist Du zufrieden, meine Liebste?»

Jolanda lächelte, sah ihn aber nicht an. Dann seufzte sie. «Ich denke, dass es den Frieden wert ist.» Sie sah doch noch zu ihm hoch. «Aber ich hoffe auch, dass er wirklich hält.»

«Du meinst, dass die Berner …»

«Nein.» Sie unterbrach ihn. «Nicht die Berner. Ich bin überzeugt, dass Hans Waldmann und die Eidgenossenschaft den Bernern schon in die Schranken weisen.»

«Aber?»

«Karl.» Sie sagte den Namen leise, mit einem Seufzen.

Matthias nickte. «Der Hauptmann ist überzeugt, dass es nicht lange geht, bis er wieder unter seinem Stein hervorkriecht. Er ist zu stolz und er muss seine Ehre wiederherstellen.»

Jolanda sah ihn an, ernst. «Und was wirst Du tun, mein Lancelot?» Ihre Stimme war kaum mehr als nur ein Flüstern. Ein Hauch.

«Du weisst, was ich tun werde. Ich habe es dem König versprochen.» Er machte eine Pause. «Ich habe es Dir versprochen.»

«Und wenn er Dich tötet?»

«Das hat er schon einmal versucht und es ist ihm nicht gelungen.» Er stellte sein Glas etwas zu heftig auf den Tisch neben ihm. Der Stiel zerbrach und das Glas fiel auf den Tisch, zersprang und verschüttete den Inhalt, der wie rotes Blut darüber lief und schliesslich auf den Boden tropfte.

«Und dieses Mal wird er nicht einfach davonreiten können.»

Sie sah ihn lange an. Ihre Augen ruhten auf ihm, der Blick war liebevoll. «Du hast mir aber auch versprochen, dass Du zu mir zurückkommst.»

«Und dafür muss ich ihn töten.» Matthias erwiderte ihren Blick. «Und das werde ich auch tun.» Er senkte den Blick.

Jolanda seufzte.

* * *

Sein Pferd war fast zuschanden geritten und der Reiter wund an allen möglichen Stellen. Diener halfen ihm vom Pferd, mussten ihn stützen auf seinem Weg zum König.

«Sire», sagte der Bote, als er endlich im Thronsaal war und sich nur mit Mühen vor dem König verbeugte hatte, «ich habe eine Nachricht von dringendster Natur für den hochachtungsvollen König von Frankreich und die Herren Ritter Waldmann von Zürich und Von Diesbach von Bern.»

Der König sass auf seinem Thron, wie meistens sagte seine Miene nichts darüber aus, was er dachte. Er blickte zu Waldmann herüber, der wie auch Jolanda, Matthias und Von Diesbach im Saal zugegen war.

«Er soll sprechen», sagte Louis schliesslich. «Danach gebt dem Mann etwas zu essen und ein Bett zum Schlafen.» Er nickte dem Boten zu.

Der Bote verbeugte sich nochmals, wieder nur mühevoll. «Sire, der Herzog.» Er holte tief Luft. «Herzog Karl hat Lothringen überfallen.»

Kapitel IV

Hans Waldmann seufzte tief, stellte sein Weinglas ab und befüllte es sogleich wieder fast bis zum Rand. Er sah in die Gesichter am Tisch. «Ich wusste, der Hund würde wieder auftauchen», meinte er. Jolanda sah ihn an, schob ihren Teller von sich. Sogleich erschien ein Diener und nahm das Geschirr von der Tafel. «Der Hilferuf kam von Herzog René II.?», fragte sie.

«Ja, meine werte Herzogin. Es scheint, als ob Herzog René einige Probleme hat in seinem Herzogtum. Er wollte sich die als Pfand an Karl geliehenen Ländereien wieder zurückholen, aber es könnte sein, als ob er seine Armee kaum bezahlen kann. Und genau darauf hat der Arsch … hat Karl gewartet.»

«Der Hauptmann hat es vorausgesagt», ergänzte Matthias. «Wir wissen alle, dass Karl den nördlichen Teil mit seinem eigentlichen Reich verbinden will.»

«Aber ich hätte nie gedacht, dass er so schnell wieder ein Heer hat. Und Herzog René scheinbar auch nicht», setzte Waldmann hinzu. «Woher er das Geld für ein erneutes Heer hat, ist mir schleierhaft.» Er schüttelte den Kopf. Welchen der beiden Herzöge er meinte, liess Waldmann offen.

«Woher er es hat, ist doch eigentlich nicht wichtig», nahm De Porteau am Gespräch teil. «Wichtig ist, was wir nun unternehmen wollen!»

Hans nickte, aber Matthias antwortete: «Ihr unternehmt nichts, mein werter Capitaine. Savoyen kann und darf es sich nicht leisten, in diesen Konflikt militärisch hineinzugeraten.»

«Aber wir hätten eine bessere Position bei späteren Verhandlungen mit der Stadt Bern.»

«Da mögt Ihr recht haben», gab Waldmann zu. «Und Ihr wärt eine äusserst grosse Hilfe. Aber Ihr müsst die Herzogin zuerst nach Chambéry bringen, weg von hier. Und bis Euer Heer zum Abmarsch bereit ist und wenn Ihr dann noch den Weg bedenkt, den Ihr dafür zurücklegen müsstet, könnte es zu spät sein.»

De Porteau nickte, jedoch sichtlich unzufrieden.

«Was werdet Ihr jetzt unternehmen?», fragte Jolanda zu Hans gewandt.

«Zuerst mal werde ich mir einen Überblick über die Umstände machen müssen, sehen, was da überhaupt abläuft. Dann zurück nach Zürich, auf schnellstem Wege. Gleichzeitig werde ich den Boten zu den Ständen senden. Wir müssen unser eigenes Heer wieder bereithalten.»

«Warum Zürich?», fragte Matthias dazwischen. «Vielleicht sollten wir unsere Leute in Basel sammeln?»

Hans Waldmann nickte. «Eine gute Idee. Oder vielleicht sogar dort das gesamte Heer!»

«Bei dem Wetter?» Die Herzogin runzelte die Stirn.

«Wir sind alle überrascht, meine Liebste», antwortete Matthias an Waldmanns Stelle. De Porteau sah ihn an, als er die intime Anrede benutzte, doch Matthias bemerkte es nicht. «Keiner hätte gedacht, dass Karl sich schon im Winter wieder hervorwagt. Aber er hat ein stehendes Heer …» Er stockte, korrigierte sich: «Hatte zumindest eines oder wenigstens noch Fragmente davon.» Matthias schüttelte den Kopf, trank einen Schluck aus seinem Glas. «Aber wenn in Lothringen wirklich Unruhen ausgebrochen sind, spielt ihm das natürlich in die Karten. Und deshalb wollte er einfach nicht bis in den Frühling warten. Also hat er wahrscheinlich die Reste seines Heeres aufgesammelt und wird mit dem marschieren, was er zur Verfügung hat.»

«Aber das bedeutet auch, dass er weder so viele Männer und vor allem auch nicht die nötige Ausrüstung hat.» Waldmann ergänzte. «Und, seine Artillerie hat er schon in Grandson verloren, da wird er auf alte Geschütze zurückgreifen müssen.» Der Hauptmann nahm wieder sein Glas, leerte es bis zur Hälfte in nur einem Zug. «Das ist unsere Chance, dem Ganzen endlich ein Ende zu machen.»

Er knallte das Glas auf den Tisch, sodass einige Tropfen des Weines auf dem Tisch landeten. «Entschuldigt mich, meine Herzogin, ich muss Vorbereitungen treffen.» Er stand auf, verneigte sich und ging. Auch De Porteau liess sich entschuldigen und verliess sie.

Sie hinterliessen Stille. Die Stille schien ewig zu dauern.

Minuten, Stunden, Tage, Jahre.

«Ich hätte nicht gedacht, dass es so schnell gehen würde.» Matthias Stimme schliesslich war geprägt von Enttäuschung. Er sah Jolanda an. Ihr Gesicht war ausdruckslos, aber ihre Augen voller tiefer Traurigkeit. Matthias wandte sich ihr zu, nahm ihre Hände in die seinen.

«Du wirst mit Waldmann reiten.» Es war keine Frage.

Er hielt ihre Hände, sah in ihre Augen, spürte das Brennen in seinem Herzen. Er wollte antworten, aber er brachte kein Wort hervor.

«Es ist gut, mein Lancelot.» Jolanda lächelte leicht, doch Tränen rannen ihr über die Wangen.

* * *

Es regnete in Strömen. Als ob der Himmel ihre abgrundtiefe Traurigkeit teilen würde. Sie hatten sich im Thronsaal von König Louis XI. verabschiedet und Hans und Sven sassen schon auf ihren Pferden. Der Bote war, ausgestattet mit einem neuen Ross und Anweisungen, am Morgen bei Dämmerung nach Zürich aufgebrochen. De Porteau und Jolanda standen im überdeckten Eingang des Haupthauses. Der Capitaine beugte sich zu Matthias hin. «Vergesst mein Versprechen nicht, Ritter von Altstetin», meinte er leise. Matthias nickte ernst. «Das werde ich nicht, Monsieur Capitaine. So war mir Gott helfe, ich werde zurückkehren.» Jolandas Heerführer nickte ebenfalls, dann hob er die Hand zum Gruss an Waldmann und Sven und ging hinein.

Jolanda blieb zurück, sah ihn an.

Er sah in ihre Bergsee–blauen Augen, roch ihren Duft nach Lavendel und Jasmin. «Ich liebe Dich!»

Sie lächelte traurig. «Und ich liebe Euch, mein Ritter Lancelot.»

Als sie aus dem Tor ritten, drehte sich Matthias noch einmal um. Verloren stand sie im Regen. Die Tropfen fielen auf ihr Haar, liefen über ihr Gesicht, vermischten sich mit den Tränen.

Sein Herz schmerzte.

Jolanda blickte ihm nach, bis sie aus dem Tor verschwunden waren.

* * *

Ein grosses Feuer auf der Feuerstelle verbreitete wohlige Wärme, darüber hing ein eiserner Topf mit undefinierbarem Inhalt. Die drei Männer sassen in einer Nische, jeder mit einem grossen Krug Bier vor sich, und warteten sehnsüchtig auf das Essen.

Der Winter war nah. Die Temperaturen waren empfindlich gesunken und draussen sah man seinen eigenen Atem. Sie waren froh, in der warmen Taverne noch Platz gefunden zu haben und ihr Hunger war so gross, dass es ihnen egal war, was der Wirt im Kessel über dem Feuer köchelte und ihnen schliesslich vorsetzte. Sie assen mit grossem Appetit und spülten es mit mehreren Humpen Bier hinunter.

«Hauptmann, es ist mir klar, dass Herzog Karl seine Ländereien vereinen will. Aber warum nicht einfach mit einem Vertrag zwischen ihm und René?», fragte Sven, als sie das Mahl beendet hatten.

Waldmann fuhr sich durch seinen Bart. «Die beiden hatten mal einen Vertrag», erklärte er dann. «Karl hatte dem Lothringer viel Geld geliehen und dafür Ländereien als Pfand übernommen. Aber der verlogene Lump wollte diese nicht mehr zurückgeben und René wandte sich an die Berner zur Hilfe. Und deren Einstellung kennen wir ja zu Genüge.» Er nahm einen grossen Schluck Bier. Teile des Gerstensaftes liefen ihm in den Bart. «Also weiss René auch, was er von diesem Halunken zu halten hat, und wird sich hüten, denselben Fehler noch einmal zu machen. Doch der Herzog von Lothringen konnte noch nie gut mit Geld umgehen, ist ständig bankrott. Darum wundert es mich schon, dass er sich auf einen Konflikt mit Burgund einlässt.»

«Vielleicht hatte er das Gefühl, dass Karl nach dessen Niederlage in Murten über keine gute Armee mehr verfügt, und sieht jetzt die Möglichkeit, seine Ländereien von damals wieder zurückzuerobern», meinte Matthias und schob seinen leeren Teller von sich.

«Ganz sicher», stimmte ihm Hans zu, «doch René ist noch beschissener als Kriegsherr als der andere Idiot.» Er rollte mit den Augen. «Da treffen zwei völlige Tölpel aufeinander.»

«Und warum lassen wir die beiden sich nicht einfach gegenseitig auslöschen?», fragte Sven weiter.

«Weil, mein lieber Freund, dies nicht geschehen würde.» Waldmann sah des Hünen fragenden Blick und erklärte weiter: «Auch wenn Karl von Kriegsführung keine wirkliche Ahnung hat, er würde trotzdem mit Lothringen kurzen Prozess machen. René hat nur Lumpen als Soldaten. Die sind absolut nichts wert. Er hat kein Geld, also auch nicht wirklich ein anständiges Heer.» Er trank sein Bier leer und rief dem Wirt zu, nochmals für alle Frisches zu bringen. «Also würde Karl sich letztendlich durchsetzen und mit jedem Sieg, den er erringen würde, nähme seine Stärke zu.» Er machte eine Pause, als der Schankwirt die Getränke auf den Tisch stellte und das leere Geschirr mitnahm. Dann fuhr er weiter fort: «Du weisst auch, wie es ist; so bald einer anfängt zu gewinnen, laufen ihm von allen Seiten Kämpfer zu in der Hoffnung, schnelles Geld und Glück zu machen. Und wenn er erst mal die Burgundische Niederlande und sein Herzogtum zusammengeführt hat, wäre er nicht mehr zu stoppen.»

«Und was ist mit König Louis?»

Matthias antwortete an Waldmanns Stelle: «Vergiss Louis! Der macht keinen Finger krumm. Er bezahlt Geld und lässt uns die Drecksarbeit verrichten. Das Einzige, was wir hoffen können, ist, dass er René ebenfalls Geld leiht, um sein Heer aufzustocken.»

Sven schüttelte den Kopf. «Und warum tun wir das dann? Wir könnten uns doch einfach heraushalten?»

«Es könnte gut sein, dass wir das auch tun werden. Ich bin gespannt, was die Stände dazu meinen, was sie entscheiden werden.» Waldmann seufzte. «Aber ich werde alles dafür tun, Lothringen zu unterstützen.» Er hämmerte mit der Faust auf den Tisch. «Ich habe echt keine Lust, diesem verdammten Bastard in zwei oder drei Jahren wieder entgegen treten zu müssen und dann hat er aus seinen Fehlern gelernt und lehrt vielleicht uns das Fürchten.»

Sie ritten weiter nach Nordwesten.

Das Wetter wurde jeden Tag schlechter. Bald ging der Regen in Schneeregen über und der Zustand der Wege litt darunter. Doch wenigstens trafen sie nicht auf viele Reisende und kamen so trotz des Wetters gut voran. Sie liessen die Stadt Orléans hinter sich und behielten die Richtung weiter bis zu der Ortschaft Troyes. Die

Grafschaft Iles, welche einem Vasallen von Karl dem Kühnen gehörte, umgingen sie auf der nördlichen Seite und hielten dann wieder direkt auf Osten zu.

In jedem Wirtshaus, jeder Taverne, in der sie einkehrten, befragten sie Reisende, Händler, Huren und die Wirte nach Neuigkeiten. Sie trafen sogar auf eine Gruppe von Pilgern auf ihrem Weg nach Orléans, aber niemand hatte Konkretes zu berichten. Es gab eine Unmenge an Gerüchten. So wurde die Armee von Karl mal auf dem Weg nach Tours gesehen, ein anderes Mal in Richtung Genf.

Doch je näher sie Lothringen kamen, umso mehr Menschen kamen ihnen entgegen. Bauern, die mit ihren Familien auf Ochsenwagen und mit all ihrem Hab und Gut in Richtung Westen flohen. Händler, welche Angst hatten, ihre Waren an marodierende Söldner zu verlieren und sogar eine ganze Abtei Nonnen, die ihr Kloster verlassen hatten, um nicht Opfer einer marschierenden und oftmals plündernden Armee zu werden.

Aber wirklich gesehen hatte die Burgunder noch niemand. Schliesslich kamen sie an das Herzogtum Lothringen. Sie überquerten die Grenze und hielten sich im Allgemeinen gegen Osten, ritten durch eine schmale Verbindung zwischen dem Land eines burgundischen Bischofs im Norden sowie dem eigentlichen Herzogtum Lothringen südlich, um dann in Richtung Südosten dem Grenzland Burgunds zu folgen.

Sie ritten wachsam, stets auf der Hut. Die Flüchtlinge wurden immer zahlreicher und die Gerüchte immer wilder, aber noch immer waren keine verlässlichen Informationen zu bekommen.

Die Grenze führte sie schliesslich nördlich des Städtchens Luxeuil an einem grossen Waldgebiet entlang und dann durch das Tal des Flusses Mosel. Als sie an der Abzweigung in das Tal einbiegen wollten, rumpelte ihnen ein alter Wagen entgegen, gezogen von einem Esel. Ein Bauer, der so alt schien wie der Wagen selbst, hielt die Zügel in der Hand, die er ängstlich anzog, als er die drei Kämpfer erblickte. Auf dem Wagen waren eine Unmenge Hausrat sowie seine ebenso alte Frau.

Der Ochsenkarren stand mitten auf dem Weg, der Bauer sah sie mit grossen Augen an.

«Gehört Ihr ...?», fragte er, aber seine Angst verschlug ihm die Sprache.

«Was?», herrschte ihn Waldmann an, aber Matthias legte seinen Arm auf den seines Hauptmannes.

«Guten Tag Monsieur», antwortete er in gemässigtem Ton, «ob wir zu was gehören? Habt keine Angst, wir tun Euch nichts.»

Der Bauer schluckte, öffnete den Mund, zeigte seine zwei übrig gebliebenen braunen Zähne. «Zu der Armee?», fragte er stockend.

«Welche Armee?» Matthias ahnte es bereits.

Der Bauer zeigte mit der Hand hinter sich. «Monsieur, sie haben uns vertrieben, haben unser Vieh geschlachtet und unser Haus angezündet», jammerte er. «Wir konnten nur noch retten, was Ihr hier auf dem Wagen seht.»

«Welche Armee?», fragte Matthias erneut.

Der alte Bauer musterte die drei Kämpfer genau und entschied dann, dass diese nicht dazugehörten. «Na, die von diesem burgundischen Lumpen!», antwortete er und seine Angst wich der Wut. «Sie tragen alle den schwarzen Löwen auf der Brust.» Hans und Matthias sahen einander an.

«Und, wo sind sie jetzt?»

«Saint–Maurice, Monsieur.» Er seufzte. «Dass ich das in meinem Alter noch erleben muss.»

«Gibt es einen Weg um das Tal der Mosel herum? Sodass wir nicht auf die Armee treffen, sie aber sehen können?»

«Ja Monsieur, den gibt es.» Er fuchtelte mit seinem Arm. «Reitet weiter in Richtung Osten. In etwa einer Stunde erscheint eine weitere Abzweigung. Nehmt den Weg in Richtung Südosten. Er führt als Höhenweg über die Hügel, verbleibt dabei aber meistens im Wald. Dann gibt es wieder eine Abzweigung gen Süden. Dieser Weg dann führt direkt nach Saint–Maurice. Dort solltet Ihr sie sehen.»

«Wir danke Euch, Ihr habt uns sehr geholfen.» Matthias kramte in der Tasche seines Mantels und holte ein Goldstück hervor. Er warf es dem Bauern zu und dieser fing es aus der Luft. Er strahlte, zeigte wieder seine zwei verfaulten Zähne. «Vielen Dank, Monsieur!», rief er. «Möge der Herr Eure Schritte begleiten.»

Matthias gab Artus die Sporen und sie sprengten davon. «Euer Wort in Gottes Ohr», sagte er zu sich selbst.

Also ritten sie weiter nach Osten, anstelle des eigentlich geplanten Weges durch das Tal der Mosel, fanden die beschriebene Abzweigung und nahmen den Weg nach Südosten, bis sie schliesslich das nächste Waldgebiet erreichten. Wie der Bauer erklärt hatte, führte der Höhenweg durch den Wald und über die Hügel, genau parallel zum Tal. Er verblieb in dem Waldgebiet und drehte schliesslich in Richtung Süden.

Sie ritten, so schnell sie konnten. Erst als der Wald sich zu lichten und der Weg hinaus und in das Moseltal hinunterzuführen begann, zügelten sie ihre Pferde.

«Siehst Du den Rauch?», fragte Hans und Matthias nickte. «Da unten brennen Anwesen. Wie der alte Bauer gesagt hatte, sie plündern und zerstören alles auf ihrem Weg.»

Sie verliessen den Weg, ritten in den dichten Wald hinein. Dann sassen sie ab. Die drei Männer schlichen zum Waldrand. Von da hatten sie einen guten Blick auf das Tal.

Der Himmel war wolkenverhangen und die Sicht war gut genug. Unter ihnen lag ein kleines Städtchen und auf den Feldern davor stand ein Heerlager. Die weissen Zelte hoben sich gut ab von dem braunen, zertrampelten Boden, worauf sie standen. Das Lager war rund angelegt, in der Mitte das grosse Zelt des Herzogs. Es wehte die Fahne Karls.

Matthias kniff die Augen zusammen und Waldmann legte seine Hand auf dessen Arm. «Lass, mein Freund. Wir stellen ihn später. Und wir kriegen ihn!» Er sah seinen alten Waffengefährten ernst an. «Aber zuerst müssen wir sicher sein zu wissen, was er genau vorhat.»

Matthias presste die Lippen zusammen. Hass wallte auf, doch er versuchte ihn hinunterzuschlucken wie einen grossen Bissen schlechten Fleisches.

Männer wuselten im Lager hin und her, Lärm war zu hören. Befehle, das Hämmern der Schmiede, vereinzelt das Wiehern eines Pferdes klangen zu ihnen hinauf.

«Wie viele?», fragte Waldmann

«Fünfzehntausend», antwortete der Kapitän leise. «Mindestens, vielleicht sogar eher mehr.» Er schüttelte den Kopf. «Der Platz ist nicht schlecht gewählt. Er hat eine Strasse nach Norden und Süden.» Er atmete einmal tief. «Und er will nach Norden», meinte Matthias dann.

Waldmann nickte. «Na dann los. Nichts wie weg hier!»

* * *

Einen Tag später erreichten sie die Stadt Basel.

Sie stiegen in der Wirtschaft zum Wilden Mann ab. Hierher hatte Waldmann durch den Boten auch Matthias' Männer bestellt und diese trafen am selben Tag ein, nur wenige Stunden nach ihnen. Unterdessen hatte der Winter Einzug gehalten und es schneite mal mehr und mal weniger, aber stetig.

Es gab ein grosses Hallo und Willkommen, die Männer waren froh, wieder mit ihrem Kapitän und Sven vereint zu sein. Aber vor allem kamen sie mit der freudigen Meldung, dass die Stände dem Feldzug zugestimmt hatten und sich das Heer in Basel sammeln würde.

Sie hatten die gesamte Taverne, sogar das gesamte Haus gemietet und machten dies zu ihrem Kommandoposten. Matthias hatte die Idee gehabt, seine zehn Männer in einem Turnus von jeweils einem Tag auf die Fährte von Karls Heer anzusetzen. Die Söldner bewegten sich somit in einer Art Kreis, womit jeden Tag einer von ihnen wieder in Basel ankam, um die neuesten Bewegungen ihres Feindes zu melden, nur um dann am nächsten Tag wieder loszureiten.

Und nicht mal zwei Tage später kam die Nachricht: Karl hatte begonnen, sein Heer in Richtung Norden zu bewegen.

«Was ist sein Ziel?» Waldmann war tief über eine Karte gebeugt. «Von Saint… Wie hiess das Dorf?»

«Saint-Maurice», warf Matthias ein und Waldmann nickte. «Es gibt nur zwei Möglichkeiten von da: Épinal oder Nancy, wobei Nancy sicher das Lohnendere der beiden Ziele ist.»

Sie befanden sich in der Gaststube und hatten Tische zusammengestellt. Darauf lagen mehrere kleinere Karten und Papiere, geordnet nach verschiedenen Informationen, und die grosse Karte, worüber sie sich gebeugt hatten.

«Nicht nur das», meinte Matthias, «Mit Nancy würde er Herzog René mitten ins Herz treffen. Und durch Nancy führt die einzige Strasse nach Metz und wenn er diese kontrolliert, hat er die Verbindung zwischen seinen Landen erreicht.» Er machte eine bedeutungsvolle Pause. «Und es ist das, was er unbedingt will, seine nördlichen Gebiete mit dem angestammten Herzogtum vereinen.»

«Nun denn», Waldmann reckte sich, «Nancy also.»

«Wann treffen unsere Kämpfer ein?» Matthias nahm sich die Weinkaraffe und goss den Inhalt in zwei Zinnbecher. Er stellte den einen Hans hin, nahm einen Schluck aus seinem eigenen.

«In den nächsten zwei Tagen. Heute kam ein Bote Von Thiersteins, sie seien auf dem Weg hierher.»

«Und wie viele sind zugesagt?»

Waldmann schüttelte den Kopf. «Nicht so viele, wie ich gehofft hatte. Ich denke, wir sollten mit etwa zehntausend Männern rechnen können.»

«Die Frage wird sein, mit welcher Anzahl Herzog René aufwarten kann.» In Matthias Stimme klangen Zweifel.

Hans seufzte, nickte dann. «Genau das ist die Frage, mein Freund.»

Es war schon völlig dunkel und im Kamin der Gaststube brannte ein grosses Feuer.

Soeben war Hans von Altdorf, der die neuesten Informationen betreffend Karls Bewegungen gebracht hatte, wieder losgeritten und sie warteten auf das Essen, das der Wirt in der Küche zubereitete.

Die Tür schwang auf und ein Schwall kalte Luft drängte herein, zusammen mit einigen Schneeflocken. Ein Mann in dunklem Mantel und mit breitkrempigem, schwarzem Hut trat ein. Es war eine grosse, breite Gestalt, an dessen Hüfte ein Langschwert hing.

Er klopfte sich den Schnee von der Kleidung, nahm seinen Hut vom Kopf und schüttelte ihn aus. «Was für ein verfluchtes Sauwetter», meinte die Gestalt.

Waldmann und Matthias standen auf.

«Herr Ritter von Thierstein, es ist schön, Euch hier zu sehen», antwortete Hans und grinste den Hauptmann der Reiterei an. «Setzt Euch und esst und trinkt.»

Der Ritter tat, wie ihm geheissen, und Matthias füllte einen dritten Becher mit Wein und stellte ihm diesen hin. Von Thierstein nahm den Becher und leerte ihn in einem Zug. «Da friert man sich den Allerwertesten ab, bei dieser verdammten Kälte.» Er schüttelte sich, rieb sich die Hände. Dann erhob er sich wieder und ging zu dem wärmenden Feuer. «Wirt!», rief er zur Küche hin. «Bringt mir ebenfalls etwas zu essen. Und macht schnell, ich sterbe vor Hunger.»

Es ging nicht lange und der Wirt, ein grosser wie auch äusserst dicker Mann mit nur noch ein paar Haarsträhnen auf dem Kopf und weit abstehenden Ohren, balancierte einen Topf und mehrere Teller mit Besteck aus der Küche. Er lachte, wie immer, seine Gäste an. «Meine Herren, lasst es Euch schmecken.»

Sie machten sich über ihr dampfendes Essen her.

«Wie viele, Hauptmann?», fragte Matthias und Von Thierstein blickte ihn über seinen Löffel hinweg an.

«Insgesamt etwa achttausend», antwortete dieser.

«Aber das sind zu wenige!» Matthias Stimme klang erschrocken. «Wollten die Stände denn nicht alle mit dabei sein?»

«Nicht alle.» Von Thierstein machte ein säuerliches Gesicht. «Gewisse Lande meinen, es sei nicht mehr unser Problem, sondern dasjenige von Frankreich und Lothringen. Nicht alle erkennen, dass ein allfälliger Sieg Karls erneut zu einer grossen Gefahr für die Eidgenossenschaft werden könnte.» Er nahm einen Schluck Wein. «Es kommt am Schluss auf Herzog René an.» Von Thiersteins Stimme war trocken. «Aber ich rechne nicht mit allzu viel. René ist ein guter Mann, aber er hat ja nie Geld. Es ist nur zu hoffen, dass König Louis ihm genug gegeben hat, damit er wenigstens etwas Anständiges zusammengebracht hat.» Er schüttelte den Kopf, dann schaufelte er mithilfe eines Fingers Essen auf seinen Löffel und schob es sich in den Mund, kaute, schluckte. «Morgen wird der Feldhauptmann hier eintreffen und spätestens in zwei Tagen müssen wir losmarschieren.» Er ass einen weiteren Bissen. «Aber es wird nicht auf die schiere Zahl ankommen, Herr

Kapitän, sondern darauf, wie wir mit unserem Proviant umgehen. Bei dem Wetter war es schwierig, dass wir überhaupt genug zusammen bekommen haben, und ich fürchte, dies wird der ausschlaggebende Teil sein. Sollte uns das Essen ausgehen, wird unsere Zahl schmelzen wie der Schnee in der Sonne. Und dann wird es schwierig.»

«Doch der Hundsvotz wird dieselben Probleme haben», warf Waldmann ein und Von Thierstein nickte. «Ich gehe davon aus. Aber ich will es nicht darauf ankommen lassen, wem zuerst das Fressen ausgeht. Wir müssen es vorher zu Ende bringen!»

Den Rest assen sie schweigend, jeder in seine Gedanken vertieft. Von Thierstein schob schliesslich seinen leeren Teller von sich, rülpste sichtlich zufrieden, lehnte sich in seinem Stuhl zurück und streckte seine langen Beine aus.

«Nancy also.» Es war keine Frage.

Sie marschierten zwei Tage später. Es war der Tag vor Weihnachten.

Das Heer bewegte sich langsam. Der Schnee und die Kälte machten den Marsch zu einer Tortur. Sie bewegten sich nach Norden bis zur Stadt Kolmar, dann in Richtung Nordwesten weiter. Die Sonne war kaum zu sehen, es schneite immerzu. Von Thierstein mit der Kavallerie stellte die Vorhut, wobei er die ganze Zeit über Kundschafter aussendete. Waldmann führte das Hauptheer, zusammen mit Feldhauptmann Wilhelm Herter von Hertneck. Matthias übernahm die gesamte Nachhut, was dessen Marsch nicht minder problematisch machte. Das Hauptheer vermengte den Schnee auf der Strasse mit Steinen und Dreck, übrig blieb eine Mischung aus Matsch und Eis. Die fast tausend Männer rutschten auf dem glatten Untergrund, ihre Füsse gefroren und nicht wenige von ihnen blieben mit Erfrierungen an Zehen und Füssen zurück.

Sie marschierten immer drei Tage, am vierten pausierten sie jeweils den ganzen Tag. Durch die verheerenden Bedingungen und die kurze Helligkeit der Wintertage sank die zurückgelegte Wegstrecke von Tag zu Tag.

Matthias' Nachhut sammelte unentwegt Kämpfer auf, die aus dem Hauptheer ausschieden, oder übernahm deren Ausrüstungen. Die Ochsenkarren mit Proviant und Ausrüstungsgegenständen, die zwischen Hauptheer und Nachhut unterwegs waren, verlangsamten das Tempo ihrerseits weiter. Deswegen mussten schon ab dem dritten Tag die Essensausgaben rationiert werden.

Zwei weitere Tage später stellte Matthias schockiert fest, dass die Kämpfer des Hauptheeres vor ihm begonnen hatten, Höfe und Dörfer neben der Strasse zu plündern und diese teilweise in Brand zu setzen.

Sobald sie an diesem Abend im Lager angelangt waren, begab er sich zum Zelt des Feldhauptmanns. Auf dem Weg dorthin kam er an einem Holzgestell vorbei, woran zwei nackte Leichen angebracht waren. Die beiden hingen kopfüber, baumelten über dem Boden. Ihre Hände hatte man ihnen abgeschlagen und sie dann mit jeweils einem Schwertstoss in die Brust getötet. Um wen es sich handelte, wusste Matthias nicht, er kannte keinen von beiden, aber es war ihm eigentlich auch egal.

Er fand im Zelt neben Von Hertneck auch die Hauptmänner Waldmann und Von Thierstein vor.

Matthias verneigte sich leicht, dann nahm er sich einen Stuhl und seufzte, als er darauf hinsank.

Waldmann stellte ihm ungefragt einen Becher mit Wein hin und Matthias nickte dankend.

«Eine Tortur, eine elendigliche, ist das», meinte Von Thierstein zu ihm gewandt.

Matthias nickte sichtlich müde. Er nahm einen tiefen Schluck aus seinem Becher. Dann setzte er sich aufrecht. «Herr Feldhauptmann, warum werden Höfe und Dörfer geplündert? Das dürfen wir nicht zulassen. Es ist Winter, die Menschen verhungern!» Er machte eine kurze Pause. «Und, wir sind nicht Karl!»

Der Feldhauptmann sah ihn lange an, ernst, mit durchdringlichem Blick. Keiner sagte ein Wort, bis Von Hertneck schliesslich fragte: «Und wie wollt Ihr es verhindern, Ritter von Altstetin?»

Matthias seufzte, rollte mit den Augen. «Ich weiss es nicht, Herr Feldhauptmann.»

«Ich eben auch nicht.» Auch er nahm einen tiefen Schluck aus seinem Becher, stellte diesen dann wieder auf den Tisch. «Wir sind jetzt fünf Tage unterwegs, seit zweien mit rationierter Proviantausgabe. Und wir benötigen nochmals so lange, mindestens.» Er seufzte und hob seinen Becher. «Wein haben wir zu genüge, Bier ebenfalls.» Er stellte das Getränk wieder hin. «Aber alles Essbare wird weniger und weniger. Ich muss seit gestern sogar die Proviantwagen und die Küchen bewachen lassen, nachdem Fässer mit Heringen und Brot von einem der Wagen gestohlen worden sind. Wenigstens haben wir die Diebe erwischt und dementsprechend bestraft.» Er meinte die beiden Leichen am Holzgestell.

Er seufzte wieder, sein Blick ging von Waldmann zu Von Thierstein, dann erneut zu Matthias. «Wenn wir ihnen Strafen androhen, plündern sie die Höfe trotzdem, aber desertieren danach. So bleiben sie uns wenigstens erhalten und lassen unseren eigenen Proviant in Ruhe.» Noch ein Seufzer. «Ihr wisst besser als wir, wie viele Männer wir am Wegesrand zurücklassen müssen.»

«Zu viele», murmelte Matthias.

«Genau», Von Hertneck sprach immer noch ruhig, «zu viele! Und wir brauchen jeden einzelnen Mann! Noch immer wissen wir nicht, mit welcher Grösse Herzog Renés Heer zu uns stossen wird.» Jetzt genehmigte er sich einen Schluck. «Ich werde also keine Strafen aussprechen und die Plündereien auch nicht unterbinden.» Er sah Matthias scharf an. «Das ist hiermit entschieden!»

Der Kapitän nickte.

* * *

Sie benötigten nicht nur weitere fünf, sogar noch ganze sieben Tage, bis endlich das Heerlager von Herzog René II. von Lothringen in Sicht kam.

Das Wetter war in diesen Tagen etwas besser geworden, es schneite nur noch teilweise, aber es blieb kalt und die Sonne erschien kaum am Himmel. Manchmal sahen sie sie als helle Scheibe durch die Wolken schimmern, meistens verbarg sie sich jedoch ganz dahinter.

Als sie das Heerlager der Lothringer entdeckten, sammelte Waldmann das Hauptheer, wartete dann ganze vier Stunden auf Matthias mit dessen Nachhut. Er wollte mit dem gesamten Kontingent in Renés Lager erscheinen, um nicht Enttäuschungen über zu wenige Kämpfer zu entfachen.

Ein Murren und Mäkeln gingen durch die Reihen der Eidgenossen, die Männer wollten endlich ihre Zelte aufschlagen und Feuer entfachen, um sich aufzuwärmen. Trotzdem blieb Waldmann hart, wartete geduldig, bis endlich das gesamte Heer versammelt war. Dann rief er Von Hertneck und Matthias zu sich. Hoch zu Ross ritten sie gemeinsam mit Von Thierstein dem Herzog von Lothringen entgegen.

Dieser hatte schon Kunde der eidgenössischen Streitmacht und sprengte auf seinem Pferd in Richtung der Eidgenossen. Er ritt in vollem Galopp, die Hufe seines Rosses wirbelten Schnee und Dreck auf. Sein Gesicht strahlte.

René II. war in etwa gleich gross wie Matthias. Er hatte eine sehnige Figur und war wie Herter von Hertneck und Matthias ebenfalls zur Gänze rasiert. Seine braunen Augen glänzten vor Freude, ein breites Lächeln zierte sein Gesicht.

«Meine werten Herren!», rief er von Weitem, ehe er sie erreicht hatte. «Es ist mir eine grosse Freude, Euch endlich zu treffen.»

Der Herzog sprang, noch bevor er sein Pferd überhaupt ganz zum Stehen gebracht hatte, aus dem Sattel und stellte sich ihnen entgegen. Als sie ihn erreichten, ergriff er die Zügel von Waldmanns Pferd. «Endlich, endlich», frohlockte er. «Ihr seid endlich hier!»

Die eidgenössischen Offiziere wollten absteigen, aber der Herzog hielt sie auf: «Halt, nein! Bleibt sitzen, meine Herren, ich bringe Euch in das Lager.»

Er zog an Waldmanns Zaumzeug und ging vor ihnen her.

Des Herzogs Unterkunft war eine aus Holzbalken zusammengezimmerte Hütte. Ein kleiner Ofen aus Eisen war in einer Ecke aufgestellt und in der Hütte war eine wohlige Wärme. René II. von Lothringen hatte sie zu einem einfachen, aber wohlschmeckenden Abendessen eingeladen. Seine fröhliche Art war ansteckend und Matthias vermutete, dass es ein Leichtes war, diesen Mann zu unterschätzen.

«Es tut mir leid, werte Herren, das Mahl ist etwas karg. Aber wir haben nicht allzu viel Proviant.» Er machte eine Handbewegung zum Eingang. «Aber Ihr wisst schon, das Wetter.»

Die Offiziere nickten.

«Wir leiden unter Mangel an allem, ausser dem Wein. Davon haben wir genug.» Er winkte mit der Hand und ein Diener goss allen Anwesenden nach.

Herzog René war ein aufgeweckter, stets gut gelaunter Mann, der gerne und viel sprach. Er war einfach gekleidet, in ledernen Hosen und einem Wams, welcher mit Pelz besetzt war. Darunter trug er ein Hemd in den Farben Lothringens, gold und rot.

«Wie viele Männer habt Ihr sammeln können, Herzog?», fragte Waldmann und René lächelte.

«Über elftausend, mein Herr.» Er machte eine Pause. «Sicherlich mehr, als Ihr erwartet hattet.» In seiner Stimme schwang Stolz mit.

«Wie habt Ihr das …», begann Matthias, aber sein alter Freund unterbrach ihn, bevor er sich in eine unangenehme Lage bringen konnte.

«Das stimmt, werter Herzog. Wir sind froh, dass Ihr eine solche Menge Männer zusammengebracht habt.» Waldmann warf einen tadelnden Seitenblick auf Matthias und dieser rollte mit den Augen. Doch der Herzog antwortete gut gelaunt. «Da müsst Ihr König Louis danken, Ritter von Altstetin. Der König hat uns gutes Geld überwiesen, sodass wir neue Männer rekrutieren konnten.» Der Herzog sah Matthias mit einem neugierigen Blick an. «Ihr kennt König Louis, habe ich vernommen?»

«Ja, Herzog. Als Botschafter zwischen der Eidgenossenschaft und Savoyen durfte ich ihn treffen.»

«Ah», machte René «als Botschafter der hübschen Herzogin Jolanda.» Er grinste und Matthias sah konzentriert in sein Weinglas. Auch Hans lächelte leicht. Wiederum half dieser seinem Weggefährten aus der Patsche. «Mein werter Herzog, ich hatte den Ritter von Altstetin als Botschafter nach Chambéry entsendet. Er sollte sicherstellen, dass wir es bei den Problemen mit Burgund nicht plötzlich mit Savoyen oder noch schlimmer, König Louis zu tun bekämen.»

Der Herzog nickte, lächelte Matthias immer noch freundlich an. Dann blinzelte er ihm zu. «Das scheint Ihr ja auch ganz gut hinbekommen zu haben.»

Waldmann, der gerade einen Schluck Wein zu sich genommen hatte, prustete los.

«Ist Euch der Wein zu sauer, Herr Hauptmann?», fragte René und machte eine unschuldige Miene.

«Aber nein, der Wein ist vorzüglich.» Waldmann hatte ein rotes Gesicht. «Ich habe mich nur verschluckt.»

Matthias erhob sich und murmelte eine Entschuldigung: «Ich muss noch nach den Wachen sehen», stammelte er und verliess schleunigst die Baracke des Herzogs. Bevor er die Tür schliessen konnte, hörte er noch das schallende Gelächter der Männer von drinnen.

* * *

Der Kriegsrat war einberufen worden. Matthias als einer der führenden Offiziere wollte soeben die Unterkunft des Herzogs betreten, als er Waldmann sah, der ebenfalls auf dem Weg zu demselben Ziel war.

«Und», begrüsste ihn dieser «alles in Ordnung gewesen mit der Wache gestern Nacht?» Waldmann grinste über beide Ohren. Matthias suchte nach einer passenden Antwort, fand aber keine. Er beliess es bei einem Schulterzucken.

«Ach komm, mein lieber Freund», Waldmann grinste immer noch, «wenn man sich schon eine so hübsche Herzogin angelt, muss man auch mit den Frotzeleien leben können.» Er knallte Matthias eine Hand auf die Schulter, lachte ihn an. Dann verschwand das Lachen wie Sonnenstrahlen hinter einer Wolke. Ernst fragte der Hauptmann: «Wie sieht es aus?»

Matthias nickte. «Es ist nicht ganz so schlecht. Die Männer murren, frieren sich ihren Arsch ab und schimpfen über das zu wenige an Essen, aber wenigstens haben wir seit gestern keinen Mann mehr verloren. Weder sind heute Kämpfer desertiert, noch haben sich irgendwelche im Streit um ein Brot oder eine Wurst gegenseitig umgebracht.» Er holte tief Luft, sog die Kälte in die Lungen. «Aber lange geht das nicht mehr gut. In spätestens fünf Tagen gehen uns die Vorräte ganz aus.»

«Ich weiss.» Waldmann blickte sich um, sah in das Lager hinein, sein Blick prüfend.

«Und es leidet nicht nur die Moral, auch sind die Männer müde. Und die Kälte macht es auch nicht besser. Wenn wir hier noch lange herumsitzen, wird ein Sieg schwierig.» Matthias sah ihn ernst an. «Wir müssen losschlagen.»

Waldmann klopfte ihm nochmals auf die Schulter. «Dann lass uns mal hören, was wir wissen sollten.»

Er ging an Matthias vorbei und betrat die Baracke.

Drinnen war es wieder angenehm warm. Auf dem Tisch lagen Karten, der Herzog beugte sich tief darüber. Als er Hans und Matthias eintreten hörte, richtete er sich auf. «Meine werten Herren», begrüsste er sie. Kaum hatten sie die Tür geschlossen, schwang sie sogleich wieder auf und Herter von Hertneck und Von Thierstein traten ein.

Sie alle umringten den Tisch, sahen auf die Karten. Der Herzog zog eine davon hervor und legte sie zuoberst auf den Stapel. Dann nahm er vom Schachbrett, das neben dem Tisch auf einer hohen Kommode stand, hölzerne Schachfiguren und begann sie aufzustellen.

«Hier ist Nancy», sagte er und stellte einen der weissen Schachtürme auf den Punkt, der auf der Karte die angesprochene Stadt markierte, «im Süden der Stadt sitzt der verfluchte Lump». Er stellte einen schwarzen Läufer unterhalb des Turms hin, «und belagert sie.»

«Hat er Geschütze?», fragte Von Thierstein und der Herzog nickte. «Ja, hat er. Aber es scheinen ältere Kanonen auf Schlittenlafetten zu sein, jedoch sind es mindestens zwei Dutzend.»

«Das müssen solche aus alten Beständen sein», meinte Hans und die übrigen Männer nickten.

«Trotzdem, die Stadt wird nicht allzu lange durchhalten können», meinte der Herzog und sah die anderen an.

«Wie ist das Gelände?», fragte Herter von Hertneck und René beugte sich wieder über die Karte.

«Wie erwähnt, hier ist Nancy.» Er zeigte auf den aufgestellten Turm. «Südöstlich in Laneuveville sind wir.» Wieder platzierte er einen Läufer, dieses Mal einen der Weissen. «Die Strasse führt auf direktem Weg zu der Stadt. Dazwischen liegt noch der kleine Ort Jarville. Dann folgt ein enges Tal, das im Westen durch einen steilen, bewaldeten Hügel und im Osten durch den Fluss begrenzt wird.» Er zeigte mit dem Finger auf die Stelle und sah zu den Offizieren. Er seufzte. «Da müssen wir durch!», sagte er schliesslich.

«Wie breit ist das Tal?», fragte Matthias und der Herzog sah ihn ernst an. «Vielleicht zweihundert bis dreihundert Klafter, mehr nicht.»

Matthias sah Hans an. «Wie wollen wir da durch?» Doch er erhielt keine Antwort und er wandte sich wieder an den Herzog: «Gibt es eine Möglichkeit, um das Tal herum zu kommen?»

René schüttelte den Kopf. «Nein, mein Herr, gibt es nicht.» Er seufzte wieder. «Jedenfalls nicht im Winter.» René sah Matthias fragenden Blick und erklärte weiter: «Es gibt einige Dörfer, aber keine durchgehende Strasse oder einen Weg. Im Sommer geht es, jedoch im Winter nicht. Der Weg führt durch zwei Flussläufe, beide sind im Winter nicht passierbar. Jedenfalls nicht für eine solche Anzahl Männer.»

«Wenn er uns bemerkt, wird er dies ausnützen», meinte Von Hertneck. «Dann muss er nur dort auf uns warten und schon hat er uns am Allerwertesten.» Der Feldhauptmann nahm einen grossen Schluck seines Weines.

«Und was ist mit dem Hügel?», fragte Matthias, aber der Herzog schüttelte erneut den Kopf. «Absolut kein Durchkommen. Der Hügel ist stark bewaldet und enorm steil. Auch führt kein richtiger Weg hinein. Dasselbe gilt für den Fluss.» Er zeigte auf der Karte auf die blaue Linie, die sich an den Dörfern vorbei in Richtung Nordwesten schlängelte. «Der Fluss ist tief und zurzeit mit Eis bedeckt, die Ufer steil und rutschig. Da könnt Ihr keine Kämpfer durchschicken.» Er zuckte mit den Achseln.

Von Hertneck nahm sich den weissen Springer vom Schachbrett und stellte ihn auf das eingezeichnete Tal. «Wenn wir ihn überraschen, könnte es klappen.» Alle sahen den Feldhauptmann an.

«Das müsste aber bedeuten, Karl hat noch nicht mitbekommen, dass wir hier sind.» In Von Thiersteins Stimme schwang schwerer Zweifel.

«Ihr zweifelt?», fragte Herter von Hertneck und der Hauptmann der Reiterei nickte.

«Wie lange seid Ihr schon hier, Herzog?», fragte dieser René und der Herzog verzog sein Gesicht. «Schon über fünf Tage.»

Matthias seufzte. «Dann wird er wissen, dass wir hier sind. Auch bei diesem verflucht schlechten Wetter wird Karl dies mitbekommen haben. Er hatte, denke ich, sich erhofft, dass er die Stadt einnehmen kann, bevor wir hier ankommen.»

«Das ist aber noch nicht geschehen», antwortete der Herzog. «Meine Männer in Nancy wehren sich mit allem, was sie haben.» Er seufzte, verzog leicht das Gesicht. «Aber sie wissen, dass es um alles geht. Karl drückt mit aller Macht in unser Gebiet hinein und ich will auf keinen Fall alles, was mein Grossvater unter schwersten Bedingungen erreicht hat, an diesen Hund verlieren. Und deshalb werden wir Nancy auch nicht verlieren.» Seine Stimme war bestimmt.

«Ich vermute ebenfalls, dass es Karls Absicht gewesen war, Nancy zu erobern und dann von der befestigten Stadt her uns gegenüberzutreten», bestätigte Von Thierstein. Er richtete sich auf, verschränkte die Arme. «Wir müssen wissen, wie das Gelände aussieht.» Er drehte sich zu Matthias um. «Kapitän, stellt einen kleinen Trupp zusammen und reitet aus. Wir müssen wissen, was genau da vor sich geht und welche Möglichkeiten wir haben.»

«Das mache ich selber!», meinte Waldmann bestimmt. «Ich will es mit eigenen Augen sehen.» Sein Ton unterband jegliche Diskussion. «Matthias, sieh zu, dass Sven bereit ist, und lass unsere Pferde satteln.»

Matthias nickte, drehte sich um und wandte sich zur Tür. Im selben Moment wurde diese aufgerissen und einer von Herzog Renés Kapitänen trat ein. Sein Gesicht war gerötet, ob von der Kälte oder Erregung war nicht zu sagen.

Er verbeugte sich. «Mein Herzog», sagte er dann, ausser Atem, «Herzog Karl hat uns bemerkt!» Er sah von einem Gesicht zum anderen.

* * *

Matthias stieg in Artus Sattel.

Auch Sven stieg auf, während Hans Waldmann bereits im Sattel seines Pferdes sass. Sie verliessen das Lager und ritten kurze Zeit darauf auf der Strasse durch das Dorf Laneuveville. Der kleine Ort glich einer Geisterstadt, keine Menschenseele war zu sehen. Die Bewohner waren alle geflohen oder hatten sich in ihren Häusern verschanzt.

Der Weg führte stetig dem Fluss entlang, mal mit mehr, mal mit weniger Abstand. Aber der Herzog hatte recht, das Ufer schien steil und vor allem schmal zu sein. Es schien unmöglich, dort eine grössere Streitmacht durchzubringen.

Sie ritten weiter und kurz vor dem kleinen Weiler Jarville zweigte ein weiterer Weg nach Westen ab: Dies war der Pfad, der im Sommer um den Hügel herumführte, aber im Winter unpassierbar war. Sie sahen den Hügel auf ihrer linken Seite aufragen, dunkel und unheimlich. Der Schnee dämpfte das Geräusch ihrer Hufe und auch sonst war kaum etwas zu hören. Es hatte wieder begonnen zu schneien und die Sicht war äusserst schlecht. So zogen sie ihre Mäntel eng um sich und ritten langsam und schweigend.

Etwa auf dem halben Weg nach Nancy, sie waren jetzt genau auf der Höhe des Hügels, kam ihnen ein Reiter entgegen. Matthias zog das Schwert aus der Scheide und Sven nahm seine Axt in die Hand. Schemenhaft erschien die Gestalt langsam, ihre Umrisse formten sich durch den Schneefall. Hans liess sich etwas zurückfallen und zog ebenfalls sein Schwert. Die Gestalt zügelte ihr Ross, blieb stehen und hob ihre Waffe.

Matthias lenkte Artus nach rechts in Richtung des Flusses, während Sven direkt auf den Mann zuritt.

«Halt!», rief die Gestalt, «Wer seid Ihr?»

«Wir kommen in friedlicher Absicht», rief Waldmann zurück und die Gestalt senkte ihr Schwert und liess es wieder in der Scheide verschwinden.

«Herr Hauptmann!», rief die Gestalt, «Sven, nimm Deine Axt runter, sonst tust Du Dir noch selber weh.» Die Gestalt lachte und Sven senkte tatsächlich seine grosse Streitaxt.

«Ulrich.» Waldmann war erfreut, einen von Matthias' Männern zu sehen. «Woher seid Ihr gekommen?»

Der blonde Kämpfer aus Matthias' Truppe zeigte mit der Hand hinter sich. «Ich war schon fast in Nancy. Ich habe mir die Stellungen des burgundischen Arsches angesehen und versucht, seine Späher ausfindig zu machen.» Er machte einen fragenden Blick. «Wo ist der Kapitän?»

«Hinter Dir!»

Ulrich fuhr erschrocken herum. «Wie seid Ihr ...?»

«Über das Flussufer.» Matthias stiess von hinten zu der Gruppe hinzu. «Das Ufer ist zwar steil und schmal, aber es könnte möglich sein, da in schmaler Kolonne zu marschieren.» Er zeigte mit der Hand zum Wasser. «Es handelt sich um einen kleinen Aufgang, dann geht es steil hinunter zum Wasser. Aber das Ufer ist in etwa fünf Klafter breit. Das müsste reichen, um mit zwei bis drei Mann nebeneinander marschieren zu können. Wir müssten sehen, ob dies ab dem kleinen Dorf da hinten schon möglich ist.» Matthias wandte sich wieder seinem Söldner zu. «Was hast Du zu berichten, Ulrich?»

Dieser zeigte erneut nach hinten, in Richtung Nancy. «Es sind keinerlei Späher zu sehen. Vielleicht haben sie sich zurückgezogen, da die Sicht so schlecht ist.» Er machte eine Pause und zuckte mit den Schultern. «Oder es ist ihnen ihr burgundischer Arsch abgefroren und sie wollten zurück ins Lager.» Wieder machte er eine kurze Pause. «Der Herzog jedenfalls ist unterwegs. Er hat die meisten seiner Truppen und die ganze Artillerie abgezogen und bewegt sich auf der Strasse zu uns hin.»

«Hat er die Belagerung abgebrochen?», fragte Waldmann und runzelte die Stirn.

«Nein Hauptmann, nicht wirklich. Er beliess einen kleinen Teil vor Ort. Aber nichts von den Kanonen. Die hat er alle mitgenommen.»

Hans sah Matthias an, dann wieder Ulrich. «Das bedeutet, er weiss wirklich, dass wir da sind.» Waldmann machte eine Grimasse. «Und wohin will er?»

Der blonde Söldner verzog ebenfalls sein Gesicht, dann antwortete er: «Ich denke, er will eine Sperre errichten. Gleich da vorne», wieder zeigte er in Richtung Nancy «nicht weit, vielleicht eintausend Klafter von hier ist das Tal am schmalsten, nicht mehr als dreihundert Klafter breit. Der Hügel reicht bis fast an die Strasse heran und der Fluss macht da eine Biegung und kommt ebenfalls ganz nah an den Weg.» Er machte eine Pause, überlegte kurz. «Wenn ich an seiner Stelle wäre, würde ich da warten.»

«Warum?», fragte Sven und sein Gefährte sah ihn mit grossen Augen an.

«Dort müsste er seine Geschütze nur in eine Richtung aufstellen, nämlich hier hin.» Ulrich zeigte auf den Boden. «Wenn er dann seine Reiterei auf der Hügelseite aufstellt, kann er uns abschiessen wie Wildschweine auf offenem Feld.» Er schüttelte den Kopf und sah wieder Waldmann an. «Er könnte uns in Stücke schiessen, ohne nur auch einen Fuss vor seine Deckung machen zu müssen.»

Waldmanns Stimme war leise, als er sprach: «Wie es Feldhauptmann von Hertneck befürchtet hat. Jetzt ist mir klar, warum er seine Späher zurückbeordert hat. Er weiss, was er wissen muss, und braucht hier nur noch auf uns zu warten.» Waldmann spuckte aus. «Dieser verfluchte Arsch eines Herzogs.»

«Wie steil ist der Hügel?», fragte Matthias, und wieder überlegte Ulrich.

«Er ist wirklich steil. Der Wald reicht bis ein paar Hundert Schritte an den Weg heran. Bei dem verfluchten Wetter zu steil, um ihn hochzusteigen, aber ...»

«Aber nicht zu steil, um herunterzukommen», vollendete Waldmann den Satz. Er sah Matthias an, dieser nickte. Der Kapitän rieb sich mit den Handschuhen die Nase. Dann schniefte er und sagte: «Lasst uns in unterschiedliche Richtungen gehen. Ulrich und Sven, Ihr sucht das Flussufer ab. Ich will wissen, ob es möglich ist, am Fluss entlang von Karls Stellung bis zurück nach Laneuveville zu gelangen.» Er überlegte wieder kurz. «Es muss möglich sein, dass zwei, wenn möglich sogar drei oder vier Mann nebeneinander gehen können.»

Die beiden Kämpfer nickten.

«Aber lasst Euch keinesfalls erwischen!» Waldmanns Stimme war drohend. «Wir treffen uns dann im Lager.»

«Und Ihr, Herr Hauptmann?», fragte Sven.

«Wir», Waldmann nickte Matthias zu, «werden uns mal den Hügel genauer ansehen. Vielleicht können wir den Arsch in die Zange nehmen.»

Es schneite weiterhin, als sie sich trennten, und Matthias und Hans ritten den Weg zurück bis zur Abzweigung. Dann wandten sie sich gegen Westen. Sie umrundeten ein kleines Wäldchen und verliessen danach den Weg und ritten langsam querfeldein in Richtung Wald. Ihre Pferde banden sie an einen Baum und stapften in den Wald hinein. Durch das Unterholz und den Schnee mussten sie sich kämpfen und gingen deshalb langsam, einer hinter dem anderen. Matthias ging voran, Waldmann stampfte hinterher. Matthias schwitzte. Er kämpfte sich stetig nach oben. Sie drehten langsam von Nordwesten gen Norden und würden, sobald sie die Spitze des Hügels erreichte hatten, nach Osten abbiegen. Das Gelände war steil und der Schnee und Matsch im Wald, zusammen mit teilweise dichtem Unterholz, machten den Marsch zur Qual. Schneeflocken fielen zwischen den Bäumen hindurch,

71

liessen jeden Laut ihrer Schritte verschwinden. Nur ihr Atem war zu hören, als sie sich höher und höher bemühten. Plötzlich, nach fast einer Stunde, wurde das Gelände flacher und schliesslich eben.

Sie hatten die Spitze erreicht.

Matthias drehte nach Osten und schon bald fiel der Boden wieder ab. Doch die Anstrengung blieb. Jetzt mussten sie höllisch aufpassen, auf dem rutschigen Boden nicht zu stürzen und sich möglicherweise noch irgendwelche Knochen zu brechen.

Langsam, keuchend und leise vor sich hin fluchend, mühten sie sich weiter nach unten ab. Dann plötzlich wurde es heller und das Unterholz weniger dicht. Die Bäume standen nicht mehr so gedrängt.

Der Waldrand war erreicht. Sie legten sich auf den Boden und krochen langsam vorwärts.

Matthias prüfte den Sonnenstand, aber die Sonne war im Schneefall nicht zu sehen. Doch es war immer noch hell. Er schätzte, dass sie gute zwei Stunden gebraucht hatten. Dann sah er nach unten in das Tal.

Und zum zweiten Mal innerhalb von weniger als drei Wochen lag Karls Armee unter ihnen.

Endlich kamen sie nach Laneuveville. Matthias spürte kaum noch seine Zehen und Finger. Er zitterte unkontrolliert, konnte sich nur mit Mühe und viel Willen im Sattel von Artus halten. Hans, der neben ihm ritt, erging es gleich. Sie sprachen kein Wort. Endlich hatte es aufgehört zu schneien und teilweise kam sogar der Mond zwischen den Wolken zum Vorschein. Es war immens kalt. Bei jedem Atemzug war vor ihren Gesichtern der Atem zu sehen und in Waldmanns Bart glitzerte Eis. Sie ritten langsam, orientierten sich an den Spuren auf dem Weg.

Kein Laut war im Ort zu hören, kein Licht zu sehen. Totenstill lag das Dorf da. Doch Matthias wusste, jetzt musste ihr Lager bald kommen. Er konnte es kaum erwarten, endlich seine Hände an einem Feuer zu wärmen.

Und dann schliesslich erkannte er einen Lichtschimmer.

«Halt!» Eine Wache tauchte aus der Dunkelheit auf, versperrte ihnen den Weg mit einer Hellebarde. Die stählerne Spitze der fast sieben Fuss langen Waffe glitzerte böse im fahlen Licht des Mondes.

«Wer ist da?», fragte die Wache. Ihre Stimme war ebenso scharf wie die Schneide der Langwaffe in ihren Händen.

Waldmann seufzte laut, setzte sich auf seinem Sattel aufrecht. «Die Ritter Waldmann und von Altstetin.» Er blitzte den Mann mit seinen Augen an. Dieser bewegte seinen Kopf hin und her, um besser in die Gesichter der beiden Männer zu blicken. Schliesslich erkannte er den Hauptmann.

«Entschuldigt, Herr Hauptmann. Ich hatte Euch nicht erkannt.»

«Ist schon gut. Wenigstens seid Ihr wachsam und argwöhnisch», antwortete Hans beschwichtigend. «Und jetzt lasst uns endlich durch. Und nehmt diese verfluchte Waffe runter. Ihr schneidet mir noch eine Hand ab und ich würde es nicht mal mehr spüren in dieser verdammten Kälte.»

«Danke Euch, Hauptmann.» Die Wache zog ihre Hellebarde zurück und verschwand wieder im Schatten der Nacht.

Sie betraten die Baracke des Herzogs. Der Tisch mitten im Raum war umstellt mit Männern. Neben Herzog René II. und den Rittern Von Hertneck und Von Thierstein standen auch Sven und Ulrich da. Immer noch lagen eine Unmenge Karten auf dem Tisch. Ulrich versuchte soeben, eine Karte des Geländes mit Feder und Tinte aufzuzeichnen, als die beiden durchgefrorenen Offiziere eintraten. Alle blickten auf, Erleichterung auf ihren Gesichtern.

Matthias schmiss seinen Hut einfach auf den Boden und zog mit steifen Fingern die Handschuhe aus, während Hans sich gleich zum kleinen Ofen hinstellte und versuchte, seine klammen Finger zu wärmen.

«Dem Herrn sei Dank. Ihr seid wieder da», sagte Herzog René freudig. Er winkte mit der Hand und Sven hob die Weinkaraffe, füllte zwei Gläser und hielt sie Matthias und Hans hin. Dieser griff nach dem Glas, aber mit seinen tauben Fingern konnte er es nicht halten und es rutschte ihm aus der Hand und zersplitterte auf dem Boden, einen grossen Weinfleck hinterlassend. «Verflucht», murmelte Waldmann und Sven zuckte mit den Schultern. Er holte dem Hauptmann ein neues Glas, füllte es und hielt es ihm erneut hin. Dieses Mal griff Waldmann mit beiden Händen zu und leerte den Wein dann in einem einzigen Zug. Dann gab er das Glas wieder an Sven zurück. Auch er zog seine Handschuhe aus und schmiss sie zusammen mit dem Hut und dem Mantel achtlos auf einen der Stühle. Dann drehte er sich zu den Männern am Tisch um. Sie sahen ihn erwartungsvoll an.

«Es geht», sagte er nur und Von Hertneck begann zu lächeln. Der Feldhauptmann sah zu Matthias hinüber, welcher versuchte, mit heftigen Bewegungen seiner Hände die Schmerzen in den Fingern zu vertreiben.

«Stimmt das so?», fragte Ulrich, der sich vom Tisch und seiner Zeichnung aufrichtete und Waldmann ging widerwillig vom warmen Ofen weg zum Tisch, um das Gekritzel zu begutachten. Anstelle seiner nahm Matthias den Platz beim Ofen ein.

«Ziemlich genau», sagte Waldmann anerkennend und Ulrich dankte mit einem Nicken. «Vielleicht die Reiterei noch etwas zur Seite, zum Hügel hin, aber sonst ist es richtig.

Auf der Zeichnung waren die Orte Nancy, Jarville und Laneuveville eingezeichnet, dazu der Fluss und der grosse Hügel, den Matthias und der Hauptmann erklommen hatten. Dort, wo der Fluss dem Hügel am nächsten kam, waren vier Vierecke dargestellt. Zuvorderst, in Richtung zu ihrem Heer, ein breites, quer zum Tal stehend: die Artillerie. Daneben ein kleines Viereck, längs in Talrichtung, das die Kavallerie Karls darstellte. Und hinter diesen die beiden grossen Vierecke: die zwei Hauptheere Karls. Waldmann nickte zufrieden. Dann nahm er die Feder in seine klammen Finger und zeichnete wortlos zwei Linien ein. Eine gerade, direkt in Richtung der Artillerie. Und eine zweite, die den Weg um den Wald und durch den Hügel nahm.

Sven nahm Waldmann die Feder aus der Hand und zeichnete eine dritte Linie ein. Diese ging am Fluss entlang und von dort in Richtung gegnerisches Heer. Auch er sagte nichts. Er legte die Feder beiseite und sah die Offiziere an. Diese nickten.

Der Plan stand.

Der Herzog hatte ihnen eine heisse Suppe bringen lassen. Diese schmeckte nicht nach viel, aber sie wärmte, was um einiges wichtiger war.

Matthias schlürfte sie im Stehen.

Feldhauptmann Wilhelm Herter von Hertneck streckte sich. «Also nochmals: Herr von Thierstein, Ihr nehmt die Kavallerie und stürmt direkt auf Karl zu. Mit Euren Pferden seid Ihr schneller als sie mit ihrer Artillerie. Bis die nachgeladen haben, seid Ihr beim Feind. Doch zuerst wartet beim Dorf Jarville bis zu unserem Signal. Dann greift Ihr sie aber sofort an! Wenn Ihr die drei Hornstösse hört, wartet nicht!» Von Thierstein nickte und Herter von Hertneck fuhr fort: «Ritter Waldmann und ich nehmen den Weg, der vor Jarville nach Westen abzweigt, und schleichen uns über den Hügel.» Er sah Matthias an. «Wie lange habt Ihr gesagt, Kapitän?»

Dieser schluckte seine Suppe herunter und antwortete: «Wir benötigten in etwa zwei Stunden. Folgt unserer Spur, sofern sie noch nicht zugeschneit ist, dann müsst Ihr Euch nicht durch das Unterholz kämpfen.»

Von Hertneck spitzte seinen Mund, nickte leicht. «Gut!», meinte
er dann. «Ihr nehmt einen Teil von Herzog Renés Heer und versucht, am Fluss Meurthe entlang seine Stellungen auf der Ostseite
zu umgehen. Auch Ihr wartet, bis das Zeichen erklingt.» Der Feldhauptmann machte eine Pause, sah Matthias lange an. «Ihr macht
keinen Alleingang, Ritter von Altstetin. Habe ich mich klar ausge-
drückt?» Matthias nickte, stellte dann seine leere Suppenschüssel
weg. «Klar und deutlich, Herr Feldhauptmann.»

Herter von Hertneck nickte zufrieden. «Und Ihr, mein lieber
Herzog, Ihr erhaltet von uns eine Garde von einhundert Mann.
Ihr werdet mit Ritter von Altstetin reiten. Macht bitte, was er sagt,
er ist ein erfahrener Kämpfer. Aber seht auch zu, dass er sich nicht
wieder in Schwierigkeiten bringt.» Herzog René nickte, lächelte
dann Matthias an, zwinkerte ihm mit einem Auge zu. Nur der Kapitän hatte es gesehen.

«Aber sicher, mein werter Herr von Hertneck. Dafür werde ich
schon sorgen», meinte René gut gelaunt.

Matthias biss sich auf die Zunge, um nicht zu lächeln.

Der Feldhauptmann streckte sich. «Gut, gut.» Er nickte zufrieden. «Nun seht zu, dass die Männer noch zu essen kriegen. Rafft
alles zusammen, was essbar ist. Wir brauchen nur noch etwas für
heute und dann morgen früh. Und lasst genügend Holz hacken,
sie sollen sich wärmen, die ganze Nacht über. Wir brauchen morgen nicht nur unseren Herrgott auf unserer Seite, sondern vor allem all unsere Kräfte.»
* * *

Es schneite wieder.

Die Flammen der vielen Fackeln und Feuer flackerten im Schnee.
Es schien, als befänden sich die Sterne hier unten auf
der Erde und nicht oben im Himmel.

Er sah nach oben, aber es war nichts zu sehen. Nur die Schneeflocken, welche unentwegt von einem unsichtbaren, dunklen
Himmel fielen.

Mitten in den tanzenden Schneeflocken sah er ihr Gesicht. Er
sah ihre grossen, Bergsee–blauen Augen, die Locken auf ihrem
Haupt und Schultern, ihren vollen Mund.

Ihr Gesicht tanzte mit den still fallenden Flocken. Matthias lächelte wie immer, wenn er an Jolanda dachte. Er schickte ein kurzes Stossgebet gen Himmel, dann machte er sich auf die Suche nach des Hauptmanns Zelt.

Matthias schlug den Stoff zum Eingang zurück und trat ein. In der Mitte des Zeltes stand eine flache, gusseiserne Pfanne, worin Holzscheite brannten und eine angenehme Wärme abstrahlten. Waldmann sass an seinem Tisch, den üblichen Becher Wein neben sich. Er schien bereits auf Matthias gewartet zu haben, da schon ein zweiter Becher bereitstand.

Hans nickte zur Begrüssung. «Ist alles vorbereitet?», fragte er dann und jetzt war es an Matthias zu nicken. Er liess sich auf dem Stuhl nieder, hob den Zinnbecher und prostete Waldmann zu. Dann genehmigte er sich einen tiefen Schluck, setzte den Becher auf den Tisch und seufzte.

Der Hauptmann sah ihn scharf an, sagte aber nichts.

«Morgen …» begann Matthias, brach den Satz aber wieder ab. Hans lehnte sich in seinem Stuhl zurück und verschränkte die Arme, wartete.

«Morgen werde ich den Hund töten!»

«Wie willst Du an ihn herankommen?»

«Ich weiss es noch nicht.» Matthias schüttelte den Kopf. «Aber ich hoffe, dass, wenn Ihr ihn von der Seite vor Euch hertreibt, er irgendwann bei mir durchkommen muss.»

«Er könnte in Richtung Nancy fliehen.» Waldmann legte den Kopf zur Seite.

«Daran hatte ich auch schon gedacht.»

Waldmann schüttelte energisch den Kopf. «Nein Matthias! Ich will nicht, dass Du Dich in Richtung des Lagers bewegst.»

«Ich weiss, dass Du das nicht willst. Du weisst aber auch, dass meine Truppe die Richtige dazu ist.» Er machte eine lange, bedeutungsvolle Pause. «Und ich habe es geschworen! Dir, dem König und Jolanda. Ich habe geschworen, diesen Bastard in die Hölle zu schicken»

Waldmann seufzte. Er wusste, Matthias war es ernst. Todernst. Und er wusste auch, egal was er sagen, ihm sogar befehlen könnte, es würde nichts nützen.

Also sagte er nichts.

Er sah seinen alten Freund an. Lange. «Vermisst Du sie?»

Matthias lächelte. «Das weisst Du, mein Freund.» Matthias nahm einen grossen Schluck Wein. «Mehr, als Du Dir vorstellen kannst.»

* * *

Jeder Einzelne im Lager wusste es. Sie alle wussten es.

Der Proviant war aufgebraucht. Nichts war mehr da. Sie wussten es. Entweder würden sie heute siegen oder sie würden alle entweder auf dem Schlachtfeld sterben oder die Tage später elendiglich verhungern. Dazwischen gab es nichts. Keine weitere Möglichkeit.

Die Stimmung war ruhig.

Matthias sammelte seine Männer, dann kümmerte er sich um den Teil des Heeres, mit dem er am Fluss entlang marschieren würde.

Heute war der Tag.

Es schneite immer noch. Dazu war Nebel aufgekommen. Das Wetter konnte für ihren Plan nicht besser sein. Der Schnee dämpfte die Geräusche und der Nebel hinderte die Sicht. Somit sollten sie unbemerkt an Karls Heer herankommen, egal ob vom bewaldeten Hügel oder vom Fluss her.

Er wandte sich mit lauter Stimme an die Kämpfer: «Alle Mann, hört!» Sven blies einmal kurz in sein Harsthorn, was die Männer aufhorchen liess.

«Männer! Seht Ihr das Wetter?», schrie Matthias. «Seht Ihr es? Der Herr ist auf unserer Seite. Der verfluchte Herzogsarsch wird blind und taub sein und wir werden ihn in die Zange nehmen. Und bevor er uns überhaupt sieht oder hört, werden wir ihn und seine speichelleckenden, nichtsnutzigen burgundischen Hurensöhne», er dehnte das Wort und erste Hochrufe erschallten, «zum Teufel schicken, noch bevor sie wissen, was überhaupt mit ihnen geschieht!» Wieder Hochrufe, Jubel. «Männer! Ich will, dass Ihr Euch heute in Geister verwandelt. Ich will, dass Ihr unsichtbar und absolut tödlich seid!» Wieder Jubelrufe. «Dafür müssen wir aber völlig leise sein. Wir werden den Weg direkt am Ufer des

Flusses nehmen. Er ist breit genug, aber Ihr dürft nicht auf das Eis treten! Auf keinen Fall auf das Eis! Wenn ihr das tut, seid Ihr tot! Also geht vorsichtig, helft einander und seid still.» Er machte eine Pause. «Still wie der Tod!» Wieder eine Pause. «Und jetzt lasst uns von dannen ziehen und diesen scheiss Burgunder ein für alle Mal in die Hölle schicken!» Den letzten Teil hatte er förmlich geschrien und die Männer brüllten zurück. Sie hoben ihre Waffen, schrien und brüllten durcheinander.

Es war Zeit.

Sie hatten alle Metallteile in Lumpen gewickelt. Über die Harnische trugen sie Pelze, Mäntel und alles Mögliche an weiteren Kleidungsstücken. Nicht nur, um sich zu wärmen, sondern vor allem, um keinen Lärm zu verursachen.

Matthias und René gingen mit Ulrich und Sven voran, die den Weg ausgekundschaftet hatten, ihre Pferde an den Zügeln haltend. Auch der Rest von Matthias' Männern nahm ihre Pferde mit, aber ging ebenfalls zu Fuss. Zum einen wollten sie nicht gesehen werden, zum anderen mit dem Rest der Männer eine Einheit bilden. Die einhundert Berner, welche die Leibgarde für Herzog René bildeten, kamen gleich hinter ihnen, dann das Gros des Detachements. Diese hatten alle keine Pferde mit dabei.

Waldmann war mit dem Hauptheer schon über eine Stunde früher losgezogen, da er den längsten und mühseligsten Weg vor sich hatte. Auch Von Thierstein und seine Reiter waren schon unterwegs. Auf diese würden sie dann in Jarville wieder treffen. Der Plan war, dass von dort Matthias und René mit ihren Streitern von der Strasse zum Flussufer wechseln würden, um Karl von der rechten Seite her zu umgehen, während die Kavallerie vom kleinen Dorf aus in direkter Linie gegen den Feind vorgehen sollte.

Die Sicht war miserabel. Schneeflocken wirbelten vor ihren Augen. Die Männer konnten kaum die Hände vor dem Gesicht sehen, so dicht war der Nebel. Sie gingen, wie es Matthias und Herzog René angeordnet hatten, schweigend. Kein Wort fiel.

Kurz vor Jarville trafen sie auf Von Thierstein. Auch die Kavallerie versuchte, so leise wie nur möglich zu sein. Sie hatten nur eine Chance auf das Überraschungsmoment, sollten sie diese nicht nutzen, könnte Karl seine Truppen, aber vor allem seine

Artillerie, neu ausrichten und dann hätte er in dem engen Tal alle Vorteile auf seiner Seite.

Genau beim Eingang in das kleine Dorf gab es einen Bach, diesem folgten sie in Richtung des Flusses. Sven und Ulrich führten sie dem Gewässer entlang und bei seiner Einmündung in die Meurthe, überquerten sie ihn und folgten dann dem Flussufer entlang. Dabei wurden sie durch die steile Böschung und den kleinen Erdwall geschützt, der an dem Flussufer entlanglief.

Langsam kämpften sie sich an dem Flussufer entlang. Plötzlich waren durch den Nebel und das Schneetreiben leise Geräusche zu hören und Sven blieb stehen, duckte sich und legte den Finger an die Lippen. Das Zeichen wurde schweigend durch die ganzen Reihen nach hinten weitergegeben. Die Disziplin der Männer war ausserordentlich und so, nach einer kurzen Weile, erhob sich der Hüne wieder und ging langsam, Schritt für Schritt, weiter. Die Geräusche wurden stetig lauter. Sven und Ulrich wurden immer langsamer, vorsichtiger, bis sie schliesslich stoppten und sich erneut auf den Boden knieten. Sie deuteten wieder mit Handzeichen an, dass alle ihrem Beispiel folgen sollten, und Matthias zeigte an, sie sollen zusätzlich zusammenrücken.

Dann zupfte er Herzog René am Ärmel und die beiden krochen den Abhang hinauf. Vorsichtig spähten sie über den Rand. Durch den Nebel konnten sie knapp die ersten beiden Lafetten sehen. Es handelte sich um Blocklafetten, worauf die Geschützte montiert waren. Diese hatten keine Räder, sondern waren wie ein Schlitten aufgebaut, der jeweils mit Hebeln angehoben werden musste, um die Geschütze neu ausrichten zu können. Die Lafetten waren alle in Richtung Jarville aufgestellt, wo Karl ihre Streitmacht erwartete.

Matthias nickte zufrieden.

Und dann, in diesem einen Moment, hörte es auf zu schneien. Die Sicht wurde sogleich besser und Matthias sah, dass Karl hinter der Artillerie seine Truppen schon in Position hatte. Diese waren in zwei grosse Gewalthaufen aufgeteilt und ebenfalls in Richtung der Strasse formiert. Es war genauso, wie sie erhofft hatten. Wenn sich jetzt keines der drei Detachements verriet, wäre die Zange perfekt.

Er zog René wieder am Ärmel und rutschte vorsichtig den Hang hinunter. Ohne ein Wort zu verlieren, deutete er mit Handzeichen an, dass die Männer sich am Hang verteilen und sich bereit machen sollten. Er zog die Lappen von seiner Hellebarde, die er heute zusätzlich zu seinem Schwert mit sich trug, und begann, die Kleidungsstücke über seinem Harnisch auszuziehen. Die Männer taten es ihm gleich.

Dann warteten sie.

Der Nebel begann sich weiter zu lichten.

Sie hörten die Befehle aus dem burgundischen Heer, vernahmen Pferdegetrappel und die Bewegungen der Männer Karls, die auf ihren Feind warteten. Aber dieser Feind war schon da, umzingelte sie, kreiste sie ein. Doch noch immer ahnten die Burgunder nichts.

Dumpf, dunkel, drohend erklang ein Harsthorn. Ein zweiter Hornstoss ertönte.

Und schliesslich der Dritte.

Die Schlacht begann.

Sven wollte los, aber Matthias hielt ihn am Arm zurück und schüttelte energisch den Kopf. Er wollte noch warten. Er hielt die Hand hoch.

Vonseiten des Hügels erschall ein Gebrüll. Waldmanns Männer waren zum Angriff übergegangen. Gleichzeitig wurde der Lärm von galoppierenden Schlachtrössern laut. Auch Von Thierstein begann mit seiner Attacke, die frontal auf die Linien Karls abzielte.

Dann donnerte das erste Geschütz, gleich darauf ein zweites.

Matthias senkte ruckartig seinen Arm und klopfte Sven auf den Oberarm.

Jetzt!

Der grosse Kämpfer sprang auf und kletterte über den Abhang. Matthias, René und der Rest der Männer folgten.

Die Burgunder waren völlig überrascht.

Die Angreifer brüllten, was ihre Lungen hergaben, als sie sich auf die völlig offenliegende Seite des gegnerischen Heeres warfen. Matthias senkte seine Hellebarde und bohrte deren Spitze durch den Nacken eines burgundischen Soldaten, sodass die Spitze über dem Kehlkopf wieder hinaustrat. Er riss die lange Waffe mit aller

Gewalt auf die Seite, um sie freizubekommen, und trennte dem Mann halb den Kopf vom Hals. Sofort schwang er die Waffe herum und schlug mit der beilartigen Klinge dem nächsten auf den Kopf. Mit einem metallischen Geräusch durchschlug sie dessen Helm und drang tief in das Gehirn ein. Der Körper des Kämpfers zitterte unkontrolliert, dann brach er zusammen.

Ein weiteres Geschütz wurde abgefeuert. Rauch stieg auf, aber es sollte der letzte Schuss sein, den die burgundische Artillerie abfeuern konnte. Mit einer Welle aus Menschen wurden die Stellungen Karls von drei Seiten her überrannt.

Matthias hörte von rechts das Trommeln von Pferdehufen und drehte sich. Ritter in voller Rüstung sprengten ihnen entgegen, Karls Kavallerie. Sie ritten in höchster Geschwindigkeit in die Männer Renés hinein, trampelten viele einfach zu Tode. Die Männer aus Lothringen gemeinsam mit den Bernern und dem Herzog in der Mitte sowie Matthias Söldner versuchten die Ritter mit den Hellebarden von den Pferden zu reissen. Diese kämpften mit Schwerthieben dagegen an.

Ein Ritter auf einem gewaltigen Schlachtross galoppierte geradewegs auf Matthias zu. Die Geschwindigkeit des Pferdes war trotz des Schnees enorm hoch und Rolf von Rapperswil stellte sich ihm in den Weg. Der grosse Kämpfer aus Matthias' Truppe hatte die Absicht, erst kurz vor den Hufen auf die linke Seite des Reiters auszuweichen, weg von dessen Schwertklinge, doch er rutschte auf dem Schnee aus und einer der vorderen Hufe traf ihn mitten im Gesicht. Matthias musste mit Grauen zusehen, wie Rolfs Kopf zersprang wie eine gläserne Weinkaraffe und wie sich ein Gemisch aus Blut, Knochen und Gehirnmasse auf dem Schnee verteilte.

Der Ritter sprengte weiter, ohne zu zögern. Weiter auf Matthias zu.

Auch dieser wartete, solange er nur konnte, dann liess er sich auf die rechte Seite des Reiters fallen und hob dabei den Haken der Hellebarde. Er liess die rasiermesserscharfe Klinge an der Unterseite des Rosses durchfahren, schlitzte dem Tier dessen Bauch bis hin zum Sattelgurt auf.

Das Pferd schrie gellend auf und stürzte über die Vorderhufe. Der Ritter wurde dabei nach vorne geschleudert und prallte mit dem Helm zuerst auf den Boden. Das trockene Knacken, als das Genick brach, war trotz des Schlachtlärms zu hören.

Aber schon griff der nächste der gepanzerten Reiter an.

Matthias versuchte dieselbe Bewegung, doch der Kämpfer in der eisernen Rüstung hatte dies vorausgeahnt und schlug mit seinem Schwert Matthias' Hellebarde weg. Die Klinge der Stangenwaffe verfehlte das Pferd, doch Matthias riss den hölzernen Schaft sofort wieder nach oben und der Haken verhedderte sich an den Platten der Rüstung beim Knieschutz. Durch den Schwung riss es ihm die Stange aus den Händen, doch es reichte, um den Ritter aus dem Gleichgewicht zu bringen. Mit einem Schrei hob es diesen aus dem Sattel und mit einem lauten Scheppern prallte er auf den Schnee. Sein Fuss blieb dabei unnatürlich verdreht im Steigbügel des Pferdes hängen und laut brüllend wurde der burgundische Reiter hinter seinem davonsprengenden Ross mitgeschleift.

Matthias bückte sich und ergriff wieder seine Hellebarde, die auf dem Boden lag. In genau diesem Augenblick wischte die Klinge eines Langschwertes über seinen Kopf. Er hörte das Zischen der Schneide in der Luft, spürte den leisen Luftzug, den die Waffe machte, als sie nur eine Handbreit über sein Haupt pfiff. Instinktiv liess er die Hellebarde sofort wieder los und warf sich vorne über. Matthias rollte über seine Schulter ab, drehte sich dabei um seine eigene Achse. Mit schmalen Augen starrte er den Ritter an, welcher sein Pferd ohne Rücksicht heftig an den Zügeln herumriss. Doch Matthias war bereits wieder auf den Beinen, ergriff erneut seine Langwaffe, riss die Stange seiner Hellebarde nach oben. Der Ritter hatte die Wendung beendet und das Ross sprengte wieder auf Matthias zu. Dieser warf mit aller Kraft die Hellebarde wie einen Speer nach vorne. Er traf das Pferd frontal, doch die lange Spitze glitt am eisernen Brustschutz des Rosses nach oben ab. Der hölzerne Schaft hängte sich dabei im Schnee ein und die Spitze drang dem Pferd durch den Hals. Durch die Wucht bog sich die hölzerne Stange und zerbrach dann mit einem lauten Knall. Das Tier bäumte sich mit weit aufgerissenen Augen auf und warf den Reiter nach hinten ab. Beide Teile der Hellebarde flogen durch die Luft. Der Ritter knallte mit dem Rücken auf den Boden auf und Matthias konnte hören, wie er nach Luft schnappte, nachdem ihm der Aufprall die gesamte Luft aus den Lungen gepresst hatte. Doch schon war Matthias über ihm. Er liess sich auf ein Knie fallen und rammte dem Burgunder sein langes Messer genau durch den Sehschlitz. Ein Schwall roten, heissen Blutes spritze durch den Schlitz und der Ritter lag still.

Matthias drehte sich sofort um, doch kein Reiter war mehr in seiner Nähe. Dafür stand ihm einer der gepanzerten Streiter zu Fuss gegenüber. Er hatte sein Visier offen und Matthias konnte das schweissüberströmte Gesicht sehen. Der Ritter hielt sein Langschwert mit beiden Händen, die Klinge erhoben, mit der Spitze auf Matthias' Kopf zielend. Dieser zog langsam sein Schwert.

Der Boden war aufgeweicht. Der Schnee war mit warmem Blut getränkt, hatte diesen begonnen zu schmelzen. Übrig blieb ein Matsch aus Schnee, Blut und Exkrementen. Es stank fürchterlich. Matthias, nur durch seinen Brustpanzer geschützt, war dem schweren Ritter auf diesem Untergrund weit überlegen. Trotzdem machte dieser einen Ausfallschritt und schwang seine lange Klinge nach dem Kapitän. Doch die eisenbewehrten Schuhe des Burgunders machten jeden normalen Schritt fast unmöglich. Matthias bewegte sich leichtfüssig zur Seite und die Klinge pfiff wirkungslos durch die Luft. Die schwere Waffe, zusammen mit dem rutschigen Untergrund, liessen es nur zu, dass der Ritter sein Schwert wie einen Heudrescher nach Matthias schwingen konnte und dieser parierte die Schläge locker oder liess sie durch seitliche Schritte immer wieder ins Leere laufen. Das Gesicht des Mannes lief rot an, Bäche von Schweiss rannen ihm über die Augen.

Wieder schwang der Burgunder sein Schwert, doch der vordere Fuss rutschte weg und für Matthias war es ein Leichtes, mit zwei schnellen Schritten in den Rücken des Ritters zu kommen. Er schwang sein Schwert seitlich und traf die Rückseite des Oberschenkels, der völlig ungeschützt war. Der Burgunder stiess einen lauten Schrei aus, als Matthias' Klinge die Sehnen direkt über dessen Knie zerschnitt. Der Kraft seines Beines beraubt, fiel der Ritter nach vorne und kippte dabei zur Seite. Blut floss in Strömen aus der Wunde, trotzdem versuchte er am Boden liegend, sein Schwert nach Matthias zu schwingen. Doch das schwere Langschwert war zu gross und es blieb bei dem Versuch. Der Kapitän umrundete mit einem schnellen Sprung den am Boden liegenden Kämpfer. Um besser reiten zu können, besassen die Rüstungen am Gesäss keine Platten und Matthias stiess seine Schwertklinge genau zwischen die Gesässbacken des Ritters. Die Spitze drang unter dessen Steissbein tief in die Innereien. Ein grosser Schwall aus Blut und Kot ergoss sich über die Klinge, als der Kapitän sie wieder herausriss.

Er wischte sie am bunten Wappentuch des Ritters sauber, das dieser über seiner Rüstung trug, und sah sich dann um. Die Kämpfer der Eidgenossenschaft und Lothringen waren überall auf dem Vormarsch.

Irgendwo, mitten im Getümmel, erblickte er Sven, dessen Streitaxt sich hob und senkte, unermüdlich. Die Axt erhob sich wieder, dabei spritzte Blut von ihr weg. Die kleinen roten Tropfen regneten auf den Hünen herunter. Linhart von Klosters, ihr Medikus, kämpfte mit zwei Schwertern in seinen Händen, trieb einen Burgunder mit seinen unfassbar schnellen Hieben beider Waffen vor sich her. Als dieser stolperte, traf die eine Klinge dessen Unterarm und trennte ihn sauber mit einem einzigen Schnitt ab. Linhart schwang das zweite Schwert in Schulter und Hals des schreienden Mannes und liess den Schrei verstummen.

Ein englischer Bogenschütze in den Reihen Karls spannte seinen Bogen und zielte auf den Medikus. Doch einer der beiden Brüder aus Schwyz, Peter, sah es und blitzschnell warf er sein Messer. Es bohrte sich in das eine Auge des Bogenschützen. Der Pfeil schnellte von der Sehne, bevor der Schütze nach hinten fiel, und das Geschoss flog auf Linhart zu, traf ihn genau am Kehlkopf. Die Spitze des Pfeiles drang durch den Hals und trat hinten wieder heraus. Des Medikus' Bewegung stoppte abrupt, er drehte sich mit grossen Augen zu Peter um. Dieser schrie irgendetwas Unverständliches, stürzte vorwärts. Doch schon sank Linhart langsam in den Schnee. Peter erreichte ihn kurz darauf und sank auf die Knie. Er hielt Linharts Kopf, Tränen liefen ihm über das Gesicht. Ein Burgunder griff den Schwyzer an, doch dessen Bruder Daniel stellte sich ihm in den Weg. Er hatte eine Hellebarde in beiden Händen und mit der Wucht seines Hiebes wurde dem Burgunder das Schwert aus den Händen gerissen. Daniel schwang seine Waffe sogleich wieder zurück und der Burgunder riss seine Arme nach oben, um seinen Kopf zu schützen. Doch die Wucht der langen Waffe drang durch den Unterarm des Mannes, zerschnitt ihn wie Papier und spaltete ihm Helm und Schädel gleichermassen.

Matthias bemerkte, dass auch Wilhelm von Thun, ihr so vorzüglicher Bogenschütze, in einer Blutlache am Boden lag. Sein Bogen lag neben ihm, es steckten immer noch Pfeile im Köcher auf seinem Rücken. Der Kapitän ging langsam zu ihm, kniete sich nieder und drehte den Kämpfer. Das Gesicht von Wilhelm war von einem Schwerthieb zerfetzt und Matthias schickte ein leises Gebet für seinen gefallenen Kameraden zum Himmel. Dann erhob er sich und ging zurück in Richtung Fluss. Er erklomm den kleinen Wall, über den sie ihren Angriff gestartet hatten, und versuchte sich von da oben einen Überblick zu verschaffen.

Die Kämpfe tobten immer noch überall. Von allen Seiten her trieben die Lothringer und Eidgenossen ihre Gegner vor sich her, eine Spur von Blut, Leichen und Verwundeten auf dem Schnee hinterlassend. Viele der verletzten Burgunder wurden durch nachfolgende Kämpfer gnadenlos getötet. Die meisten schrien und bettelten um Gnade, aber es nützte ihnen nichts. Knüppel, Schwerter, Dolche oder Hellebarden brachten den Tod. Einige der Eidgenossen hatten schon begonnen, die Leichen zu plündern, obwohl die Schlacht immer noch im Gange war.

Matthias wandte sich mit Unmut ab.

Weiter hinten gegen Nancy hin brannte Karls Lager. Es schien, als ob die Garnison ebenfalls in das Geschehen mit eingegriffen hatte. Und dort erblickte er mehrere Reiter.

Karl!

Dieser sass auf demselben riesigen Streitross wie in Murten, bedeckt mit der gleichen goldfarbenen Decke, und die goldene Rüstung stach farblich gut von den silbernen ab, welche dessen Leibgarde trug.

Matthias' Narbe an der Seite begann zu jucken. Er knirschte mit den Zähnen. Dann löste er die Schnallen seines Brustschutzes und liess diesen achtlos in den Schnee fallen. Er drehte sich um und rutschte mehr, als er ging, den steilen Abhang zum Fluss hinunter und lief zu ihren Pferden. Er schwang sich auf Artus, nahm die Zügel der anderen Rösser in die Hand und ritt über eine etwas flachere Stelle zurück auf das Schlachtfeld. Er suchte kurz nach Sven, der aber nicht zu übersehen war.

Wie von Sinnen gab er Artus die Sporen. Der Hengst wieherte und galoppierte los, die übrigen Rösser hinterher.

Matthias schrie Svens Namen. Immer und immer wieder. Schliesslich hörte ihn der Riese und drehte sich um.

«Karl!», brüllte Matthias vom Pferd aus und der Hüne begriff sofort. Matthias riss an seinen Zügeln, brachte die Pferde zum Stehen. Sven rannte zu ihm, nahm seinem Kapitän die Zügel aus der Hand und schwang sich in seinen eigenen Sattel. Er griff sich an den Rücken und setzte sich sein Harsthorn an die Lippen. Dann dröhnte das Horn über das Schlachtfeld.

Matthias' Männer sahen sie. Zwei von ihnen waren noch in Kämpfe verwickelt, aber der Rest begann zu ihnen zu laufen. Ulrich aus Luzern, Christian von Urtihun sowie Peter und Daniel aus Schwyz hoben sich auf die Pferde und die Gruppe preschte los.

Matthias zeigte unentwegt auf den Herzog.

Der burgundische Herzog befand sich in etwa zur Hälfte zwischen dem Schlachtfeld und seinem Lager. Sein Heer begann sich langsam aufzulösen. Matthias erkannte, dass viele der burgundischen Kämpfer die Waffen einfach fallen liessen und sich zur Flucht wandten. Doch sie waren umzingelt. In der Tat konnte er die Lothringer Truppen sehen, die aus der Stadt von hinten angriff, während Waldmanns Heer von der Strasse her die Seite umschloss. Das Detachement von Herzog René, welches er am Fluss entlanggeführt hatte, trieb die versprengten Reste von Karls Heer vor sich hin.

Die Flüchtenden rannten zuerst gegen Norden auf das offene Feld neben Nancy zu, aber die Garnison hatte dies ebenfalls erkannt und schnitt ihnen den Weg ab.

Es erschallte eine Fanfare.

Ein langer, wehklagender Ton, traurig, einsam. Er erklang und ergoss sich durch das Tal, welches in Blut getränkt war.

Herzog Karl war auf der Flucht.

Erneut.

Kapitel VII

Er zog an den Zügeln, brachte Artus zum Stehen. Dann stellte er sich in die Steigbügel, sah zu dem flüchtenden Herzog hinüber. Auch seine Kämpfer hielten an, warteten auf ihren Kapitän. Karl der Kühne hatte begonnen, nach Norden zu reiten, aber als er die Lothringer Garnison sah, drehte er sein Pferd nach Osten und galoppierte in Richtung des Flusses.

Matthias setzte sich in den Sattel, drehte den Rappen und gab Artus die Sporen. Der grosse Friese erhob sich auf die Hinterbeine und wieherte laut. Dann sprengte er vorwärts. Matthias manövrierte seinen Hengst umsichtig durch das Schlachtfeld. Überall lagen Menschen, Pferde und Material und er setzte darüber hinweg. Er musste aufpassen, dass sich Artus nicht an Waffen oder Ausrüstungsgegenständen verletzte. Schliesslich erreichten sie das Flussufer und Matthias gab ihm wieder die Sporen. Sven ritt gleich rechts neben ihm, die anderen folgten dahinter.

Die Hufe ihrer Pferde wirbelten Schnee und Eis auf, als sie den vereisten Fluss entlang galoppierten.

Sie sahen die Flüchtenden vor sich.

Die meisten von ihnen flüchteten zu Fuss. Am Ufer angekommen, drehten die Burgunder nach Südosten, flussaufwärts, versuchten so die Garnison, die hinter ihnen war, und das unterdessen vereinigte Hauptheer von Waldmann und Herzog René auf der Seite zu lassen.

Sie flüchteten direkt auf Matthias zu.

Doch dann sahen sie den Kapitän und dessen Männer. Und hinter diesen, noch weiter weg, Von Thierstein mit dessen Kavallerie.

Sie sassen in der Falle.

Die Ersten der burgundischen Flüchtenden wagten sich auf den Fluss. Vorsichtig balancierten sie Schritt für Schritt über das Eis.

Waldmann, Herzog René und die Truppen aus der Stadt kamen unaufhaltsam über das Schlachtfeld und von hinten näher. Die hintersten Flüchtlinge drückten in Panik nach vorne, schoben Hunderte, wenn nicht Tausende von Männern vor sich her.

Das erste Eis brach.

Gellende Todesschreie waren zu hören, als ganze Gruppen von Kämpfern in das Wasser des eiskalten Flusses fielen. Lautes Klatschen und Plätschern war zu vernehmen, vermischt mit durchdringenden Schreien, als die schweren, metallenen Rüstungen und Harnische sie unaufhaltsam unter Wasser zogen, sie elendiglich ertrinken liessen. Sie versuchten dagegen anzukämpfen, in das Wasser getrieben zu werden, wurden aber fortdauernd zum Fluss hingeschoben.

Matthias sah, wie Herzog Karl zusammen mit zwei Rittern seiner Leibwache versuchte, den Flüchtlingsstrom zu umreiten. Als der Abhang aber wieder etwas steiler wurde und das nicht mehr möglich war, gab er seinem Pferd die Sporen und sie ritten einfach über die eigenen Männer hinweg. Die Hufe ihrer Rösser zertrampelten die zu Fuss Fliehenden ohne Gnade.

Hass loderte in Matthias auf.

Schliesslich hatte Karl die Spitze des Flüchtlingsstroms erreicht und galoppierte so schnell er konnte weiter am Flussufer entlang. Auf Matthias und dessen Männer zu.

Die Entfernung zwischen ihnen wurde immer geringer. Beide Gruppen sprengten in vollem Galopp aufeinander zu. Sven ergriff seine riesige Streitaxt und Matthias zog sein Schwert aus der Scheide.

Herzog Karl, flankiert von seinen beiden Leibgardisten, ritt genau in der Mitte des flachen Ufers. Sven, auf der linken Seite seines Kapitäns, liess sich etwas zurückfallen. Ulrich, Peter und Daniel hinter ihnen fächerten aus. Als dies die Leibwächter Karls bemerkten, zügelten beide ihre Pferde und versuchten, den steilen Abhang hochzureiten.

«Ulrich, ihnen nach!», schrie Matthias und der Angesprochene liess sich zusammen mit Peter und Daniel zurückfallen und die drei Söldner begannen ebenfalls den Abhang zu erklimmen.

Karl war allein.

Er schien nicht mal bemerkt zu haben, dass ihn seine Gardisten im Stich gelassen hatten.

Aber er sah Matthias und Sven. Er zog sein Schwert aus der Scheide. Es schimmerte in der fahlen Sonne, welche mit sanftem Licht durch die Wolken drang.

Sie galoppierten weiter aufeinander zu.

Kurz bevor sie aufeinandertrafen, wechselte Sven abrupt von der linken auf Matthias' rechte Seite. Er riss sein Ross herum, es wieherte und plötzlich befand sich der Herzog zwischen ihnen.

«Er gehört mir!», schrie Matthias. Und noch einmal: «Er gehört mir!»

Der Aufprall war fürchterlich!

Karl liess sein Schwert seitwärts schwingen. Matthias duckte sich, machte sich flach, liess sich auf die andere Seite von Artus hängen und das Schwert des Herzogs zischte über ihn hinweg.

Sven dagegen hieb mit seiner Axt von vorne gegen das Pferd Karls, traf es genau unterhalb des Halses. Die Wucht war so gross, dass die Axt dem Hünen aus der Hand gerissen wurde und die Schneide waagrecht in der Brust des Pferdes stecken blieb. Karls Ross brach zusammen. Der Herzog selbst wurde über den Kopf seines Schlachtrosses geschleudert.

Matthias riss Artus so heftig herum, dass dessen Hufe über Schnee und Eis schlitterten. Er drehte sich im Sattel um, sah, wie Karl über den Boden rollte. Dessen Rüstung schepperte laut. Schliesslich blieb der Herzog im Schnee liegen. Er stöhnte.

Matthias ritt ein paar Schritte an den Herzog heran, stieg dann vom Pferd, hielt sein Schwert fest in der Faust.

Des Herzogs Ross lag im Schnee, schrie vor Schmerzen. Svens Axt ragte ihm aus der Brust und Unmengen von Blut rannen hervor, färbten den Schnee rot. Neben dem sterbenden Pferd lagen noch ein verbogenes Schwert und eine zerbrochene Hellebarde aus einem der vorherigen Kämpfe.

Karl bewegte sich, kam langsam wieder hoch. Er kniete im Schnee, riss sich ungestüm den Helm vom Kopf.

Matthias kam vorsichtig näher.

Karl blickte ihn mit zusammengekniffenen, kalten Augen an. Blut rann ihm leicht über die Stirn und mit einer wütenden Bewegung seines Handschuhs versuchte er es sich aus dem Gesicht zu wischen. Dann blickte er sich in Panik um, suchte sein Schwert. Es lag neben seinem sterbenden Pferd und der Herzog grunzte. Er stöhnte beim Versuch aufzustehen, aber schliesslich kam er langsam auf die Beine und hob sein blankes Schwert auf. Dann blickte er Matthias an, der ihm nur wenige Fuss entfernt gegenüberstand.

Karl hatte feine Gesichtszüge mit einer schmalen, geraden Nase und vollen Lippen. Seine braunen, gewellten Haare waren verklebt von Schweiss und Blut. Er atmete schwer.

«Ihr wisst, wer ich bin?», fragte er mit einer schmerzverzerrten, aber wohlklingenden Stimme.

Matthias hörte, wie Sven sein Schwert aus der Scheide zog, und hob die Hand. Das hier war seine Aufgabe. Sven nickte, wandte sich wortlos ab und erklomm den Abhang.

Der Herzog blickte dem grossen Kämpfer nach. Dann wandte er seinen Blick wieder Matthias zu.

«Wisst Ihr, wer ich bin?», fragte Karl erneut.

Matthias nickte leicht. Sein Blick war eisig, seine Gesichtszüge starr aus Wut und Hass.

«Ich bin eine hohe Summe wert, wenn Ihr mich am Leben lasst.» Karls Stimme klang müde.

«Ihr habt Herzogin Jolanda von Savoyen verschleppen lassen», antwortete Matthias zwischen zusammengepressten Lippen.

«Wer seid Ihr?», fragte Karl, doch der Kapitän antwortete nicht. «Was ist die Herzogin für Euch? Ihr seid kein Savoyer.» Wieder kam keine Antwort, doch Matthias' Blick sagte genug.

Der Herzog sah ihn lange an, dann nickte er. Karl begriff. «Ihr seid der Botschafter der Herzogin.» Er sog tief die Luft ein. «Ich kenne Euren Namen nicht, Monsieur, aber ich habe von Euch gehört.» Karl machte eine Pause. «Ihr habt sie aus der Gefangenschaft befreit und meine Männer getötet.» Wiederum eine Pause. «Ihr seid mit der Herzogin …»

«Ich bin Ritter Matthias von Altstetin», unterbrach ihn der Kapitän. «Und, ich werde Euch töten!»

Karl nickte und Matthias griff an.

*   *   *

Matthias griff die linke Seite des Herzogs an. Er führte einen Streich schräg von oben. Der Herzog, trotz seiner Rüstung, drehte sich schnell und wendig und blockte den Hieb mit seinem Schwert. Sofort ging Karl in einen Gegenangriff über. Er war für den rutschigen Boden und seine schwere Rüstung eigentlich viel zu schnell. Matthias realisierte sofort, dass dies ein schwerer Kampf mit nicht vorhersagbarem Ausgang sein würde. Aber sein Hass und seine Wut verliehen ihm eine Zuversicht, die er so nicht kannte.

Der Herzog schwang sein Schwert, hieb von oben und von der Seite, ohne Pause. Matthias blockte die Hiebe mit ruhigen, wenn auch ebensolchen schnellen Bewegungen. Wieder und wieder fuhr Karls Schwert auf ihn herunter und wieder und wieder ertönte das metallische Klingen, als die beiden Waffen aufeinanderprallten. Plötzlich schlug der Herzog seitlich gegen Matthias linke Seite. Dieser blockte den Hieb, indem er seine eigene Klinge aufrecht stellte. Doch Karl hatte dies genauso geplant und machte einen Ausfallschritt auf Matthias' andere Seite zu und riss seinen Schwertarm mit dem Griff zuerst nach oben. Dabei hieb er mit dem Knauf des Schwertgriffes nach dem Gesicht des Kapitäns. Matthias zuckte mit seinem Kopf zurück und machte gleichzeitig einen Schritt nach links. Der goldene, mit einem grossen Edelstein besetzte Knauf von Karls Schwert wischte nur um Haaresbreite an seinem rechten Auge vorbei und sofort liess Matthias sein Schwert über Karls Kopf und auf dessen rechte Seite fahren. Der Herzog war leicht aus dem Gleichgewicht, trotzdem gelang es ihm, sein Schwert zurückzureissen und den Schlag des Kapitäns zu blocken.

Beide Männer atmeten jetzt schwer. Aber Karl gab ihm keine Pause und griff sogleich wieder an.

Dieses Mal schlug er gerade von oben und Matthias musste sein Schwert über seinen Kopf heben und es mit der linken Hand in der Mitte der Klinge abstützen. Es klang laut, als die beiden Schneiden aufeinanderprallten. Der Schlag war mit einer solchen

Wucht geführt worden, dass ein stechender Schmerz in Matthias linke Hand und durch den Arm in die Schulter fuhr. Er knirschte mit den Zähnen vor Schmerz und machte einen Sprung rückwärts.

Karl spürte, dass er jetzt einen leichten Vorteil besass und setzte dem Gegner seinerseits mit einem grossen Schritt nach. Dabei hieb er sein Schwert wieder seitlich, doch Matthias machte seinerseits einen schnellen Schritt auf den Herzog zu und verringerte so die Distanz zwischen den beiden Kämpfern. Der Hieb Karls traf ihn auf Höhe seines Schwertgriffes und im selben Moment rammte er seinen eigenen Schwertknauf in das Gesicht des Herzogs. Doch der Schlag war ungenau und der Knauf glitt an der Rüstung Karls ab und statt das Gesicht in der Mitte zu treffen, ging der stählerne Knauf rechts vorbei und riss ihm dabei nur die Haut über dem Auge auf.

Trotzdem schrie der Herzog kurz auf und machte einen grossen Satz rückwärts. Die Haut über dem Auge war aufgeplatzt und die Wunde, wenn auch nicht tief, blutete stark. Es floss über sein linkes Auge, nahm ihm kurz die Sicht.

Matthias stiess zu.

Die Spitze seines Schwertes traf genau die Verbindungsstelle, an der die kleinen Platten für den Schutz des Knies begannen, und drang in Karls linken Oberschenkel. Noch einmal schrie der Herzog auf. Blut quoll fast augenblicklich zwischen den Stahlplatten hervor. Karl der Kühne humpelte. Wieder machte er einen Schritt zurück und Matthias sah seine Chance.

Er schlug einen seitlichen Hieb nach der linken Seite des Herzogs, doch dieser, ungeachtet der Wunden, drehte sich leicht und parierte Matthias' Schlag mit aufrechtstehender Klinge. Sogleich liess Karl seine Schneide an der von Matthias entlanggleiten, bis sie auf dessen Parierstange traf. Dann drehte er sein Schwert waagrecht und er ergriff mit der freien Hand sein quer zu

Matthias liegendes Schwert und drückte damit dessen Klinge nach unten.

Matthias, dessen Waffe ruckartig nach unten gerissen wurde, wurde überrascht und durch den Druck nach vorne gezogen. Noch im Sturz liess er sein Schwert fallen und versuchte, am Herzog vorbeizuspringen. Doch er sprang nicht weit genug. Karl drehte sich um seine eigene Achse und schlug dabei einen weiten Hieb, traf Matthias am Rücken. Die Spitze des Schwertes zerschnitt ihm das Wams, das Hemd darunter und zog einen langen, geraden Schnitt über den gesamten Rücken. Sofort fühlte er einen heissen Schmerz und etwas Warmes, Feuchtes lief seinen Rücken hinunter.

Er war trotzdem sofort wieder auf den Beinen, drehte sich zum Herzog um.

Karl, durch seine Beinverletzung behindert, stand nur da und sah ihn an, das Schwert gesenkt. Matthias suchte seine eigene Waffe. Sie lag genau vor Karls Füssen. Dieser bemerkte Matthias' Blick, sah hinunter zu dem Schwert, lächelte leicht und mit einem Fusstritt beförderte er das Schwert in das kalte Wasser der Meurthe.

* * *

Eine Weile passierte nichts. Beide Kämpfer standen sich gegenüber, versuchten die nächsten Bewegungen ihres Gegners abzuschätzen. Dann, aus unerfindlichem Grund, machte Karl langsam, humpelnd einige Schritte seitwärts. Die Spitze seines Schwertes zeigte dabei stets auf Matthias' Gesicht. Er stand nun mit dem Rücken zu seinem toten Pferd.

Es war Karls letzter Fehler.

Matthias sah die zerbrochene Hellebarde am Boden.

Seine Augen verengten sich, er senkte leicht den Kopf. Der Herzog runzelte die Stirn, griff sein Schwert fester, mit beiden Händen.

Dann machte der Kapitän einen Satz auf Karls linke Seite zu, als wolle er an diesem vorbei springen. Der Herzog machte die Bewegung mit, damit er Matthias genau vor sich halten konnte, musste dabei sein Gewicht aber auf das verletzte Bein verlagern und Matthias veränderte die Richtung und sprang urplötzlich auf die andere Seite und an Karl vorbei. Der Herzog versuchte ihm die Bewegung gleichzutun, aber er stöhnte auf, als der verletzte Muskel in seinem linken Bein die Arbeit quittierte. Der Herzog war zu langsam.

Matthias landete genau vor dem Rest der Hellebarde, riss diese hoch, drehte sich dabei und rammte die Spitze gegen Karls Unterleib.

Sie drang durch die Rüstung, als wäre diese aus dünnem Leder, und in des Herzogs Körper ein. Sofort riss er die Waffe wieder heraus und schlug, wie mit einer Axt, beidhändig von oben gegen Karls Kopf.

Die scharfe Klinge der Hellebarde spaltete dessen Schädel und drang bis über die Hälfte in den Kopf ein.

Ein Schaudern lief durch Karls Körper.

Matthias konnte das Zittern durch den hölzernen Stiel der Hellebarde hindurch spüren.

Des Herzogs Finger öffneten sich und das Schwert fiel in den zertrampelten und mit rotem Blut vermischten Schnee. Sein Mund öffnete sich, schloss sich, öffnete sich wieder. Er schien etwas sagen zu wollen, aber es kamen keine Worte.

Die Sonne drückte leicht durch die Wolken und erhellten den Schauplatz. Karl blickte gen Himmel und sah noch einmal die Sonne.

Seine Augen wandten sich Matthias mit ungläubigem Blick zu. Dann füllten sie sich mit Tränen. Diese liefen herunter, vermischten sich mit dem Blut in seinem Gesicht und hinterliessen weisse Spuren.

Der Blick wurde stumpf, die Augen brachen.

Matthias riss die Klinge der Hellebarde heraus. Blutstropfen flogen in die Luft, fächerten in einem weiten Bogen aus und fielen in den Schnee und der Körper brach zusammen.»

Herzog Karl der Kühne war tot.

* * *

Ein riesiges Feuer brannte in dem grossen Kamin.

Matthias liess mit einem lauten Krachen die beiden Flügel der Türe aufschwingen und blickte in den grossen Saal. Alle Anwesenden sahen auf, drehten sich zu ihm um. Die Gespräche verstummten augenblicklich.

Matthias stand unter der Tür, beide Türflügel weit geöffnet.

Dann warf er den goldenen Helm mitten in den Saal. Der stählerne Kopfschutz knallte scheppernd auf den Boden und rollte polternd und rasselnd weiter.

Das Klirren des Helmes verklang und eine grosse Stille breitete sich aus. Nur das Knistern und Knacken des Feuers im Kamin war zu hören.

Die Blicke gingen zwischen Matthias und dem auf dem Boden liegenden Helm hin und her. Dann hob Matthias das Schwert in der mit weissem Leder und Edelsteinen besetzten Scheide über den Kopf.

Und dann, alle auf einmal, begannen sie zu schreien, zu brüllen und zu jubeln.

* * *

Hans nahm einen Zinnbecher und füllte ihn bis zum Rand mit Wein. Er stellte ihn vor Matthias auf den Tisch, goss sich seinen eigenen ein. Dann ergriff er zusätzlich einen grossen, gefüllten Humpen mit Bier und setzte sich zu ihnen. Den Humpen knallte er Sven hin, sodass einiges des Gerstensaftes überschwappte. Waldmann grinste breit. Er hob seinen Becher und hielt ihn in die Höhe. «Ritter Matthias von Altstetin, Bezwinger von Karl dem Kühnen!», rief er und trank den halben Becher in einem Zug leer. Er stellte den Becher hin und schlug mit der flachen Hand auf den Tisch, sodass die in der Nähe stehenden Becher aufsprangen. «Du hast dem Arsch den Schädel gespalten?» Er wartete keine

Antwort ab. Matthias hatte die Geschichte unterdessen schon einige Male erzählen müssen und Waldmann kannte sicherlich jedes Detail. «Du hast ihn endlich in die Hölle geschickt, den Bastard! Endlich!» Er schrie fast.

Der Lärm in der überfüllten Taverne war enorm. Unzählige Kämpfer waren versammelt und jeder wusste, was Matthias getan hatte. Die Nachricht von Karls Tod hatte sich verbreitet wie ein Lauffeuer. Und jeder wollte von Matthias wissen, wie es sich zugetragen, wie er den Herzog erschlagen hatte. Alle kamen, gratulierten, klopften ihm auf die Schulter, schüttelten ihm die Hände.

Alle jubelten und johlten beim Ausruf von Hans.

Matthias setzte sich aufrecht hin, die Wunde, quer über den gesamten Rücken, schmerzte höllisch. Aber der Schnitt war nicht tief. Mit irgendeiner Paste eingesalbt und mit weissem Leinentuch verbunden, hatte ihn der Arzt wieder aus dem Lazarett geschickt.

Waldmann selbst hatte einen tiefen Schnitt am Oberarm, aber er schien ihn nicht zu spüren. Sven hatte wiederum keinen Kratzer.

Um ihren Tisch herum standen die restlichen Männer von Matthias. Auch sie hatten, wenn überhaupt, nur Schnitt- und Stichwunden, keiner war ernsthaft verletzt. Aber es waren ausser ihm und Sven nur noch sechs übrig. Ihre Stimmung schwankte zwischen der unbändigen Freude, den Tag überlebt zu haben, und der Trauer um ihre toten Gefährten.

Der Kapitän nahm seinen Becher und stand recht mühselig und etwas steif auf. Er hob den Becher über den Kopf, schnitt aus Schmerz eine Grimasse. Seine Männer und Hans sahen ihn an.

«Otto in Grandson!», rief er. Er machte eine kurze Pause. «Der Mönch, Daniel und Valentin in Murten!» Wieder eine Pause. «Und hier Wilhelm, Rolf und Linhart!» Er sah seine Männer und den Hauptmann an. «Möge der Herr Eure Seelen aufnehmen und sie in Frieden ruhen lassen! Es war mir eine Ehre, mit Euch gekämpft zu haben.»

«Auf unsere Kameraden!», riefen sie.

Er nahm einen tiefen Schluck und alle taten es ihm gleich.

Kapitel I – Frühling

Die Nacht war völlig dunkel. Die Hufe seines Pferdes klapperten über den Weg. Schliesslich bog er ein auf die gepflasterte Strasse, welche durch den kleinen Ort verlief, und das Klappern verwandelte sich in ein lautes Getrappel. Der stolze, schwarze Hengst ging langsam, die Gestalt in seinem Sattel war eingehüllt in einen langen, ledernen Reitmantel und hatte einen grossen, breitkrempigen Hut auf dem Kopf.

Vor einem stattlichen Fachwerkhaus zog die Gestalt an den Zügeln und das Tier blieb stehen. Mit einem Seufzen stieg der Reiter ab, band die Zügel an einen der Querbalken des Zaunes, der den Garten vor dem Haus umspannte, und musterte es, als würde er es zum ersten Mal sehen.

Die Fenster waren dunkel, was keine Überraschung war, bedachte man die Uhrzeit. Es musste schon längst Mitternacht gewesen sein. Das grelle Weiss des Hauses leuchtete leicht im Mondschein, dunkel durchzogen von den längs, quer und schräg laufenden Holzbalken des Fachwerkbaus.

Die Gestalt ging zum Eingang.

Die Tür des Hauses war verschlossen.

Der Reiter nahm seinen Dolch aus der Scheide und hämmerte mit dessen Knauf an die hölzerne Tür. Laut knallte jeder einzelne Schlag durch die Nacht.

Nach einer kurzen Zeitspanne war drinnen Gepolter zu hören, dann schimpfte jemand laut. Das Trappeln von nackten Füssen war zu vernehmen, es öffnete sich die Tür um einen Spalt. Ein rundliches Gesicht blickte argwöhnisch hindurch, die Gestalt hinter der Tür hielt ein Küchenmesser in der Hand, dessen Klinge leicht glänzte.

Die Augen in dem runden Gesicht verengten sich, dann plötzlich wurden sie aufgerissen. Die Tür öffnete sich weit und eine kleine, dicke Gestalt in einem Nachthemd wurde sichtbar. Sie sah den Reiter mit grossen Augen an, dann drehte sie sich um und schrie mit lauter Stimme in das Haus hinein: «Noah, Valentin! Wacht auf und kommt herunter! Euer Vater ist zu Hause!»

Matthias sass mit seinen beiden Söhnen sowie Berthold, dem Verwalter seines Hauses, in der grossen Küche. Bertholds Frau Gerda, genauso rundlich wie ihr Mann, war mit zwei Töpfen zugange, die dampfend auf dem tiefen Herd standen. Es brannte ein Feuer im Herd, welches eine behagliche Wärme verbreitete. Auch der grüne Kachelofen in der Stube war beheizt und versuchte, die Kälte dieser Winternacht aus den Räumen zu vertreiben.

Draussen herrschte immer noch Dunkelheit. Mit grossen Augen hatten alle Matthias' Erzählung der Vorgänge in Nancy gelauscht.

«Ihr habt ihn also getötet, Vater?», fragte Noah, als Matthias mit der Geschichte geendet hatte. Sein Ältester war schon fast so gross wie der Vater selbst und hatte dieselbe schlanke Statur. Der Jüngere, Valentin, war noch etwas kleiner, würde aber seinen Vater in Bälde überholen. Beide besassen dieselben braunen Haare, dieselben schmalen Augen mit zu den Haaren passender Farbe. Noah trug einen sauber gestutzten Bart, während beim Jüngeren noch kein Bartwuchs zu sehen war.

Matthias nickte schwer. «Der Krieg ist vorbei. In dem Moment, als Herzog Karl fiel, war es geschehen.» Gerda stellte die beiden dampfenden Töpfe auf den Tisch und begann, tönerne Teller und Krüge aufzutischen. Dazu legte sie allen einfaches Besteck aus Stahl hin. Dann setzte sie sich ebenfalls und schöpfte allen von der Suppe sowie dem gekochten Rehfleisch. Danach sprach sie ein Tischgebet und alle begannen zu essen.

Als Matthias sein erstes Stück Fleisch gegessen hatte, sprach er weiter: «Ich denke, dass sich jetzt der Kaiser des Heiligen Römischen Reiches und König Louis von Frankreich um das Burgund streiten werden, aber das soll nicht mehr unser Problem sein.»

«Und die Berner, Herr? Die werden doch ebenfalls ein Stück des Kuchens abhaben wollen?», fragte der kleine, runde Verwalter. Matthias nickte mit vollem Mund. Schliesslich meinte er: «Aber sicher. Und ich werde zusehen müssen, dass auch Savoyen seinen Teil davon abbekommt.»

Seine beiden Söhne tauschten vielsagende Blicke.

«Ihr wollt wieder nach Chambéry, Vater?», fragte Valentin und Noah ergänzte: «Sven hat uns erzählt, dass Ihr und die Herzogin ...» Der Blick seines Vaters stoppte ihn. Matthias sah seinen Älteren scharf an, dieser senkte den Blick. Schliesslich antwortete Matthias aber trotzdem: «Du hast ja recht, Noah. Jolanda und ich ... « Er stockte. «Wir ...» Er seufzte, suchte nach den richtigen Worten.

«Liebt Ihr sie denn, Vater?», fragte Noah geradeaus und Matthias nickte. Er seufzte tief.

«Sven erzählte uns, sie sei sehr hübsch», meinte Valentin. «Und unsere Mutter ist schon einige Jahre verstorben.»

«Ich will das Ansehen Eurer Mutter nicht beschmutzen», meinte Matthias leise.

«Aber das tut Ihr doch nicht!», rief Valentin. «Ich denke, sie wäre sehr stolz auf Euch, Vater.» Matthias blickte seinen jüngeren Sohn mit müden Augen an. Dieser fuhr fort: «Ihr habt so viel getan, wart auf dem Schlachtfeld erfolgreich und habt Euren Weg in die Politik gefunden.» Valentin lächelte seinen Vater an. «Ich bin stolz, Euer Sohn zu sein.» Er nickte, begann breit zu grinsen. «Und eine echte Herzogin?» Valentin grinste in die Runde.« Ist doch mal auch nicht so schlecht.»

Matthias lächelte jetzt ebenfalls, wiegte seinen Kopf.

«Herr, Euer Sohn hat recht.» Gerda sprach zum ersten Mal seit dem Gebet. Sie nahm ihre Hand und legte sie dem Kapitän auf den Arm. «Das Leben ist hart genug, Herr. Und wenn Euch unser Herrgott im Himmel etwas Glück schenkt», sie bekreuzigte sich, «dann müsst Ihr es annehmen. Alles andere wäre eine Sünde.» Sie sah Matthias mit warmen Augen an. «Nehmt das Glück an, mein Herr. Nehmt es an und geniesst es. Jeden Augenblick davon. Der Teufel ist nicht weit.»

Es folgte Schweigen, bis schliesslich Matthias nickte. «Ihr habt ja recht, liebe Gerda.» Dann sah er in die Runde. «Und Euch, meine Söhne, werde ich mitnehmen nach Chambéry! Ich wünsche, dass Ihr die Herzogin kennenlernt und ich werde dafür sorgen, dass Ihr Französisch lernt sowie die Gepflogenheiten an einem Hof.» Er lächelte beide an. Valentin bekam grosse Augen, grinste noch breiter. «Wir reiten nach Savoyen?», rief er. «Das ist ja grossartig!» Er hieb seinem Bruder auf den Arm. «Wir reiten nach Savoyen!», rief er ein weiteres Mal.

Alle lachten.

Sie machten sich weiter über Gerdas Essen her.

* * *

Die Vorbereitungen dauerten ein paar Tage. Vor allem, da Matthias seinen älteren Sohn zuerst nach Einsiedeln schickte, um Sven zu holen. Dieser wollte ebenfalls mit ihnen nach Chambéry reiten.

In der Zwischenzeit besuchte er Hans Waldmann, welcher nach der Rückkehr wieder in sein Haus in Zürich gezogen war.

Sie sassen in Waldmanns Arbeitszimmer. Der Hauptmann sah ihn lange an. «Wann reitest Du?»

«Sobald Sven und Noah zurück sind. Ich denke, innerhalb Wochenfrist.»

Hans nickte. «Sie machen mich zum Zunftmeister», erzählte er.

«Welcher Zunft?» Matthias nahm einen Schluck des guten burgundischen Weines, den ihm Waldmann eingegossen hatte.

«Zum Kämbel.»

Matthias verzog beeindruckt das Gesicht. «Ich gratuliere Euch! Eine grosse Ehre.»

«Das ist auch Dein Verdienst, alter Freund.» Waldmanns Augen blitzten. «Du hast einen grossen Anteil an unseren Erfolgen gegen Karl. Ich stehe in Deiner Schuld.»

Matthias schüttelte energisch den Kopf. «Nein, Hauptmann! Ihr habt mich vorgeschlagen zur Ritterehre. Und Ihr habt dafür gesorgt, dass ich und meine Männer einen grossen Batzen zusätzlich zum Sold erhielten. Dazu», er tätschelte das Schwert in der mit weissem Leder überzogenen und mit Edelsteinen besetzten Scheide, welches an seiner Seite hing, «konnte ich das Schwert behalten.» Er machte eine Pause. «Und dann haben wir noch die Schätze aus Grandson.»

Waldmann nickte. «Du würdest Dich ja ohne Schwert ziemlich nackt fühlen.» Er grinste, nahm seinerseits einen Schluck Wein.

«Der Hund hat meine Waffe in den Fluss geworfen.» Matthias'
Stimme klang sofort ärgerlich, wie immer, wenn er über Karl
sprach.

«Du hättest ihn eben schneller kaltmachen sollen.» Hans grinste
immer noch. «Wie geht es übrigens Deinem Rücken?»

Matthias nickte. «Alles gut. Ist ziemlich gut verheilt. Auch wenn
der Ritt sicher nicht förderlich für die Heilung war.»

«Und trotzdem willst Du schon wieder nach Chambéry?» Waldmann sah ihn vielsagend an. «Du willst zu ihr.» Es war
keine Frage, trotzdem nickte Matthias.

«Frieden», sagte dieser dann. «Einfach mal Frieden.» Er nahm
wieder einen grossen Schluck. «Es kommt der Frühling und ich
möchte ihn mit ihr und meinen Söhnen zusammen geniessen.»

«Frieden?» Waldmann seufzte. «Bald werden König Louis, Kaiser Friedrich, sicher auch die Habsburger und vor allem die Stadt
Bern sich über den Resten des Burgunds die Köpfe einschlagen.
Und ich versuche jetzt schon, gegenüber allen Seiten eine gute Position zu erreichen.» Er nickte bestimmt. «Heinrich reitet zwischen verschiedenen Orten hin und her, versucht überall den Weg
für uns vor zu spuren.» Er goss sich Wein in sein neues, teures
und buntes Murano-Glas, leerte es sogleich wieder zur Hälfte.
«Die benötigen alle Kämpfer. Gute Kämpfer. Da gibt es sicherlich
viel zu verdienen.» Er sah Matthias' fragenden Blick und erklärte:
«Nachdem wir diesem Idioten gezeigt haben, was wir so alles auf
dem Kasten haben, wollen alle unsere Dienste anwerben.» Er
nickte. «Und Könige und Kaiser zahlen gut.» Waldmann sah den
Kapitän erwartungsvoll an, aber Matthias schüttelte leicht den
Kopf.

«Hans, ich habe genug vom Kämpfen.» Er atmete tief ein. «Ich
habe in Murten fast unseren Herrgott gesehen. Du weisst, wie
knapp das war.» Er zeigte auf seine Narbe in der linken Gesichtshälfte. «Und dann nochmals, wieder gegen Karl. Der verfluchte
Hund war gut, hätte mich dabei erneut fast erwischt. Ich weiss
nicht, wie lange dies der Herr im Himmel mir noch durchge-
hen lässt.»

Waldmann stand auf, nahm sein Weinglas und drehte sich zu
einem der Fenster. Er öffnete es und liess die kalte Luft

hereinströmen. Er sah hinaus in die Nacht. «Ich verstehe Dich schon.» Er rieb die noch rote Narbe an seinem Oberarm, drehte sich zu Matthias um. «Ich verstehe Dich, alter Freund, wirklich! Aber Du weisst, die Welt da draussen steht nicht still. Es gibt immer Könige und Kaiser, Herzöge und Grafen, welche sich nicht zufriedengeben mit dem, was sie haben.»

«Und Politiker», warf Matthias ein und erntete einen scharfen, seitlichen Blick.

«Du meinst, ich soll mich einfach zurücklehnen? Einfach so satt sein?» Waldmann nahm wieder einen Schluck, drehte sich erneut zum Fenster. «Was glaubst Du, werden die Berner machen, wenn sie merken, dass wir hier in Zürich nur noch einfach auf unserem fetten Arsch sitzen und Däumchen drehen?» Er machte eine lange Pause und als Matthias nicht antwortete, fuhr er fort: «Irgendwann können sie nicht weiter nach Westen, denn mit Frankreich und Louis werden sie es nicht aufnehmen, genauso wenig wie mit dem Heiligen Römischen Reich und dem Kaiser, also werden sie sich nach Osten wenden, gegen Solothurn. Und dann? Wohin dann?» Er machte erneut eine Pause, leerte seinen Wein. Dann drehte er sich vom Fenster weg und setzte sich wieder hin. «Ich bin kein Niemand mehr! Matthias, wir sind die Helden der Kriege gegen Karl und wir haben Beziehungen zum französischen König und zu verschiedenen Herzögen. Das müssen wir ausnutzen. Zum Wohle von Zürich und zu unserem eigenen!» Er sah seinen alten Weggefährten mit blitzenden Augen an. Dieser leerte sein Glas ebenfalls, stellte das teure Stück Trinkgut auf den Tisch. «Tu, was Du tun musst, Hans!» Matthias stand auf. «Ich mache mich auf den Weg nach Chambéry. Schliesslich bin ich immer noch der offizielle Botschafter zwischen den Ständen und Jolanda.» Er lächelte sanft und nickte leicht. «Du weisst, wo Du mich findest, Hans.»

Er drehte sich um und ging zur Tür.

«Ich werde Dich rufen, wenn ich Dich brauche!», rief ihm Hans hinterher.

Matthias hob die Hand zum Gruss. «Und, ich werde da sein, das wisst Ihr, Hauptmann.»

Er verliess Waldmanns Arbeitszimmer, ging die enge Treppe hinunter und auf die Strasse hinaus. Ein kalter Wind pfiff durch die engen Gassen, vereinzelte Schneeflocken wirbelten durch die Luft. Matthias zog seinen Mantel eng um sich, dann atmete er einige Male tief durch. «Wie immer werde ich da sein, alter Freund.»

Er drehte nach rechts und bei der nächsten Gasse wieder nach links. Mit langsamen, bedächtigen Schritten ging er zum Fluss hinunter.

* * *

Zwei Tage später kehrte Noah zurück, zusammen mit Sven. Der Hüne musste den Kopf einziehen, als er in die Küche trat. Er grinste Gerda an, die soeben daran war, aus getrockneten Äpfeln einen Kompott zu machen, drückte sie herzlich und setzte sich dann. Berthold stellte ihm einen Humpen mit Bier vor die Nase. Der grosse Kämpfer nickte dankend, nahm einen tiefen Schluck und verzog das Gesicht.

«Tut uns leid, Herr», machte der kleine, runde Verwalter, «wir haben kein frisches Bier mehr im Haus.»

Sven grunzte als Antwort, nahm aber nochmals einen grossen Schluck.

«Der Bierbrauer ist krank, hat irgendein Fieber», erzählte Berthold weiter. «Es hat mit Husten begonnen, aber jetzt sieht es nicht wirklich gut aus mit ihm.»

«Ist schon gut», antwortete Matthias, der sich ebenfalls an den Tisch setzte. «Schlechtes Bier bringt uns nicht gleich um.» Auch er nahm sich einen Humpen.

Dann sah er Sven an. «Waldmann wird zum Zunftmeister gewählt.»

Sven nickte, antwortete aber nicht.

«Ihr habt mit Waldmann gesprochen, Vater?» Noah und Valentin waren ebenfalls in die Küche getreten und es war der Ältere, welcher die Frage gestellt hatte.

«In der Tat. Und er will die Position der Stadt Zürich weiter festigen. Er meint, dass Bern zuerst die Vaud haben und dann nach

Osten expandieren will. Deshalb versucht er, König Louis als Verbündeten zu haben.»

Sven stellte seinen Humpen laut polternd auf den Tisch. «Er hat nie genug», meinte der Hüne trocken.

«Nein, hat er nicht», musste ihm Matthias recht geben.

«Aber wie betrifft uns das, Vater?», fragte Valentin.

Matthias seufzte. «Im Moment betrifft uns das nicht. Erst wenn Bern gegen Savoyen vorgeht. Und es wird uns ebenfalls betreffen, sobald der Hauptmann beginnt, den Status von Zürich innerhalb der Eidgenossenschaft zu stärken.»

Sven fuhr an seiner Stelle weiter: «Das werden die anderen Stände nicht zulassen. Luzern ist die Macht des Hauptmannes schon länger ein Dorn im Auge, den Bernern sowieso.»

«Aber er ist einer der grossen Helden gegen das Burgund», wandte Valentin ein und Sven nickte. «Dem ist so, Junge. Und das macht es nicht einfacher. Er kennt den französischen König persönlich, hat grosse Verdienste gehabt gegen Karl. Viele stehen in seiner Schuld.»

«Ich verstehe das nicht», meinte Valentin und blickte fragend seinen Vater an. Dieser seufzte tief, bevor er antwortete: «Alle wollen das grösste Stück des Kuchens haben. Und durch die Verdienste des Hauptmannes ist er in der guten Position, seine eigene Macht zu vergrössern. Und König Louis von Frankreich kann und wird ihm dabei helfen. Aber irgendwann werden die anderen Stände versuchen, dem Einhalt zu gebieten.»

«Ein Krieg gegen Zürich?» Valentin machte grosse Augen. «Das kann ich mir nicht vorstellen.»

«Entweder das …», begann Sven und Matthias beendete für seinen alten Weggefährten: «Oder sie servieren ihn ab.»

«Und was machen wir dann?», fragte Noah.

«Wir?» Matthias sah seine Söhne lange an. «Ich weiss es nicht. Aber vorerst machen wir gar nichts. Sven und ich», er zeigte mit der Hand auf den Hünen, «haben so viel getan, für Zürich und für den Hauptmann. Ich denke, meine Schuld habe ich schon vor langer Zeit beglichen.» Er sah Gerda an. «Ich bin des Kämpfens müde und ich will den Frieden mit dem Geschenk geniessen, welches mir der Herrgott gemacht hat.» Die Frau des Haushälters nickte, sagte aber nichts.

Sie ritten beim ersten Licht der Dämmerung.

Das Wetter war immer noch kalt, leichte Schneeschauer fegten über sie hinweg, der Winter war noch nicht vorbei. Doch in Matthias' Herzen war es warm. Er konnte es kaum erwarten, wieder nach Chambéry zu gelangen. Er sehnte sich nach der Wärme des Südens, nach der Wärme seiner Liebe.

Ihr Weg führte sie über Fribourg und an Murten vorbei. Matthias zügelte Artus und blieb stehen, als er den Hügel sah, auf dem Herzog Karl vor der Schlacht sein Lager aufgeschlagen hatte. Der Hügel, auf dem Matthias fast gestorben wäre. Er rieb sich die grosse Narbe an seiner Seite. Ein Gefühl überkam ihn, welches er nicht einordnen konnte, und so schüttelte er sich, dann schnalzte er mit der Zunge und Artus ging weiter. Er bekreuzigte sich, als sie an dem Schlachtfeld vorbeikamen. So viele Männer waren hier umgekommen. Sie stiegen ab in der Nähe der Gräber, welche für die Gefallenen der Schlacht ausgehoben worden waren, und liessen sich vor ihnen auf ein Knie hinunter. Matthias sprach ein kurzes Gebet. Keiner sonst sagte ein Wort.

Dann ritten sie nach Murten hinein. Sie wollten in der Stadt übernachten und planten, mit Hauptmann Oswald von Thierstein zu speisen.

«Wie geht es Waldmann?», fragte der Ritter, während er mit einem Messer versuchte, sein halbes gebratenes Hühnchen zu zerteilen.

«Es geht ihm gut, Hauptmann», antwortete Matthias, sagte aber nichts weiter.

Von Thierstein sah ihn über den Teller hinweg an. «Und das ist alles, Kapitän? Dass es ihm gut geht?»

«Aber ja, Herr Hauptmann. Er ist schon wieder tief in die Geschäfte der Stadt Zürich versunken.» Matthias vermied es, Von Thierstein anzusehen und widmete sich stattdessen ebenfalls seinem Teller. Der Feldhauptmann wandte sich auch wieder seinem Essen zu. «Ich habe gehört, er hat Kontakt mit König Louis.» Es war eine Aussage, keine Frage, und Matthias beschloss, nicht zu antworten. Doch der Ritter liess nicht locker. «Und ich habe vernommen, er soll zum Gesandten der Tagsatzung der Eidgenossenschaft gewählt werden.»

Matthias sah sein Gegenüber überrascht an. Auch Sven und seine beiden Söhne sahen auf.

«Wusstet Ihr nicht?» Von Thierstein lächelte, schob sich dann ein Stück Fleisch zwischen die Zähne.

«Nein, Hauptmann. Wusste ich in der Tat nicht.» Matthias nahm sich einen Schluck Wein. «Er soll zum Zunftmeister gewählt werden, das weiss ich.»

Von Thierstein nickte. «Ja, das ebenfalls.» Auch er nahm sich jetzt einen Schluck. «Er weiss seine Erfolge im Krieg gegen Karl gut zu nutzen.» Wieder schnitt er mit dem Messer ein Stück Fleisch heraus und schob es sich mit den Fingern in den Mund. «Er wird versuchen, die Macht von Zürich innerhalb der Eidgenossenschaft zu vergrössern.»

«Ist das so schlecht?», fragte Noah. «Schliesslich waren die Zürcher doch mit einem grossen Anteil an den Siegen beteiligt.» Er sah stolz seinen Vater an.

«Dem ist so, mein Junge», antwortete der Ritter und nickte. «Aber vergiss nicht, auch Städte wie Luzern oder Thun haben viel geleistet. Und Bern hat die meisten Kämpfer gestellt und unsererseits hat ja auch nicht nur danebengestanden und zugesehen.» Er machte eine Pause, sah Matthias an. «Auch, wenn Dein Vater sicher der grosse Held ist.» Von Thierstein lächelte kurz, wurde aber gleich wieder ernst. «Aber Waldmann will vor allem seine eigene Macht ausbauen.»

Matthias wollte etwas entgegnen, aber der Hauptmann der Kavallerie hob die Hand. «Lasst mich ausreden, Ritter von Altstetin.» Er nahm nochmals einen Schluck Wein und Matthias tat es ihm gleich. «Waldmann liegt die Stadt Zürich am Herzen, ohne Zweifel. Aber je besser es Zürich geht und je mehr Gewicht die Stadt innerhalb der Stände hat, desto grösser ist sein eigener Einfluss.» Er sah Matthias mit ernstem Blick an. «Und das werden wir nicht zulassen!»

«Was wollt Ihr tun, Hauptmann?», fragte Sven, der bisher nur zugehört hatte.

«Ich? Ich tue rein gar nichts.» Von Thierstein schob seinen fast leeren Teller von sich und nahm wieder seinen Weinbecher in die Hand. «Ich bleibe schön hier auf meinem alten Arsch sitzen und geniesse die Ruhe. Aber Bern, allen voran Von Diesbach, und auch Luzern werden nicht zulassen, dass Waldmann im Alleingang einen Händel mit König Louis anbandelt, der nur einseitig für Zürich gut ist. Oder, sogar noch schlimmer, den Rest der Eidgenossenschaft schwächt.»

«Aber je stärker Zürich ist, desto stärker ist doch auch der Rest?» Es war wieder Noah, der die Frage gestellt hatte.

«Meinst Du, Junge?» Von Thierstein hatte die Augenbrauen gehoben. «Und letztendlich wollen sie das Sagen haben über die ganzen Stände?» Von Thierstein schüttelte energisch den Kopf. «Nein, mein Junge, auch wenn er jetzt Gesandter der Tagsatzung ist, das darf nicht sein!»

«Aber», warf Valentin ein, «was ist mit den Verträgen? Sie regeln die Zusammenarbeit und die gegenseitige Hilfe. Die wurden von allen unterzeichnet.»

Von Thierstein lächelte, jedoch ohne Humor. «Was sind schon Verträge? Leere Worte!» Er spie das letzte Wort fast aus. «Nichts wert, ausser etwas Papier und Tinte.»

Er wandte sich wieder Matthias zu. «Es war mir eine grosse Ehre, mit Euch in die Schlacht zu ziehen, Kapitän, und ich mag Euch Euer Glück in Chambéry von Herzen gönnen! Aber bleibt bei Eurer Herzogin, kehrt nicht zurück nach Zürich. Sollte Waldmann fallen, und er wird fallen, dann reisst es Euch mit, das verspreche ich Euch!» Er machte nochmals eine Pause, trank einen Schluck Wein. Dann sah er Matthias über seinen Becher hinweg scharf an. «Und vergesst Von Diesbach nicht, Kapitän! Er hat Euch nie verziehen, was damals in Waldshut passiert ist.»

* * *

Sie ritten früh am nächsten Morgen.

Matthias sass schweigend in seinem Sattel, er war tief in Gedanken versunken.

«Ob Hauptmann von Thierstein recht hatte gestern?», fragte Sven mit seiner tiefen Stimme, der neben ihm ritt. Es erstaunte

Matthias immer wieder, wie der grosse Kämpfer seine Gedanken lesen konnte.

Matthias seufzte. «Ich weiss es nicht, Sven. Es scheint, als ob die Erfolge von Hauptmann Waldmann in gewissen Kreisen Neid aufkommen liessen.»

«Aber Eure Erfolge haben auch keine Neider.»

Matthias sah seinen alten Weggefährten von der Seite an. Dieser zuckte mit den Schultern.

«Unsere Erfolge, Sven, nicht die meinigen allein. Und dazu, wir sind immer noch einfache Söldner, keine Politiker.» Er seufzte. «Und Du weisst auch, wie der Hauptmann ist.»

«Ja schon. Er bekommt nie genug.»

«Zum einen das. Und zum anderen ist er mit seiner Art auch nicht immer gut angekommen. Du erinnerst Dich sicher, dass sich die Luzerner schon bei Grandson schwergetan hatten, seinen Plan zu akzeptieren. Und das nur, weil es SEIN Plan, Waldmanns Plan war, und nicht, weil er schlecht war.» Er sah sich um, seine Söhne waren gleich hinter ihnen, hörten gespannt zu. «Auch bei den Ständen ist jeder dem anderen neidig. Weisst Du noch, wie sie gestritten hatten wegen des Schatzes von Karl? Jeder wollte den grössten Anteil, wollte derjenige sein, der das Sagen hat. Und das, was Waldmann sagt, hat viel Gewicht.» Matthias zuckte mit den Schultern. «Wir werden sehen.»

Sven nickte schwer, sagte aber nichts mehr.

Das Wetter zeigte sich endlich wieder von der besseren Seite, die Sonne drückte und ihre Strahlen liessen den Schnee schmelzen. Es war nicht mehr weit bis zum Frühling und da und dort spriessten schon die ersten Blumen, lugten aus dem Weiss des verbliebenen Schnees hervor. Und mit jedem Schritt wurde es wärmer. Als sie schliesslich nach mehreren Tagen aus dem Wald ritten und Chambéry erblickten, war der Winter vorbei.

Matthias zügelte sein Pferd, liess den Blick über die Stadt schweifen. Ein leises Lächeln erfasste sein Gesicht.

Sven und seine Söhne hielten neben ihm.

«Vater», fragte Valentin, «wie ist die Herzogin?» Er sah seinen Vater erwartungsvoll an.

«Sie ist ...» Wunderschön, dachte Matthias. «Ach, Du wirst es schon sehen, Junge.» Er schnalzte mit der Zunge und Artus ging weiter. Valentin und Noah sahen zu Sven, welcher die beiden Burschen angrinste. Dann ritten sie dem Kapitän hinterher.

Sie waren noch einige Hundert Klafter entfernt und konnten das Tor schon sehen, durch das sie in die Stadt einreiten wollten, als ein Reiter auf einem schneeweissen Pferd durch eben dieses Tor galoppierte. Der Reiter sah sie und schien sein Pferd noch weiter anzutreiben.

Matthias zog die Zügel an und Artus blieb stehen. Er runzelte die Stirn, legte dann die Hand über die Augen, um besser sehen zu können. Auch Sven hatte neben ihm angehalten, blickte zwischen seinem Kapitän und dem Reiter hin und her.

Der Reiter hatte wehendes, braunes Haar und ritt, als wäre der Teufel hinter ihm her. Matthias begann zu lächeln, dann gab er Artus die Sporen und der grosse Hengst sprang los.

Die beiden Reiter näherten sich schnell und als sie nah genug waren, rissen beiden an ihren Zügeln, brachten die Pferde zum Stehen.

Jolanda lachte breit, ihre Augen leuchteten. «Mein geliebter Ritter Lancelot. Ihr seid es wirklich!» Sie lachte, liess ihr wunderbares, weisses Pferd im Kreis drehen. «Meine Späher hatten berichtet, dass Ihr kommt.» Sie lachte erneut ihr helles Lachen.

«Meine Liebe», Matthias senkte seinen Kopf, «ich bin äusserst glücklich, hier zu sein.»

Ein Geruch von Lavendel und Jasmin. Er sog ihn durch die Nase, tief in seine Lungen.

«Und ich erst!», rief Jolanda, dann sah sie zu den anderen dreien, die langsam angetrabt kamen.

«Sind das ...?», sie liess die Frage unbeendet, doch Matthias nickte. «Das sind meine Söhne, meine Liebste.»

Er wartete, bis die drei sie erreicht hatten, dann stellte er sie vor: «Das sind meine beiden Söhne, Noah, der Ältere, und Valentin.» Er machte eine Handbewegung zu Jolanda. «Das ist die Herzogin Jolanda von Savoyen, Prinzessin von Frankreich.»

Seine beiden Söhne sahen sie mit grossen Augen an, sagten oder taten jedoch nichts. Matthias gab seinem Jüngeren neben ihm einen Klaps auf den Hinterkopf. «Was habe ich Euch gelehrt? Ihr macht mir Schande!», schimpfte er.

Beide verneigten sich schüchtern. Jolanda lachte. «Seid nicht so streng mit ihnen, mein Ritter.» Sie sah die beiden Jünglinge an, nickte dann Sven zu. «Herzlich willkommen! Ihr ebenfalls, mein edler Sven Ivarsson von Einsiedeln. Seid alle herzlich willkommen. Ich freue mich ausserordentlich, dass Ihr hier seid. Kommt!»

Sie riss ihr Pferd herum und galoppierte in Richtung Stadt. Seine beiden Söhne sahen sich mit grossen Augen an.

Jolanda, Peter von Savoyen, Matthias und dessen Söhne sassen an der grossen Tafel im grossen Saal. Nur Sven fehlte. Er war bei seiner Magd.

«Und es wart wirklich Ihr, welcher den Bastard in die Hölle geschickt habt?», fragte Peter und bekam für seine Wortwahl einen tadelnden Blick der Herzogin. «Ist doch wahr», eiferte sich der Fürstbischof, «er hat nichts anderes verdient.»

«Wir haben Gäste, mein lieber Peter», ermahnte sie ihn, doch dieser liess sich nicht beeindrucken.

«Er hat es nicht anders verdient», bekräftigte er nochmals.

«Mein werter Fürstbischof, es ist so, ich habe ihn im Zweikampf besiegen können», antwortete Matthias.

«Dann ist es also wahr. Es gingen viele Gerüchte um, aber ich bin froh, dass Ihr es wart.» Peter hob sein Glas und prostete Matthias zu. «Und was passiert jetzt mit dem Burgund?»

Jolanda antwortete an Matthias' Stelle: «Mein werter Bruder und der Kaiser werden sich wohl darum streiten. Herzog René von Lothringen ist politisch zu schwach, dazu schuldet er Louis noch viel Geld, da dieser ihm das Heer finanzierte, welches in Nancy kämpfte.» Sie machte eine Pause, sah Matthias an. «Und die Berner werden versuchen, sich jetzt die ganze Vaud unter den Nagel zu reissen.»

Matthias nickte. «Ich befürchte, dem ist so.»

«Und was sollen wir dagegen tun?», fragte der Fürstbischof.

«Wir beharren auf den Verträgen», antwortete Matthias. «Sollte Bern in savoyisches Territorium einmarschieren, ist dies ein Akt des Krieges. Und das würden Hauptmann Waldmann und die anderen Stände der Eidgenossenschaft nicht einfach so hinnehmen und ihnen auch nicht zur Hilfe eilen. Schliesslich gibt es Verträge zwischen Savoyen und den Ständen. Da wären die Berner auf sich selbst gestellt.»

«Allerhöchstens die sieben Zehnden», warf Jolanda ein und Matthias nickte. «Das könnte gut sein. Aber sie wissen ebenfalls, dass Zürich dies nicht gutheissen wird und dass ich hier bin. Und ich denke, nachdem was wir gegen Karl erreicht haben, wird es sich Supersaxo zwei Mal überlegen, ob er gegen uns hier etwas unternimmt. Und er hat auch nicht wirklich die militärische Kraft dazu, da fehlen ihm viel zu viele Männer.» Matthias machte eine kurze Pause. «Zudem sind die Stände zurzeit mit sich selbst beschäftigt.»

«Wie meint Ihr das?», fragte Peter und runzelte die Stirn.

«Bern und Luzern sind mit der Stellung von Hauptmann Waldmann nicht wirklich glücklich», erklärte Matthias. «Ihnen hat der Hauptmann zu viel Macht und er will Zürich noch weiter stärken.»

«Was ich mir sehr gut vorstellen kann», meinte Jolanda trocken. «Der gute Hauptmann ist ein gewiefter Taktiker und das nicht nur auf dem Schlachtfeld. Er wird schon wissen, wie er seine Erfolge gegen Karl auf dem diplomatischen Parkett ausnützen kann. Und will!»

Matthias nickte nur.

«Aber lasst uns nicht von Politik sprechen», bestimmte nun die Herzogin. Sie wandte sich an Matthias' Söhne: «Und was machen wir mit Euch beiden?» Sie lächelte die Jünglinge an.

«Wir möchten einmal Ritter werden wie unser Vater.» Noahs Französisch war langsam, doch er konnte sich einigermassen verständigen.

Jolanda nickte, musterte die beiden mit ihren wunderbaren Augen. «Zuerst müsst Ihr aber unsere Sprache richtig lernen. Und was ist mit Italienisch und Latein?»

Noah schüttelte den Kopf.

«Was meint Ihr, mein lieber Matthias», sie wandte sich wieder dem Kapitän zu, «Ihr könntet die beiden in Peters Obhut geben.» Sie nickte dem Fürstbischof zu. «Er könnte ihnen Französisch, Italienisch und Latein beibringen, das er ebenfalls sehr gut spricht.» Matthias nickte dankend und sie wandte sich zu Peter: «Würdet Ihr das tun, geehrter Fürstbischof?»

«Aber selbstverständlich, meine Herzogin.» Der Fürstbischof nickte. «Machen wir aus den Söhnen eines Helden gebildete Männer.»

«Und wir könnten sie bei Capitaine De Porteau das militärische Handwerk lernen lassen. Dazu könntet Ihr und Sven sie in

Kampftechniken und Taktik weiter ausbilden.» Sie sah Matthias erwartungsvoll an und dieser nickte erneut langsam. «Ich danke Euch, meine Herzogin.» Er blickte zu seinen Söhnen, die ihn mit grossen Augen und freudigem Blick ansahen.

«Dann ist es beschlossen.» Jolanda klatschte freudig in die Hände, lächelte. «Mein werter Peter, bitte veranlasst das Nötige und seht zu, dass die beiden bei Capitaine De Porteau unterkommen. Er soll sie als Soldaten aufnehmen und Ihr selbst werdet zusehen, Ihnen die nötige Ausbildung in Sprachen, Mathematik und Medizin zukommen zu lassen. Holt dafür die besten Lehrer, welche wir im Herzogtum haben!»

«Aber sicher, meine Herzogin.» Er wandte sich zu den beiden Jünglingen. «Kommt!» Dann stand er auf, verbeugte sich vor Jolanda, klopfte Matthias beim Vorbeigehen auf die Schulter und verliess mit Noah und Valentin den Saal.

«Mein geliebter Lancelot.» Jolandas Stimme war sanft, leise. «Lasst uns ausreiten. Es ist ein wunderbarer Tag, der erste echte schöne und warme Frühlingstag, und den möchte ich mit Dir geniessen, mein Ritter.»

Matthias lächelte, stand auf und hielt ihr die Hand hin. «Dann lasst uns gehen, meine Guinevere.»

* * *

Jolanda hatte sich umgezogen und trug ihre ledernen Reithosen und die hohen Stiefel, dazu ein dünnes, weisses Hemd, durch das ihre Brüste schimmerten. Es waren dieselben Kleider, mit denen er sie zum ersten Mal gesehen hatte.

Sie stahlen sich aus der Burg und ritten nach Norden, in Richtung des Sees. Dort verliessen sie den Weg und lotsten ihre Pferde durch das Unterholz, bis sie schliesslich ein kleines, sonnenbeschienenes Stückchen Wiese direkt am Wasser fanden. Sie banden ihre Pferde an einen Baum und Jolanda nahm seine Hand und zog ihn zum Ufer.

«Kommt, mein Ritter. Ihr könntet ein kühles Bad gebrauchen.» Sie lachte hell und zog sich ihre Stiefel und die Reithose aus. Matthias hatte kaum sein Schwert abgegürtet, als sie mit einem lauten Plätschern ins Wasser sprang. Prustend und lachend tauchte sie Augenblicke später wieder auf. Ihre Bluse klebte an ihrem Körper, betonte ihre Weiblichkeit. Sie schüttelte ihre Haare, lachte breit. «Kommt, mein Lancelot. Das Wasser ist schön kühl.»

Matthias schlüpfte aus seinen Kleidern und sprang ebenfalls ins Wasser. Die Kälte liess ihn erstarren. Er tauchte auf, nach Luft schnappend, prustete. Jolanda lachte laut auf.

«Zu kalt für den Helden von Nancy?», grinste sie. Sie spritzte ihm Wasser ins Gesicht. Er lachte, wischte mit den Händen über sein Gesicht, strich sich die Haare zurück.

Sie näherte sich ihm, hielt ihn an den Händen. Ihre Augen strahlten ihn an, sie lächelte leicht. Dann zog sie ihn an sich, küsste ihn innig und heftig. Matthias spürte ihren Körper an dem seinem. Sie küssten sich lange.

Die Zeit blieb stehen und die Welt hörte für einen Moment auf sich zu drehen.

Jolanda stieg aus dem Wasser, zog sich ihr nasses Hemd aus, rieb sich damit ab und hängte es zum Trocknen über einen Haselstrauch. Sie schüttelte sich, dann legte sie sich nackt in die Sonne, liess sich von den Strahlen wärmen. Ihr Körper glänzte, Wassertropfen perlten an ihr herunter. Matthias sah, dass es sie schauderte. Auch er stieg aus dem Wasser und versuchte, es mit den Händen von seinem Körper zu streichen. Dann kniete er sich nieder, beugte sich über sie und küsste ihre harten Spitzen.

Jolanda lag flach auf dem Rücken, die Augen geschlossen. Sie hatte die Arme weit nach oben gestreckt. Die Haare lagen wie eine dunkle Flüssigkeit auf dem Gras, umrahmten ihren Kopf und Schulter. Ihre festen Brüste ragten empor, die Spitzen waren hart.

Matthias legte sich auf sie, küsste zuerst die eine, dann die andere ihrer Brustwarzen. Die Herzogin schrie leise auf, als er sie mit seinen kalten Lippen berührte, dann begann sie leicht zu stöhnen. Sie grub ihre Hände in seine Haare, reckte ihm ihre Brust entgegen. Er nahm sie zwischen die Lippen, glitt mit der Zunge sanft darüber, erneut über die eine, dann die andere. Sie presste sein Gesicht auf ihre Brust. Dann glitten seine Lippen über ihren Bauch, küssten ihre noch feuchte Haut, liebkosten jeden Zoll. Er glitt tiefer. Jolanda reckte ihr Becken nach oben, spreizte ihre Beine. Matthias küsste ihren Oberschenkel, glitt langsam auf dessen

Innenseite. Sie stöhnte, ihr Atem wurde schwerer und ihre Hände versuchten, ihn dahin zu dirigieren, wo sie ihn haben wollte. Doch Matthias wehrte sich, liess sich Zeit. Er liebkoste die Innenseite ihrer Schenkel, konnte Jolandas Hitze spüren. Ihre Haut war weich, warm, glatt. Er roch Lavendel und Jasmin. Seine Hände glitten währenddessen über ihren Oberkörper, streichelten ihre Brüste, ihren Bauch, ihr Becken, begannen dann wieder von vorne.

Schliesslich fand er sein Ziel. Jolanda schrie auf, sie drückte ihm ihr Becken entgegen, presste seinen Kopf an ihre Scham. Sie stöhnte wieder und wieder.

«Oh, wie ich Dich vermisst habe», seufzte sie leise. «Nimm mich, mein Lancelot!», hauchte sie. «Nimm mich, jetzt!»

Sie lag schweigend und mit geschlossenen Augen in seinen Armen.

«Ihr zittert, meine Liebste.» Er wollte sich lösen, doch ihre Arme zogen sich noch enger um ihn. «Lass mich nicht los, mein Liebster.» Ihre Stimme war kaum mehr als ein leises Flüstern. Er hielt sie weiter fest. Sein Herz brannte, wie sein ganzer Körper. Seine Seele brannte. Und er wusste, dass es ihr genau so erging. Matthias schloss seine Augen und liess sich in das warme, helle Licht fallen. Das Licht seiner Liebe zu seiner Prinzessin.

Er wachte auf, als es ihn fröstelte. Die Sonne stand schon tief und die Schatten wurden länger. Jolanda schlief immer noch fest in seinen Armen begraben. Er versuchte, sich sanft zu lösen. Sie murmelte etwas Unverständliches, zog ihn wieder an sich.

«Wacht auf, meine Liebste», flüsterte er und küsste sie sanft auf die Stirn. «Wacht auf! Es ist kalt und die Sonne steht schon tief.»

Jolanda schlug ihre blauen Augen auf, blickte ihn verschlafen an. Er lächelte leise. «Wir müssen los, meine Prinzessin.» Es wird bald dunkel und es beginnt, kalt zu werden. Und Ihr friert.»

Jolanda blieb liegen. «Warum können wir nicht einfach wegreiten, mein geliebter Ritter?» Ihre Augen blickten leicht traurig. «Warum können wir nicht all die Pflichten hinter uns lassen und einfach weiter reiten. Immer weiter bis an das Ende der Welt.» Sie seufzte leise. «Und dann hoch zu den Sternen, zwischen ihnen hindurch.»

Matthias wollte eine Antwort geben, aber es gab keine. So sah er sie nur an, lächelnd. Schliesslich sagte er: «Ich wünschte so sehr, das wäre möglich.»

«Es ist möglich, mein Lancelot.» Jolanda lächelte wieder, der traurige Ausdruck in ihren Augen war verschwunden. «In unseren Träumen ist es möglich.»

«Dann lasst uns träumen, meine Guinevere. Lasst uns träumen, jeden Moment und jeden Augenblick, den uns der Herr schenken mag.»

«Das tue ich, mein Liebster. Das tue ich.»

* * *

Sven schlenderte durch das innere Tor. Sichtlich stolz trug er eine grosse Axt bei sich. Diese war, im Gegensatz zu seiner stählernen Streitaxt, komplett aus Holz. Er fand seinen Kapitän auf der Treppe vor der Kapelle in der Sonne sitzend.

«Seht, Kapitän!», rief er schon von Weitem. «Seht, was ich anfertigen liess.» Er zeigte Matthias die hölzerne Waffe. Dieser nahm sie prüfend in die Hand. Für ihn war die Waffe viel zu schwer, aber Sven konnte sie mit einer Hand schwingen.

Dieser grinste. «Sie hat ungefähr dasselbe Gewicht wie meine Streitaxt, damit ich noch besser üben kann. Und, Kapitän, jetzt werden wir Euren Söhnen mal beibringen, wie man richtig kämpft.»

«Pass auf, dass Du ihnen damit nicht den Schädel einschlägst.» Matthias lachte.

Sie übten mit Noah und Valentin jeden Morgen. Es war immer die Zeit, in der Jolanda ihren Staatsgeschäften nachging, welche sie mit viel Geflissenheit und Gewissenhaftigkeit erledigte.

Danach waren Schulstunden für die beiden Jünglinge angesagt. Italienisch, Französisch sowie Latein standen ebenso auf dem Stundenplan wie Mathematik und Medizin. Peter von Savoyen gab den Unterricht in den Sprachen selbst, für die anderen Fächer waren Lehrer angestellt worden, die dafür jeweils in die Burg kamen. Am Nachmittag und Abend mussten sie unter Capitaine De Porteau militärische Taktik erlernen sowie die normalen Arbeiten innerhalb eines stehenden Heeres erledigen. Nur sonntags wurde die Routine unterbrochen, da sie jeweils mit Matthias, Jolanda und Sven an der Messe teilnahmen, die Fürstbischof Peter von Savoyen gab, und danach konnten sie ihren freien Tag so verbringen, wie es ihnen beliebte.

Die beiden Brüder waren unzertrennlich, ritten oft zusammen aus oder spielten gemeinsam Schach, ein Spiel, das ihnen Jolanda beigebracht hatte. Auch gegen die Herzogin selbst spielten beide immer wieder gern, obwohl sie nie auch nur den Hauch einer Chance hatten. Noah schaffte das eine oder andere Mal wenigstens ein Unentschieden, aber gewinnen konnten beide nicht ein einziges Mal.

Auch Matthias und Capitaine De Porteau arbeiteten viel zusammen an militärischen Taktiken. Der savoyische Heerführer schätzte den Söldner ebenso wie dieser ihn und die beiden entwickelten eine enge Freundschaft, auch wenn De Porteau ihn immer wieder an sein Versprechen erinnerte, Matthias zu töten, sollte dieser der Herzogin das Herz brechen. Doch mit der Zeit wurde es mehr und mehr eine Gewohnheit zwischen den beiden Männern und der Ernst war schon länger daraus gewichen.

Matthias und Jolanda verbrachten ebenfalls viel Zeit miteinander. Sei es auf offiziellen Anlässen, wenn Gesandte aus dem französischen Königshof oder aus dem Bistum Mailand zu Besuch kamen, oder bei Besuchen, die Jolanda immer wieder an den verschiedensten Orten ihres Herzogtums unternahm. Aber noch mehr waren sie privat zusammen als Lancelot und Guinevere, als zwei einfache Seelen, welche füreinander bestimmt waren.

Matthias liebte seine Prinzessin mit seinem ganzen Wesen und Jolanda erwiderte seine Gefühle in derselben Weise. Der Frühling kam und ging, machte einem warmen, schönen Sommer Platz. Wenn die Nächte es erlaubten, spazierten sie gerne zu ihrem Lieblingsplatz unter der grossen, alten Linde. Oft blieben sie bis weit in die Nacht hinein, bis kühle Luft sie schliesslich wieder in die Burg zwang. Dabei sassen sie da, redeten stundenlang, liebten sich oder sahen sich schweigend die Sterne an. Jolanda hatte Matthias die vielen verschiedenen Sternzeichen gezeigt. Sie hatte am französischen Königshof eine exzellente Ausbildung genossen und es schien nichts zu geben, was sie nicht wusste. Auch brachte sie ihm viel über ihre Regierungsgeschäfte bei, während er ihr militärische Taktik zu erklären versuchte, wofür sie jedoch keinerlei Talent besass und am Schluss immer auf De Porteau verwies. Dafür sei er schliesslich da, lachte sie jeweils.

* * *

Es war mitten im Hochsommer, als ein Bediensteter sie beim gemeinsamen Abendessen störte. Der Diener entschuldigte sich mehrfach, flüsterte dann der Herzogin etwas ins Ohr.

«Holt sie herein», befahl sie und der Mann beeilte sich, dem Befehl nachzukommen. Jolanda sah die fragenden Blicke am Tisch und sagte: «Zwei Männer aus Zürich sind da.»

Matthias runzelte die Stirn. Jolanda sah ihn an. «Sie kommen wegen Euch, mein Liebster.»

Matthias drehte sich zur Tür um und sah die Brüder Peter und Daniel von Schwyz. Ihre Mienen waren freudig.

Die Herzogin sass am Kopf der grossen Tafel, Matthias auf der einen und die beiden Brüder auf der anderen Seite.

«Ihr seid also auf dem Weg nach Mailand?», fragte Matthias und die beiden nickten. Es war Daniel, der antwortete: «Das Bistum Mailand zahlt gut.»

«Aber warum weg von Zürich? Der Hauptmann erzählte mir, dass König Louis» ,Matthias sah mit einem kurzen Blick zu Jolanda, die jedoch keine Reaktion zeigte, «viele Söldner aus unseren Reihen anheuern möchte.» Er nahm sich einen Schluck des Weines, stellte das Glas dann wieder auf die Tafel. «Und der König wird ja wohl auch nicht zu wenig offerieren.»

«Das stimmt sicher», es war Peter, der jetzt sprach, «Und es haben sich auch einige von unserer Truppe gemeldet. Unter anderen auch Hans von Altdorf oder Martin von Werdenberg, aber wir haben genug von diesen Konflikten dort.» Der Söldner nahm sich noch etwas von seinem Teller, sprach dann weiter: «Und das Wetter ist sicher besser im Süden.»

Matthias lächelte. Er wusste genau, was der Kämpfer meinte. Obwohl, er glaubte nicht, dass dies der einzige Grund der beiden Brüder wäre.

«Hat es mit dem Hauptmann zu tun?», fragte er schliesslich nach langer Pause.

Die beiden Brüder sahen sich an, es antworteten aber beide nicht. Matthias sah sie abwechselnd an, dann nickte er leicht. «Das ist es also.» Und als beide nickten, seinem Blick aber immer noch auswichen, sprach er weiter: «Die Geschichte ist also schon so weit fortgeschritten.» Es war keine Frage, trotzdem antwortete Peter: «Es ... Es ist nur ...» Der Söldner suchte nach den richtigen Worten, fand sie aber nicht. Dafür sprach dessen Bruder für ihn: «Von Diesbach und Waldmann führen eine private Fehde.» Er schluckte leer. «Ich verstehe den Hauptmann, wir waren ja damals dabei.» Matthias nickte und der Söldner aus Schwyz fuhr fort: «Trotzdem ... Wir wollen nicht in einen Konflikt innerhalb der eidgenössischen Stände mit hineingezogen werden. Von Diesbach versucht alles, um den Hauptmann zu denunzieren und damit gleichzeitig seine eigene Position in der Stadt Bern und innerhalb der Eidgenossenschaft zu stärken und Hauptmann Waldmann macht dasselbe für sich und die Stadt Zürich. Sollte nicht einer der beiden zurückziehen, wird es eine Spaltung geben, welche vielleicht die gesamte Gemeinschaft auseinanderreissen könnte.»

«Und das wird keiner tun.» Matthias' Stimme war leise.

* * *

«Mein Geliebter», Jolanda blickte Matthias neugierig an, «was ist damals passiert zwischen Von Diesbach und Hauptmann Waldmann?»

Die beiden sassen auf den Bänken vor dem grossen Kamin, worin ein kleines, leichtes Feuerchen brannte. Jolanda trug noch ihre Reitbekleidung, mit der sie nachmittags ausgeritten war. Die schwarzen, ledernen Hosen und ihre dunkelrote Bluse waren immer noch mit Staub bedeckt. Sie hustete kurz wie des Öfteren in letzter Zeit.

Matthias sah sie mit gerunzelter Stirn an, sagte jedoch nichts, seufzte stattdessen und streckte seine Beine weit von sich.

«Das ist schon lange her», meinte er dann. «Der Hauptmann und ich, wie auch unsere damalige Truppe mit Sven, Daniel und

Peter und einigen anderen, waren bei der Belagerung der Stadt Waldshut mit einem Kontingent aus Zürich dabei. Von Diesbach war der Anführer der Berner Delegation. Die Belagerung verlief gut, wir hatten uns eingegraben und fast keine Verluste erlitten. In der Stadt wurde der Proviant knapp, die Verteidiger machten mehrere Versuche, Essen und Munition hineinzubringen und auch immer wieder Ausfälle, um die Belagerung zu durchbrechen, jedoch vergeblich. Der Hauptmann und ich waren der Meinung, es würde sich nur noch um Tage, höchstens eine Woche handeln, bis sie kapitulieren würden.» Er lächelte humorlos. «Dann warfen sie uns mit einem Katapult einen gemästeten Schafsbock in das Lager. Dieser landete im Berner Teil und Von Diesbach dachte wegen des Bocks, dass sie in der Stadt noch genügend zu essen hätten, sonst würden sie so etwas nicht tun. Ich habe mich dagegen gewehrt, weil ich überzeugt davon war, es würde sich um eine Finte handeln.»

«Was es auch war?», fragte die Herzogin mit hochgezogenen Augenbrauen und Matthias nickte.

«Ich habe Von Diesbach damals vor versammelten Offizieren als töricht beschimpft.» Matthias zuckte mit den Schultern.

«Und nur deshalb hasst er Euch beide so?», fragte sie etwas ungläubig. «Ich kann mir nicht vorstellen, dass es nur das gewesen sei. Da muss doch noch viel mehr dahinterstecken.»

«Da denkt Ihr schon richtig, meine Liebste. Nicht nur deswegen. Wir wollten nach der Sache mit dem Bock unbedingt die Stadt stürmen, aber die Berner unter Von Diesbach sträubten sich vehement. Von Diesbach wollte Friedensverhandlungen, da er der Meinung war, den Belagerten ginge es noch zu gut und wir würden nur unnötig Verluste erleiden. Es kam wieder zum Streit, dieses Mal vor allem zwischen ihm und Hauptmann Waldmann. Es fielen viele harsche Worte auf beiden Seiten. Daraufhin hat er noch am selben Tag seine Truppen gesammelt und abmarschieren lassen und wir mussten den Sturm auf die Stadt und die Belagerung abbrechen.»

«Und war es doch eine Finte», meinte Jolanda trocken und Matthias nickte.

«Es war eine Finte. Als dies bekannt wurde, war Von Diesbach schon abgezogen und wir mussten die Belagerung abbrechen.» Matthias schüttelte den Kopf. «Am selben Tag machten einige von unseren Kämpfern unter der Führung von Heinrich Waldmann, des Hauptmanns Bruder, einen Vorstoss gegen das Städtchen Bonndorf. Sie raubten es aus, brannten es vollständig nieder und feierten schon, als sie auf dem Rückweg waren. Heinrich war sich dabei sicher, kein Feind sei in der Nähe, und er liess die Disziplin der Truppe sausen.»

«Aber er irrte sich», sagte die Herzogin dazwischen.

«So ist es. Sie wurden auf dem Rückweg kurz vor Waldshut aus dem Hinterhalt angegriffen. Und obwohl Von Diesbach mit seinen Bernern in unmittelbarer Nähe von ihnen auf dem Weg nach Hause war, half er ihnen nicht. Er marschierte weiter, einfach weiter.»

«Und, wie kamen sie davon?», fragte Jolanda gespannt und Matthias verzog das Gesicht. «Wir waren es. Wir hatten davon Wind bekommen, als einer von Heinrichs Männern blutüberströmt in unser Lager ritt und es meldete. Also haben Hauptmann Waldmann, ich und meine Männer ...» Er unterbrach sich selbst, als die Erinnerungen durch seinen Kopf liefen.

«Wir ritten wie die Teufel und kamen gerade noch rechtzeitig. Wir konnten soeben noch in die Flanke von Herzog ...» Er unterbrach sich. «Wie hiess er nochmals?» Er suchte nach dem Namen in seinem Gedächtnis. Schliesslich nickte er.

«Sigmund oder so ähnlich.» Er machte eine abweisende Handbewegung. «Jedenfalls, wir konnten in seine Flanke einfallen, aber es war schon ein völliges Chaos auf dem Schlachtfeld. Jegliche Ordnung von Heinrich Waldmanns Truppe war zusammengebrochen. Die Formation um ihn hatte sich schon fast aufgelöst, jeder kämpfte nur noch für sich oder war schon geflohen. Wie auch Heinrich selbst.» Er seufzte tief. «Als wir eintrafen, wandte sich der Herzog sofort gegen uns. Er hatte viele Männer mehr als wir und konnte seinerseits unsere Seite umgehen. Wir verloren über die Hälfte unserer Truppe. Nur mit viel Glück und Gottes Hilfe konnten wir uns retten.» Matthias schüttelte traurig den Kopf. «Ich habe Heinrich später der Feigheit bezeichnet und er glaubt wegen meiner Aussage auch kein Kommando mehr erhalten zu haben.» Der Kapitän verzog sein Gesicht. «Das hat er mir nie verziehen. Er machte mich dafür verantwortlich. Und Von Diesbach habe ich sogar Verrat vorgeworfen, weil er sich geweigert hatte, ihnen zu Hilfe zu kommen. Aber der Hund meinte nur, er hätte es nicht bemerkt.» Er schüttelte langsam den Kopf. «Ich glaube ihm bis heute nicht.»

Matthias versank in Gedanken über die Vergangenheit und auch die Herzogin schwieg. Sie sah ihn mit einem wissenden Blick an.

Schliesslich meinte sie: «Er wollte Euch schwächen.»

Matthias sah sie an, runzelte die Stirn. «Wie meint Ihr das, meine Liebste?»

«Aber das ist doch offensichtlich.» Sie sprach mit ihrer leisen, weichen Stimme. «Von Diesbach wusste damals schon von Eurer Stärke und Eurem Können. Und er und die Stadt Bern wussten sicher auch, dass wenn Ihr und Waldmann geschwächt seid, würde der Einfluss der Stadt Zürich als der grosse Gegenspieler von Bern in der Eidgenossenschaft kleiner werden und ihr eigener grösser.» Sie machte eine Pause, ihre Augen wichen nicht von den seinen. «Sie wollten diese Orte auf ihre Seite bringen, auf die Seite der Stadt Bern, vielleicht sogar mit einem Pakt gegen Euch.»

Matthias überlegte lange, presste dann seine Lippen zusammen. «Das würde bedeuten …» Er beendete den Satz nicht und ein leichtes Lächeln umspielte den kleinen Mund der Herzogin.

«Willkommen im Spiel der Politik, mein Liebster.»

Sven schwang seine hölzerne Axt, versuchte mit dem Hieb die beiden Jünglinge auseinanderzutreiben, was ihm auch gelang. Sofort wandte sich der Hüne Noah zu, dem Älteren der beiden, und liess seine Waffe wieder schwingen.

«Halt!», schrie Matthias und die drei Kämpfer liessen voneinander ab, traten jeweils einen Schritt zurück.

Die Morgensonne schien von einem wolkenlosen Himmel, die weissen Steine im Hof der Burg glänzten und strahlten. Immer wieder gingen Bedienstete über den Hof, wuselten hin und her und blieben teilweise kurz stehen, um den Übenden zuzusehen.

«Ihr dürft Euch nicht trennen lassen», meinte Matthias und seine beiden Söhne senkten die Köpfe ob des Tadels. «Wenn Ihr Euch gegen einen solchen Gegner trennen lasst, seid Ihr tot. Ihr müsst ihn zusammen attackieren.» Er schüttelte den Kopf. «Und jetzt noch einmal das Ganze von vorne.»

Die drei nahmen erneut ihre Ausgangspositionen ein und kaum waren die Jünglinge bereit, griff Sven sie sogleich wieder an.

Das hölzerne Klacken klang laut über den Hof, als Matthias Capitaine De Porteau und Fürstbischof Peter von Savoyen erblickte, welche vom inneren Eingangstor her auf den Burghof kamen. Die beiden Männer gingen schnellen Schrittes auf Matthias zu, sahen dabei zu den drei Kämpfern hin, wie sie ihre Übungswaffen schwangen.

«Noah, Valentin! Ihr dürft Euch nicht auseinanderbringen lassen!», rief der Capitaine und Matthias musste unwillkürlich schmunzeln. Diesen Satz hatte er an diesem Morgen schon einige Male zu seinen Söhnen gesagt. Die Kämpfer liessen wieder voneinander ab und begaben sich erneut auf ihre Ausgangspositionen.

Peter wandte sich an den Kapitän: «Sie machen grosse Fortschritte.» Trotz der netten Worte war ein gewisser Zweifel in seiner Stimme nicht zu überhören.

Matthias seufzte. «Ich danke Euch, Peter, aber heute ist nicht wirklich viel davon zu sehen.»

«Gebt ihnen Zeit, Ritter Matthias. Sie sind noch jung und sie werden es schon noch lernen. Dazu», er hob die Augenbrauen und sah dabei zu Sven «haben sie es mit dem schwersten aller Gegner zu tun.»

Matthias nickte, war aber sichtlich unzufrieden. Trotzdem rief er den Dreien zu: «Lasst gut sein für heute. Es ist sowieso an der Zeit für Eure Lektionen. Macht Euch bereit!» Seine beiden Söhne nickten, nahmen ihre hölzernen Schwerter und trollten sich vom Hof.

«Die müssen wir heute leider auslassen», meinte Peter von Savoyen mit einem Seufzer und Matthias sah ihn erstaunt und überrascht an. «Probleme?»

«Banditen», antwortete der Capitaine anstelle des Fürstbischofes. «Es ist uns zu Ohren gekommen, dass es im Norden Ausfälle auf unser Gebiet gebe.»

«Briganten?», fragte Matthias und die beiden Männer nickten. Sven, mit der hölzernen Axt auf seiner Schulter, war zu ihnen herangetreten und wischte sich den Schweiss von der Stirn.

«Habe ich gehört Gesetzlose?», fragte auch der Hüne und der Kommandant von Savoyens Heer machte eine Grimasse, bevor er antwortete: «Es scheint, als ob ehemalige Streiter von Karls Heer auf unser Territorium einfallen. Sie haben Dörfer geplündert, verschleppen das Vieh, töten die Männer und vergehen sich an Frauen und Mädchen, verschleppen und verkaufen diese dann als Sklaven.»

Matthias hob eine seiner Brauen, spuckte dann auf den Boden.

«Gesindel!», machte er angewidert.

«Ihr sagt es.» Peter war es, der wieder sprach. «Wir werden dagegen etwas unternehmen müssen. Soeben waren wir auf dem Weg zu der Herzogin, wollten einen Plan erarbeiten.»

«Aber Ihr wisst, dass sie immer noch an diesem lästigen Husten leidet», warf Matthias ein, obwohl er wusste, dass der Fürstbischof Recht hatte. Dagegen musste etwas unternommen werden.

«Sie soll auch nicht mit uns reiten.»

«Obwohl sie das tun wird», meinte Capitaine De Porteau trocken und die beiden anderen Männer nickten.

«Habt Ihr schon einen Plan, wie wir diese Wegelagerer zur Strecke bringen?», fragte Sven und konnte sich ein leichtes Grinsen nicht verkneifen. Die Aussicht auf einen Kampf schürte bei dem alten Recken immer eine gewisse Vorfreude.

«Nein, noch nicht.» Peter sah Matthias an. «Deshalb sind wir hier.»

Dieser nickte. «Dann machen wir uns an die Arbeit.»

«Und Ihr seid sicher, dass es sich um marodierende Kämpfer aus dem Burgund handelt?» Jolanda sah die drei Männer mit ernster Miene an. Ihr Blick wanderte vom einen zum nächsten.

«Von wo sonst, werte Herzogin?», fragte Peter zurück. «Aus Frankreich stammen sie sicher nicht, das würde Euer Bruder strengstens ahnden.»

Ihr Blick blieb an Matthias hängen. «Eidgenossen?», fragte sie und Matthias atmete tief ein und aus.

«Ich kann es mir nicht vorstellen.»

«Aber es ist auch nicht auszuschliessen.»

Der Kapitän schüttelte den Kopf. «Nein, leider nicht.»

Jolanda hielt sich eine Hand vor ihren Mund, hustete, wandte sich dabei ab. Als es vorbei war, verschränkte sie ihre Arme vor der Brust, wich aber dem sorgenvollen Blick von Matthias aus.

«Woher sie auch stammen, wir müssen etwas unternehmen», meinte sie schliesslich.

«Ja, meine Herzogin», antwortete De Porteau. «Wir müssen einen Trupp losschicken und dem Einhalt gebieten.»

Fürstbischof Peter von Savyoen nickte. «Das müssen wir. Und mit den politischen Folgen setzen wir uns danach auseinander, wenn wir Genaueres wissen.»

Die Herzogin seufzte, runzelte die Stirn. «Könnten es Männer von der Stadt Bern oder von Supersaxo sein?» Ihr Blick ruhte wieder auf Matthias.

«Auch das wäre möglich.» Er dachte kurz nach. «Aber ich kann mir Bern nicht vorstellen. Von Diesbach arbeitet zurzeit gegen den Hauptmann, ist damit beschäftigt, die Macht der Stadt Bern gegen Zürich zu behaupten.» Wieder dachte er nach, rieb sich dabei die Augen. «Supersaxo hingegen … Das wäre schon eher möglich. Aber ich denke, am ehesten kämen immer noch ehemalige Streiter von Herzog Karl infrage. Sein Heer hat sich nach Nancy aufgelöst und viele der Kämpfer haben zurzeit kein Einkommen. Das schürt solche Dinge.»

Matthias sah Jolanda an, zuckte dann aber mit den Schultern.

«Oder ehemalige burgundische Kämpfer im Auftrag von jemandem», antwortete die Herzogin trocken. «Aber nochmals: Wir müssen das beenden. Und zwar jetzt!» Ihr Ton war bestimmt und die drei Männer nickten.

Sie standen um das Kopfende der Tafel im grossen herzoglichen Saal. Darauf lag eine Karte des Herzogtums.

Eine Zeit lang sagte niemand etwas. Alle starrten auf die Karte, dachten nach.

«Wo war der letzte Überfall?», fragte Jolanda dann und De Porteau setzte einen Finger auf die Karte. «Hier im Norden in der Nähe des grossen Sees der Stadt Genf, meine Herzogin. Ein kleiner Ort namens Montriond. Das Tal wird Vallée d'Aulps genannt.» Er überlegte kurz, dann fuhr er weiter: «Davor waren es die Dörfer La Vernaz und ein kleiner Ort, Abondance, mitten in den Bergen. Ein Mann kam heute in die Stadt und wollte mich unbedingt sprechen.»

«Wo ist dieser Mann jetzt?» Ihre Stimme war wieder diejenige der Regentin, ihr Blick ernst.

«In der Küche, meine Herzogin. Ich habe ihm etwas zu essen geben lassen. Er war in einem jämmerlichen Zustand.»

Jolanda nickte und überlegte. Dann richtete sie sich auf. «Bringt mir diesen Mann her. Ich will ihn mir selbst anhören.»

De Porteau nickte, wandte sich zum Gehen, wurde aber von der Prinzessin zurückgehalten. «Und macht eine Truppe bereit, Capitaine. Nehmt Eure besten Männer, packt nur, was nötig ist, morgen bei Sonnenaufgang reiten wir los.»

Peter rieb sein perfekt gestutztes Bärtchen, räusperte sich. «Meine Herzogin, ich denke nicht, dass es eine gute Idee ist, wenn Ihr mitreitet.»

Ihre Augen blitzten ihren Berater an. Doch dieser liess sich nicht beeindrucken und sprach weiter: «Meine Prinzessin, Ihr hustet immer noch und der Husten wird nicht besser. Und in den Bergen ist es kühl, deshalb …» Er kam nicht dazu, den Satz zu beenden, da die Herzogin ihm mit einer Handbewegung das Wort abschnitt.

«Genug!» Jolanda sah Peter noch einen Moment mit strengem Blick an, unterdrückte dabei einen weiteren Hustenanfall nur mit Mühe und seufzte dann. «Und nun, bringt uns diesen Mann, mein lieber Peter.» Ihre Stimme war wieder ruhig, sachlich. Ihr Zorn war verflogen, so schnell er aufgekommen war, und der Fürstbischof wandte sich mit einem vielsagenden Blick zu Matthias ebenfalls um und verliess den Saal.

Matthias wusste, was dieser Blick bedeutete, doch Jolanda hatte ihn ebenfalls gesehen und wusste es auch.

«Du brauchst gar nichts zu sagen, mein Lancelot! Ich werde mit Euch reiten.»

«Meine Liebste …», begann Matthias, aber Jolanda unterbrach ihn: «Es ist genug!» Ihr Ton hatte etwas Ungeduldiges an sich. «Ich wünsche, dass Du mit mir diesen Mann befragst und dann mit De Porteau einen Plan ausheckst.» Sie machte eine Pause und Matthias wollte etwas entgegnen, kam aber erneut nicht dazu. «Und dann lasst Ihr mich vorbereiten. Ich bin die Herzogin und ich werde mit Euch reiten.»

Der Söldner neigte den Kopf. «Ich werde tun, was Du von mir verlangst, liebste Guinevere. Aber verlange nicht von mir, mich nicht zu sorgen.»

Jolanda hob wieder zu einer Antwort an und ihr Blick sagte Matthias, dass sie mit seiner Aussage nicht einverstanden war, aber in diesem Moment erschien De Porteau mit dem Mann.

Er hatte eine kleine, drahtige Figur und war äusserst schäbig gekleidet. Es waren mehr Lumpen als richtige Kleider, die er am Leibe trug. Die Hose war aus roher Wolle, voller Löcher, und die Hosenbeine unterschiedlich lang. Sie musste ursprünglich mal braun gewesen sein, jetzt war nur noch ein dreckiges Grau zu erkennen. Auch sein ehemals helles Leinenhemd hatte eine unbestimmte, dunkle Farbe, war fleckig und zerrissen. Er ging barfuss, die Füsse schienen nur notdürftig gewaschen. In den schwieligen Händen drehte er nervös eine Filzkappe. Bei dieser war die ursprüngliche grüne Farbe noch zu erkennen, jedoch schien sie mehr aus Löchern als aus Stoff zu bestehen. Der Mann war hager, über einen Kopf kleiner als Matthias, hatte ein ausgemergeltes

Gesicht, in welchem grosse, blaue Augen dominierten, und eine wirre, rote Haarpracht.

De Porteau hiess den Mann mit einer Hand auf dessen Schulter anzuhalten und dieser liess sich auf ein Knie nieder.

«Steht auf, mein werter Herr», sagte Jolanda mit leiser Stimme. «Seid willkommen.» Sie lächelte sanft. «Wurdet Ihr gut verpflegt?» Sie sah ihn mit ihren grossen blauen Augen an. Der Mann schluckte, stammelte etwas Unverständliches. Schon wollte De Porteau den Mann zurechtweisen, aber Jolanda war schneller. «Bitte, habt keine Angst, werter Herr. Wie ist Euer Name? Bitte setzt Euch.» Sie bedachte Matthias mit einem Seitenblick und dieser zog einen der Stühle an dem grossen Tisch zurück, worauf immer noch die Karte Savoyens lag.

«Hättet Ihr die Güte, uns zu erzählen, was genau passiert ist?», bat Jolanda und der Mann fand endlich seine Stimme wieder.

«Meine verehrte Herzogin», er fuhr sich mit den Händen über das Gesicht und drehte, während er sprach, unablässig seine Filzmütze, «mein Name ist Rousel, Rousel Durand, und wir wurden überfallen. Es waren etwa zehn Männer, vielleicht sogar mehr.»

«Wann war das?», fragte Matthias dazwischen. Der Mann antwortete, aber er sah den Söldner nicht an, wie er schon die ganze Zeit über dessen Blick ausgewichen war. Seine Augen blieben auf der Herzogin haften.

«Nun?», fragte Matthias, als er keine Antwort erhielt.

Durand setzte sich auf den Stuhl und auch Jolanda liess sich auf ihren gold-bemalten Stuhl nieder. Matthias blieb ebenso stehen wie De Porteau.

«Wir ... Es war ... vor etwa drei Tagen», antwortete Durand und drehte weiter dabei seine Mütze.

«Bringt dem Mann etwas zu trinken», rief Jolanda einer Dienerin zu, die an der Wand stand, und diese verliess den Saal, um den Befehl auszuführen.

«Vor drei Tagen also?», fragte Matthias und die Herzogin sah zwischen ihm und dem Bauern hin und her.

«Mit Eurem alten Klepper seid Ihr in drei Tagen von Montriond bis hierhin nach Chambéry gelangt?» Matthias Stimme war kalt.

Er spürte den Blick des Capitaine und sah, wie dieser fast unmerklich den Kopf schüttelte.

«Ja. Meine Herzogin. Aber ... aber es könnten auch fünf Tage gewesen sein. Wir sind einfache Bauern und haben von solchen Dingen keine Ahnung.» Durand sah immer noch nur Jolanda an. Diese lächelte den Rotschopf an, aber ihre Augen gingen zwischen ihm und Matthias hin und her.

«Erzählt Monsieur», forderte sie ihn schliesslich auf, als die Dienerin einen Zinnbecher mit frischem Wasser und eine Karaffe hingestellt und sich wieder auf ihren angestammten Platz begeben hatte.

«Nun ...», stotterte der Bauer. «Wir ... ich bin aus Abondance. Sie kamen einfach so. Es waren so vielleicht zehn Männer. Es könnten auch mehr gewesen sein. Alles ging so schnell. Sie ritten in unser Dorf, kamen am frühen Morgen, genau bei Tagesanbruch.» Durand nahm sich einen Schluck Wasser, stellte dann den Becher mit einem lauten Knall wieder auf den Tisch. Matthias und De Porteaus Blicke trafen sich wieder.

«Wir schliefen alle noch. Sie kamen in unsere Häuser und scheuchten uns alle auf, trieben uns nach draussen, das ganze Dorf in eine Pferdekoppel. Sie alle hatten Schwerter und Äxte. Dann nahmen sie sich ein paar der jüngeren Mädchen und ...» Er machte den Satz nicht fertig, schluckte. Jolanda wartete, ebenso Matthias und der Capitaine.

Schliesslich fuhr der Bauer weiter: «Dann holten sie alle restlichen Mädchen und Frauen aus der Koppel, auch meine Alice und meine Tochter Julie», er schluckte wieder, «und liessen uns Männer dort.» Wiederum stockte Durand und als nichts mehr kam, fragte Matthias: «Wie seid Ihr entkommen?»

«Entkommen?» Zum ersten Mal sah ihn der Rotschopf an, wenn auch nur kurz.

«Ja, entkommen. Wie seid Ihr entkommen?»

«Sie zwangen alle Frauen und Mädchen in die Kirche, dann holten sie sich das Vieh. Und ... der ... der Mann, welcher uns bewachte ... als er einen Moment nicht aufpasste, konnte ich aus der Koppel hinausschleichen und dann hatte ich mich zwischen den Häusern versteckt.»

«Er hat nicht aufgepasst?», fragte Matthias und der Bauer nickte eifrig.

Erneut sah der Söldner zu De Porteau hinüber und wieder schüttelte dieser ganz leicht den Kopf.

«Was ist dann passiert?», fragte Jolanda. Ihre Stimme war immer noch leise und sanft.

«Sie haben … sie haben sie alle…» Er begann zu weinen.

«Es ist schon gut, Monsieur. Es ist schon gut.» Jolanda warf Matthias einen vorwurfsvollen Blick zu, wandte sich dann gleich wieder zu Durand.

«Was ist mit Eurer Familie? Eurem Weib und Eurer Tochter?»

Der rothaarige Bauer schniefte fürchterlich und Jolanda zuckte unwillkürlich etwas zurück. Dann wischte sich Durand mit dem Handrücken über die Augen.

«Sie nahmen alle mit. Alle Frauen und das gesamte Vieh. Sie haben alle einfach weggebracht. Wohin weiss ich nicht.» Er nickte wieder eifrig. «Am Abend waren sie alle fort und ich habe mich auf den Weg zu Euch gemacht, Hoheit.» Er sah die Herzogin mit einem treuherzigen Blick an. Matthias kreuzte die Arme vor der Brust.

«Könnt Ihr uns auf der Karte zeigen, wo dies war?» Zum ersten Mal sprach De Porteau.

«Ich … ich kann nicht lesen, Monsieur», stammelte der Bauer und der Capitaine nickte. Er und Matthias sahen Jolanda an. Diese erwiderte den Blick, nickte dann ebenfalls und meinte: «Vielen Dank, Monsieur Durand, für Euren Weg. Ihr habt genau das Richtige getan.»

«Bitte Hoheit», unterbrach er die Prinzessin, «bitte helft mir, meine Familie zurückzubekommen.»

«Das werden wir, ich verspreche Euch, wir werden alles tun, um diese Männer zu bestrafen und die Gefangenen zu befreien.» Jolandas Stimme war immer noch sanft. «Und jetzt esst und trinkt so viel Ihr könnt und ruht Euch aus. Wir werden uns um die Wegelagerer kümmern.»

Sie nickte De Porteau zu und dieser stellte sich hinter Durand. Der stand auf, verneigte sich und stammelte: «Vielen Dank, meine Hoheit. Vielen Dank auch.»

De Porteau geleitete den Bauern hinaus und Matthias schwieg, bis der Capitaine wieder den Saal betrat.

«Etwas stimmt nicht», meinte er dann leise und der Heerführer Savoyens nickte zustimmend.

«Was soll daran nicht stimmen?», fragte Jolanda, sah ihn dabei durchdringend an, doch der Söldner schüttelte nur den Kopf. De Porteau antwortete an seiner Stelle: «Es ist nur so ein Gefühl, meine Herzogin. Es könnte sich um eine Falle handeln.»

«Eine Falle?» Jolanda hob ihre Augenbrauen. «Mit welchem Ziel?» Sie sah zwischen den beiden Männern hin und her.

Matthias wiegte seinen Kopf. «Sollte das wirklich eine Falle sein, dann wären plötzlich wieder alle Möglichkeiten offen. »

«Wer es sein könnte?»

«Ja, wer es sein könnte», er nickte. «Bis hin zu Eurem Bruder, König Louis XI.»

* * *

Sie hatten beschlossen, eine fünfzehn Mann starke Truppe zusammenzustellen und am folgenden Morgen gen Norden aufzubrechen. De Porteau hatte sie verlassen, um das Nötige zu veranlassen.

Matthias füllte zwei der weissen, schönen Gläser mit Wein, hielt eines davon der Herzogin hin. Sie bedankte sich, wollte einen Schluck nehmen, musste aber husten und stellte es deshalb vor sich auf die grosse Tafel.

«Meine Liebste, Du solltest morgen nicht mit uns reiten», meinte er, als ihr Husten geendet hatte. Matthias trank einen Schluck und sah Jolanda dann mit einem langen Blick an.

«Sag mir bitte nicht, was ich zu tun habe und was nicht.» Ihr Ton war etwas zu scharf, es schwang Ungeduld in ihrer Stimme mit.

«Sollte es eine Falle sein, darfst Du nicht hineingeraten.»

«Aber Du und De Porteau schon?», antwortete sie spöttisch.

«Wir sind Kämpfer, wir wissen …»

«Und ich weiss es nicht?», unterbrach sie ihn. «Ich bin kein kleines Mädchen, also behandelt mich nicht wie eines!» Sie sprach mit der Stimme der Herzogin. «Ich bin immer noch die Herzogin, also entscheide ich!»

Matthias sah sie erneut lange an, zuckte dann mit den Schultern, wandte sich um und ging ohne ein weiteres Wort aus dem Saal. Langsam schritt er die Treppen hinunter und trat hinaus auf den Hof. Dort angekommen, hielt er inne und sog tief die frische Luft in die Lungen. Dann ging er über die weissen, glatten Steine, durchquerte den Burghof und setzte sich auf die Treppe vor der Kapelle. Die Sonne war schon untergegangen und die Nacht kroch langsam über die Burg. Trotzdem strahlten die Steine noch die Wärme des Tages ab.

Jolanda fand ihn genau dort. Das Weinglas stand neben ihm auf einer Stufe, zur Hälfte leer.

Sie ging wortlos zu ihm, setzte sich neben ihn auf die Treppe. Lange sagte sie nichts und auch er sprach nicht.

Schliesslich seufzte sie. «Es … Es tut mir leid, mein Geliebter. Mein ganzes Leben hat man mir versucht zu sagen, was ich kann und was ich nicht kann, was ich darf und was nicht.» Sie seufzte erneut, hustete dann wieder. Schliesslich sprach sie weiter: «Ich möchte nicht mit Dir streiten, aber es darf nicht sein, dass ich von einem …» Sie stockte und er sah sie stirnrunzelnd an.

«Von einem einfachen Söldner, das wolltest Du doch sagen, oder nicht?» Matthias stand auf. «Dieser einfache Söldner liebt Euch, werte Herzogin, mit all seiner Seele. Und er macht sich Sorgen. Sorgen um Eure Gesundheit und um Euer Wohlergehen.» Er seufzte nun ebenfalls. «Aber wer bin ich denn, dass ich Euch das sage?» Sein Ton war traurig. «Nur eben ein einfacher Söldner.»

Matthias drehte sich auf dem Absatz um und ging quer über den Hof und durch die schmalen Tore hinaus in die Nacht.

Sein Herz brannte vor Liebe, seine Seele brannte vor Enttäuschung, aber er drehte sich nicht um.

* * *

Am nächsten Morgen packte er das Nötigste zusammen und war gerade dabei, Artus zu satteln, als Jolanda hinter ihm im Stall erschien. Er drehte sich nicht um, arbeitete weiter. Aber der

Geruch von Lavendel und Jasmin stieg in seine Nase, liess sein Herz pochen.

Die Herzogin räusperte sich. «Mein geliebter Lancelot.» Sie sprach fast mit einem Flüstern.

Ihre Stimme zu hören, trieb ihm Tränen in die Augen und er liess vom grossen Rappen ab, drehte sich zu ihr um.

«Es tut mir leid, meine Guinevere», antwortete er leise, mit belegter Stimme. «Ich hätte gestern nicht einfach ...»

Jolanda sah ihn mit grossen Augen an, unterbrach ihn: «Entschuldige Dich nicht, mein Ritter! Bitte! Du hattest Recht, ich sollte nicht mit Euch reiten.» Matthias sah sie überrascht an. «Und ich bin diejenige, welche sich entschuldigen muss, ich wollte Dich nicht ...» Sie liess den Satz unbeendet, doch er ahnte, was sie sagen wollte.

Der Kapitän wusste nicht, was er antworten sollte, also machte er einen Schritt auf sie zu und nahm sie in seine Arme. Er drückte sie fest an sich, genoss ihre Wärme und ihren Geruch. Sie schlang ihre Arme um ihn, wiegte ihren Kopf an seine Brust. «Lass uns nie wieder streiten, mein Geliebter», flüsterte sie.

Die Truppe ritt knapp eine Stunde später. De Porteau und Matthias an der Spitze, die fünfzehn Männer hinter ihnen, Sven als letzter. Ihr Weg führte sie in direkter Linie nach Norden. Das Wetter schlug während des Tages um und ein kalter Wind pfiff ihnen entgegen, welcher zuerst wenig, dann immer mehr Regen mit sich brachte.

Sie ritten an diesem Tag bis nach Annecy, wo sie in der dortigen Burg eines Schwagers von Jolanda, Janus von Savoyen, dem Grafen von Faucigny, untergebracht und bewirtet wurden.

De Porteau und Matthias assen mit dem Grafen zu Abend, während Sven und die Männer mit dem Gesinde verpflegt wurden. Aber sie murrten nicht, wenigstens hatten sie ein Dach über dem Kopf und konnten sich die Bäuche vollschlagen.

Matthias mochte den Grafen von Beginn an nicht. Er hatte wenig gegessen und schob seinen noch halbvollen Teller von sich, nahm sich einen Schluck des sauren Weines, welchen ihnen der Graf aufgetischt hatte, verzog das Gesicht und stellte den Becher wieder auf die Tafel.

«Und Ihr wisst nichts von diesen Überfällen?», fragte er, aber der Graf schüttelte den Kopf.

«Es tut mir leid, werter Ritter, aber ich höre zum ersten Mal davon.» Janus hatte eine hohe Stimme, welche zu seinem rundlichen, übergewichtigen Körper passte. Er schwitzte ständig, obwohl es in der Burg kühl war. Die Fenster der grossen Halle, in der sie sassen, standen offen und es brannte nur ein kleines Feuer im Kamin. Die Burg selbst stank nach Rauch, De Porteau hatte Matthias einen Teil der Anlage gezeigt, der erst vor ein paar Wochen gebrannt haben musste.

Der Graf besass ein rundliches Gesicht, welches ständig gerötet war. Seine kleinen Schweinsäuglein blickten nervös zwischen den beiden Gästen hin und her und seine Nase war fleischig und glänzte. Er hatte nur noch einen schmalen Kranz von Haaren und seine Kopfhaut glitzerte schweissig im Lichte der auf dem Tisch stehenden Kerzen.

Matthias glaubte ihm kein Wort. Schliesslich hatten die Überfälle auf seinem Gebiet stattgefunden und er musste mit Sicherheit davon Kenntnis haben.

«Es waren bisher drei solcher Überfälle», erklärte De Porteau, «alle auf Eurem Gebiet.»

Wiederum schüttelte Graf Janus seinen Kopf. Er nahm sich einen grossen Schluck Wein und dann mit fleischigen Fingern Stücke des Hirschfleisches von seinem Teller. Er schmatzte beim Kauen und antwortete mit vollem Mund: «Capitaine, wie ich schon gesagt habe, ich erfuhr erst von Euch davon.» Er machte eine Pause, schob sich weiteres Essen in den Rachen. «Ich werde morgen früh mit dem Kommandanten meiner Garde sprechen, er müsste es mir eigentlich melden. Aber heutzutage ist ja auf niemanden mehr Verlass.» Er schüttelte theatralisch den Kopf und in Matthias kam Wut auf. Doch er beherrschte sich und anstelle etwas Falsches zu sagen, nahm er sich von seinem Teller auch noch ein kleines Stück des Hirsches. Doch das Essen war so schlecht wie der Wein und er legte das Fleisch wieder zurück auf den Teller.

«Darf ich mit Eurem Kommandanten sprechen, Graf?», fragte Matthias, aber er bekam wieder eine verneinende Antwort: «Er ist heute leider nicht hier und kommt erst morgen im Laufe des Tages zurück.»

«Aber ...» begann Matthias, doch De Porteau unterbrach ihn, bevor er sich in Schwierigkeiten bringen konnte. «Werter Graf, wir wären Euch sehr dankbar, wenn Ihr uns alles sagen könntet, was in letzter Zeit vorgefallen ist.»

Die kleinen Schweinsäuglein verengten sich noch weiter.

«Wollt Ihr mir sagen, ich würde lügen?» In der hohen Stimme lag Misstrauen und Ärger.

«Aber nein, werter Graf, auf keinen Fall.» Auch Jolandas Heerführer hatte kaum gegessen. «Aber wir wären für jede noch so kleine Information dankbar.»

«Wie schon erwähnt, ich habe nichts davon gewusst. Und mir ist auch nichts Spezielles aufgefallen in letzter Zeit.» Er schmatzte wieder beim Essen. Schweissperlen glänzten auf seinem Kopf. «Es war alles ruhig.»

De Porteau seufzte, nickte Matthias zu und stand auf.

«Wir danken Ihnen für das Mahl und das Nachtlager, aber wir sind müde von dem langen Ritt und würden uns gerne zurückziehen.»

«Hm hm», schmatzte der Graf und nickte. De Porteau verbeugte sich leicht und Matthias tat es ihm gleich und sie verliessen den Saal.

A m nächsten Morgen packten sie ihre Sachen und verliessen die Burg so früh wie möglich.

«Was für ein Hundsarsch», meinte Matthias, immer noch wütend, als sie durch das Tor hindurch geritten waren. «Der weiss doch etwas.»

De Porteau sah ihn von der Seite her an, nickte dann. «Das meine ich eben auch. Irgendwie stinkt das Ganze zum Himmel. Erst der Bauer, dessen Angaben sich widersprachen, und eine Flucht, die zu einfach war. Und dann der Graf ...» Er schüttelte resigniert den Kopf. «Aber sicher weiss er etwas.»

«Es könnte sein, dass er bezahlt wurde, das Maul zu halten», meinte Matthias und De Porteau lächelte säuerlich. «Ich kenne den Grafen von früher. Er steckt immer in Geldnot. Die Burg hat früher schon einmal gebrannt und er hat sie wieder aufbauen lassen und auch sonst kann er mit Geld nicht wirklich umgehen.»

«Darum auch der schlechte Wein und das beschissene Essen.»

«Ja», De Porteau seufzte. «Er ist ein alter Geizhals. Ich kann mir also gut vorstellen, dass er gebührend bezahlt wurde, den Mund zu halten.»

Matthias sah De Porteau an. «Wir müssen aufpassen. Hier gibt es zu viele Ungereimtheiten.»

Das Wetter war immer noch schlecht und der Blick in den Himmel versprach auch keine Besserung. Wolken in verschiedensten Grautönen flogen vorbei, ein steter Wind blies ihnen ins Gesicht. Regenschauer fegten immer wieder über die Männer hinweg und es war kühl geworden. Der Pfad war matschig, in grossen Pfützen sammelte sich Wasser.

Ihr Weg führte sie von Annecy aus zuerst nach Osten, dann drehten sie in nordöstliche Richtung. Er stieg stetig an und die hohen Berge kamen immer näher. Einige von ihnen trugen auch im Sommer Schnee, doch durch das schlechte Wetter waren ihre Gipfel nicht zu sehen. Die zweite Nacht blieben sie in einem Kloster des Kartäuserordens namens Le Reposoir, welches auf einem abgelegenen Bergpass und neben einer kleinen Siedlung lag.

Matthias, Sven und De Porteau sassen nach dem einfachen, aber köstlichen Mahl, welches ihnen die Mönche vorgesetzt hatten, noch bei einem Becher frischem Bier zusammen. Die Gottesmänner brauten den Gerstensaft selber in ihrer Abtei.

«Was haltet Ihr von dem Ganzen?», fragte Sven und De Porteau runzelte die Stirn.

«Was meint Ihr?»

«Na, das Ganze hier! Der Bauer in Chambéry, der Graf in Annecy. Ich weiss nicht, was ich davon halten soll», erklärte Sven und schüttelte leicht den Kopf. «Ich habe irgendwie ein komisches Gefühl.»

«Das haben wir auch», antwortete Matthias und De Porteau nickte. «Stimmt. Aber …» Er stockte, schüttelte langsam den Kopf und seufzte. «Es kann auch sein, dass wir uns irren, dass es sich wirklich nur um marodierende Kämpfer aus dem Burgund handelt, die auf eigene Faust arbeiten.»

«Ihr glaubt aber nicht wirklich daran», meinte Matthias und der Heerführer Savoyens wiegte seinen Kopf. «Nein, nicht wirklich.»

«Aber was dann?», fragte Sven und sah seine beiden Gegenüber scharf an.

«Ich weiss es nicht.» Matthias Antwort war leise, zögerlich. «Wenn es einfach nur Strauchdiebe sind, hätte der Graf davon gewusst, hätte es wissen müssen. Und er hätte uns davon berichtet. Aber so …» Auch er beendete seinen Satz nicht.

«Wer könnte davon profitieren, uns eine Falle zu stellen?» Sven nahm sich einen Schluck aus seinem Becher, rieb sich nachdenklich durch den Bart.

«Nicht uns», antwortete Matthias, schüttelte leicht den Kopf und die beiden anderen Männer sahen ihn stirnrunzelnd an. «Die Falle würde Jolanda gelten.»

«Der Herzogin?» Sven zog seine Brauen in die Höhe. «Wer würde ihr denn etwas Böses wollen?»

De Porteau lächelte ganz leicht säuerlich, sagte aber nichts.

«Die sieben Zehnden, angeführt von Supersaxo, wären sicher ein guter Kandidat für so etwas.» Matthias nickte, mehr zu sich selbst. «Jeder, der so etwas plant, weiss, dass sie sicher mitreiten würde, selber zum Rechten sähe. Das tat sie sonst immer. Und wenn man ihrer dann habhaft würde, hätte Supersaxo ein gutes Druckmittel, um das Herzogtum im Unterwallis ein für alle Mal loszuwerden.»

«Druckmittel oder …», ergänzte De Porteau und Matthias sah ihn mit eisigem Blick an. «Aber ja, Matthias», sprach De Porteau weiter, «er könnte die Herzogin loswerden und es irgendwelchen Burgundern in die Schuhe schieben. Somit würde der König nicht über ihn herfallen, sondern über das Burgund, was dieser sowieso tun wird.» Der Capitaine überlegte kurz, fuhr dann weiter: «Und da Supersaxo mit der Stadt Bern …»

«Bern!» Matthias unterbrach De Porteau mit eisiger Stimme. «Und Von Diesbach könnte mit König Louis über die savoyischen Gebiete in der Vaud neu verhandeln.» Er schlug mit der Faust auf den Tisch. «Wir müssen wissen, was hier vor sich geht.»

* * *

Am folgenden Tag ritten sie über verschiedene Pässe hinweg, immer weiter in höher gelegene Gebiete. Der Ritt war mühsam und anstrengend, da sich das Wetter nicht besserte und es durch den anhaltenden Regen und die Nähe der Berge immer kälter wurde. Die Männer fröstelten, zogen ihre Hüte und Helme tiefer in die Gesichter und die Mäntel enger um sich. Ihr Atem und derjenige ihrer Pferde war vor ihren Gesichtern zu sehen. Matthias trug seine Handschuhe, trotzdem waren seine Finger klamm.

Sie kamen gegen Abend einen langen Hügelkamm entlang, welcher abrupt endete, und der Weg führte in ein steiles Tal hinunter. Isaac De Porteau zog an seinen Zügeln und brachte sein Pferd zum Stehen. Matthias hielt auf Artus neben ihm, blickte fragend zu dem Capitaine. Dieser nickte mit dem Kopf in Richtung des Tales. «Dort müsste es sein. Seht Ihr, da vorne trifft ein weiteres Tal von Osten kommend auf das hier unterhalb von uns.» Er zeigte mit der Hand hinunter. Als Matthias nickte, fuhr De Porteau fort: «Dort ist Montriond. Einer der Mönche gestern hat es mir genau erklärt.»

«Wir sollten Späher losschicken.»

«Das sollten wir.» Der Capitaine stimmte Matthias zu. «Aber hier sind wir zu exponiert. Unten im Tal haben wir bessere

140

Möglichkeiten, falls unsere Vermutung von einer Falle zutrifft.»
Er zeigte mit einem Finger nach unten. «Wir sollten uns unten einen Platz zum Übernachten suchen und von dort aus Kundschafter aussenden.»

Matthias nickte und De Porteau ritt weiter.

Als sie schliesslich die Talsohle erreichten, war es schon fast dunkel. Immer noch prasselte der Regen auf sie herab und sie fanden, halb im Wald versteckt, eine alte, verlassene Scheune, wo sie wenigstens etwas Schutz hatten. De Porteau liess rund herum Wachen aufstellen und sie riskierten es sogar, ein Feuer zu entfachen, um sich etwas aufzuwärmen.

Die Nacht über blieb es ruhig, nur der Regen trommelte auf den Rest des Daches, welcher noch nicht eingefallen war.

* * *

Matthias schlief unruhig, immer wieder schreckte er auf. Doch schliesslich waren graue Streifen zwischen den rohen Holzbalken des Stalles zu sehen, die den neuen Tag ankündigten. Die Männer entfachten nochmals das Feuer und De Porteau sandte zwei Kundschafter aus. Bei einem einfachen Mahl, bestehend aus ranzigem Speck, hartem Brot und noch härterem Käse, breitete der Capitaine seine Karte vor Matthias aus. Er zeigte mit dem Finger auf einen Punkt. «Hier sind wir, bei Montriond. Ich denke, wir suchen nach Spuren dort, sollten wir nichts finden, reiten wir in das östliche Tal hinein. Von dort geht ein kleiner Saumpfad über den Pass in Richtung Norden bis nach Abondance.»

«Dort geschah ein weiterer Angriff», ergänzte Matthias und De Porteau nickte. «Ja genau. Sollten wir dort ebenfalls nichts finden, geht es weiter nach La Vernaz.» Er fuhr sich mit der Hand durch seine Haare. «Irgendetwas werden wir finden, da bin ich mir sicher.» Der grossgewachsene Capitaine faltete die Karte zusammen. «Los Männer, macht Euch bereit. Sobald die Kundschafter wieder da sind, reiten wir los!»

Es dauerte keine Stunde, bis einer der Späher wieder bei ihnen eintraf. Es war nichts Auffälliges bemerkt worden und die Truppe sattelte ihre Pferde und war schon bald wieder auf dem Weg.

Das Tal schien wie ausgestorben. Keine Menschenseele war zu sehen und nur das Rauschen des Regens, vermischt mit demjenigen des Windes in den Bäumen, war zu hören. Nach kurzem Ritt kamen sie zu einem kleinen Dorf, bestehend aus vielleicht einem Dutzend kleiner, gedrungener Häuser. Langsam ritten sie in die Ortschaft hinein, wo der andere Kundschafter sie schon erwartete.

«Es ist absolut niemand zu sehen, Capitaine», sagte er, als sie bei ihm eintrafen und De Porteau nickte. «Aber da gibt es etwas, das solltet Ihr sehen.» Sein Blick war ernst und Matthias runzelte die Stirn.

De Porteau hiess alle abzusitzen und wiederum liess er um das Dorf herum Wachen aufstellen. Dann winkte er Matthias und die beiden gingen mit dem Kundschafter an der hölzernen, kleinen Kirche vorbei auf das offene Gelände hinter dem Dorf. Der Späher führte sie weiter, einen kleinen Hügel hinauf, und blieb dort stehen, zeigte stumm auf eine Vertiefung im Boden. Trotz des anhaltenden Regens war der Gestank beissend in der Luft.

Matthias spuckte aus. «Soweit stimmt also die Geschichte des Bauern. Sie haben alle Männer und Jungen erschlagen.»

De Porteau wandte sich an seinen Soldaten: «Nehmt Euch drei Männer, welche nicht auf Wache sind, und begrabt die armen Hunde.»

Matthias drehte sich weg, weg von den halb verscharrten Leichen, welche teilweise von Tieren schon angefressen worden waren, und ging langsam zurück zum Ort.

«Wurde sonst noch etwas gefunden?», fragte der Kapitän. Er, Sven und De Porteau sassen gemeinsam in der kleinen Kirche, verteilt auf den niedrigen Holzbänken. Die Tür stand offen, um den dunklen Raum etwas zu erhellen. De Porteau schüttelte den Kopf. «Nur der Kadaver eines Rindes im nördlichen Tal.»

«Also in Richtung La…» Matthias suchte nach dem Namen und der Capitaine half ihm: «La Vernaz.»

«In Richtung La Vernaz, ja.»

«Also sind sie nach Norden und nicht in Richtung Osten», meinte Sven mit seiner tiefen Stimme. Sie hörte sich in der kleinen Kirche noch bedrohlicher an als sonst.

«Es scheint so, ja.» Matthias rümpfte die Nase. Er sah seinen alten Freund und Kampfgefährten an. Dieser zog die Brauen hoch, sagte aber nichts. Der Kapitän seufzte und fuhr sich mit den Händen über das Gesicht. Eine Weile lang sagte keiner etwas, dann fragte Sven: «Wohin also?»

De Porteau sah ihn an, blickte dann zu Matthias. Dieser seufzte erneut. «Vom Weg her kommt es nicht wirklich darauf an, ob wir zuerst nach Osten über Abondance reiten, von dort kommen wir auch nach La Vernaz. Aber so würden wir sie umgehen. Dazu sind sie mit Gefangenen und Vieh unterwegs, also ziemlich langsam. Wir könnten sie somit von der anderen Seite her attackieren, wo sie uns nicht erwarten.» Er versuchte auf der Karte in seinem Kopf sich die Wege zu den verschiedenen Orten vorzustellen.

De Porteau, seinen Kopf auf die Hände aufgestützt, überlegte und nickte dann. Auch Sven nickte zustimmend.

De Porteau seufzte. «Einverstanden. Dann also nach Osten, nach Abondance.»

* * *

Kurze Zeit später liessen sie diesen leeren, toten Ort hinter sich und machten sich auf in das enge Tal in Richtung Osten. Der Weg führte sie durch das Tal bis zu einem malerischen See, der durch das schlechte Wetter eine graue Farbe aufwies. Es hatte endlich aufgehört zu regnen, aber der Wind peitschte weisse und graue Wolken über den Himmel. Kurz nachdem sie den See erreicht hatten, ging ein schmaler Saumpfad nach links weg, genau in Richtung Norden. Er war so schmal, dass sie einzeln hintereinander reiten mussten, aber wenigstens führte der Weg in die Wälder hinein, sodass sie endlich vor dem beissenden Wind geschützt waren.

Sie ritten langsam, vorsichtig. Der Weg führte steil aufwärts und schliesslich mussten die Männer absitzen und führten ihre Tiere an den Zügeln. Sie sprachen kein Wort. Nur ihre Schritte, die Hufe der Pferde und das Rascheln der Bäume waren zu hören. Matthias schien es, als gingen sie eine Ewigkeit. Dann plötzlich wurden die Bäume weniger, sie erreichten die Baumgrenze, aber noch immer stieg der Weg weiter an. Hier, ohne den Schutz der Wälder, waren

sie wieder dem Wind ausgeliefert und die Männer gingen langsam mit gesenkten Köpfen. Nur ab und an war ein Fluch zu vernehmen, wenn wieder einer auf den rutschigen Steinen ausglitt.
Doch endlich, nach über einer Stunde Marsch, drehte der Weg,
führte zwischen zwei hohen Felswänden hindurch und senkte
sich dann schliesslich wieder. Er bog erneut nach Norden und
schon bald sahen sie wieder erste Bäume. Mehr und mehr säum-
ten den Pfad und kurze Zeit später gingen sie erleichtert in einen
tiefen Wald hinein. Der Weg wurde wieder etwas breiter und De
Porteau hiess alle, wieder aufzusitzen. Erneut ritten sie einzeln
hintereinander, aber wenigstens war endlich der mühsame Fuss-
marsch vorbei. In dem tiefen Wald war Stille bis auf das Rauschen
der Baumwipfel, welche vom Wind hin und her bewegt wurden.

Matthias hörte ein Knacken.

Dann ein zweites.

«Runter von den Pferden!», schrie er.

Ein Klacken ertönte, gefolgt von einem Schrei und De Porteau
stürzte von seinem Tier.

* * *

Mit bösartigem Zischen flog ein weiterer kurzer Pfeil über
Matthias' Kopf. Er duckte sich tief. Hinter ihm schrien Männer
und Pferde auf, wenn die Armbrustbolzen ihre Ziele fanden.
Matthias kniete auf dem Boden, zog sein Schwert. Er wartete, aber
immer noch flogen die Pfeile mit bösartigem Surren und Zischen
durch die Luft. Dann, plötzlich, hörte es auf. Ein Ruf ertönte und
auf beiden Seiten des Weges erschienen Männer, begannen durch
das Unterholz auf sie zu zu rennen. Sie trugen Schwerter und
Äxte, hatten diese erhoben. Einen kollektiven Schrei ausstossend,
griffen sie an. Matthias stand auf, suchte auf dem rutschigen Untergrund nach Halt mit seinen Füssen. Er sah sich kurz um. Hinter
ihm lagen De Porteau und einige seiner Männer und ihre Pferde.
Einige lagen still, andere, wie der Capitaine, wälzten sich verletzt
auf dem Boden. Einen kurzen Augenblick lang erwog er, sich um
ihn zu kümmern, aber dann stand schon der erste Angreifer vor
ihm, schwang das Schwert. Matthias lenkte den Schwung mit der
eigenen Schneide weg, konterte. Seine Klinge drang in den Hals

des Angreifers, zerteilte dessen Schlagader und dieser sank zu Boden, Blut spritzte im Rhythmus des Herzschlages heraus.

Jetzt, endlich, stürzte der Kapitän zu De Porteau hin. Ein Pfeil ragte diesem aus der linken Schulter, hatte die stählerne Brustplatte durchschlagen.

«Capitaine! Hoch mit Euch!», schrie er De Porteau an, riss ihn mit der linken Hand nach oben. «Bringt Eure Männer hier weg!»

Der Heerführer knirschte mit den Zähnen, kam aber auf die Füsse. Unter Schmerzen zog auch er sein Schwert.

«Los! Ihr müsst hier weg!», rief Matthias und schubste De Porteau unsanft nach hinten, weg von den Angreifern. Und schon stand der Nächste vor ihm, eine grosse Axt wirbelte durch die Luft, die Klinge in Höhe seines Kopfes. Matthias duckte sich unter dem Schlag hindurch und der Feind versuchte, seinen Schwung zu stoppen, war aber zu langsam und Matthias rammte seine Schwertspitze in den Körper des Mannes. Doch dieser trug eine Brustplatte und seine Klinge glitt daran nach rechts weg. Er riss seine Waffe zurück, aber schon war die Axt wieder unterwegs, deren Schneide flog erneut auf ihn zu. Dieses Mal war der Schlag so tief, dass er sich nicht darunter durch ducken konnte. Er blockte den Schlag mit seinem Schwert, aber der war mit solcher Wucht ausgeführt, dass es Matthias mehrere Schritte auf die Seite schleuderte. Nur mit Mühe fand er wieder Halt auf dem vom Regen aufgeweichten Boden. Der Angreifer rückte nach, schwang sogleich wieder die Axt, liess sie dieses Mal von schräg oben auf Matthias' rechte Schulter hinabfahren. Der Kapitän sprang ein kleines Stückchen zurück und die Axt verfehlte ihr Ziel, knallte mit der Schneide auf den Boden. Funken stoben, als der Stahl auf einen Stein traf und dem Angreifer die Waffe aus den Händen gerissen wurde. Sofort vollführte Matthias mit seinem Schwert einen Rundschlag, liess die Klinge in einem weiten Bogen von rechts unten nach links oben schnellen, dann wieder nach rechts, drehte dabei das Schwert und traf den Feind auf Höhe des Ohrs. Es drang von der Seite her in den Kopf des Gegners ein und dieser schrie kurz auf, fiel dann wie ein gefällter Baum. Der Söldner riss seine Klinge zurück und befreite seine Waffe, wobei ein Schwall Blut durch die Luft flog, ihn im Gesicht traf.

Er blickte sich um. Überall kämpften die restliche Handvoll Männer Savoyens gegen einen oder meistens mehrere Gegner. Die Mehrzahl ihrer Leute war gefallen, lagen von Pfeilen getroffen oder durch Hiebe der Schwerter und Äxte niedergestreckt tot auf dem Weg. Es herrschte das völlige Chaos. Weiter hinten konnte er Sven sehen, der mit seiner Axt gleich mehrere Gegner beschäftigte, diese versuchte auseinanderzutreiben, um sie dann einzeln zu töten.

Matthias überlegte, auf dem Weg zurück in Richtung von Sven zu gelangen, aber Leiber von Männern und Pferden lagen darauf und versperrten ihm den Pfad, daher wich er in das nahe Unterholz aus. Weitere Männer strömten aus dem Wald, rannten auf ihn zu.

«Sven!», schrie er und der Hüne, der sich gerade seines letzten Feindes entledigt hatte, hob den Kopf. «Nimm den Capitaine und seine Männer und verschwindet von hier!»

Der Riese schüttelte erzürnt den Kopf, doch Matthias rief nochmals: «Verschwindet von hier! Rettet Euch! Ihr müsst hier weg!»

Er wollte noch etwas hinzufügen, aber da tauchten gleich drei Angreifer vor ihm auf und er nahm sein Schwert hoch. Die Feinde blieben in einem respektvollen Abstand vor ihm stehen, umzingelten ihn auf drei Seiten. Er konnte nicht warten, also griff Matthias denjenigen auf seiner linken Seite an. Er sprang mit einem Satz zu ihm hin, liess sein Schwert von oben mit aller Kraft nach unten fahren. Der Mann reagierte und riss seine eigene Waffe über den Kopf, hielt dabei die Klinge quer und mit der anderen Hand fest. Aber die Waffe zersprang mit einem lauten, metallischen Knall und Matthias' Schneide fuhr herunter und drang zwischen Schulter und Hals ein. Blut schoss hoch nach oben, als er die Klinge sofort wieder zurückkriss, doch schon war der zweite der Angreifer bei ihm, trieb ihn mit mehreren Schwüngen zurück. Der Mann war schnell und ein Hieb folgte dem anderen. Matthias wurde rückwärts gedrängt, auch weil der dritte Feind sich nun ebenfalls in den Angriff gegen ihn einschaltete. Er blockte die Schläge, doch fand keine Möglichkeit zu einem Gegenangriff. Immer noch ging er Schritt um Schritt zurück, immer noch prasselten die Schläge der zwei Klingen in einem schnellen Rhythmus auf ihn ein.

Dann stolperte er über irgendetwas am Boden und verlor die Balance. Er fiel rückwärts, eine der Schwertspitzen pfiff nur um Haaresbreite an seinem Gesicht vorbei. Er stürzte rücklings, schlug hart auf dem Boden auf und schon standen die beiden Männer über ihm. Der eine hob sein Schwert hoch über dessen Kopf. Matthias riss seine Arme hoch, als die Waffe begann, auf ihn zu zu schnellen.

«Halt!», brüllte eine Stimme und die Klinge veränderte ihren Winkel, wurde nur eine Fingerbreite neben seinem Ohr in den weichen Boden getrieben. Der Kämpfer riss sie sofort wieder heraus und sie verharrte zitternd vor Matthias' Gesicht.

Einen Moment lang passierte nichts. Matthias blieb liegen, bewegte sich nicht. Ein neues Gesicht tauchte in seinem Blickfeld auf. Das Gesicht grinste, aber die Augen blitzten ihn wütend und böse an.

«Wisst Ihr, wer das ist?», fragte das Gesicht auf Französisch, beantwortete seine Frage aber gleich selbst: «Das ist der verdammte Hund, der den Herzog auf dem Gewissen hat.» Das Grinsen wurde noch ein wenig breiter, der Blick noch wütender. «Weisst du, was wir mit dir machen werden, du verdammtes Stück Dreck?» Der Satz war an Matthias gewandt, aber dieser antwortete nicht. «Ich werde dich in einzelne Stücke schneiden und die werde ich an meine Hunde verfüttern.» Der Mann kniete sich neben Matthias, riss ihm das Schwert aus der Hand und warf es achtlos in das Unterholz. Dann zog er ein langes, spitzes Messer und setzte ihm die Spitze vor sein rechtes Auge. «Ich werde dir die Augen ausstechen, du Scheisshaufen, zuerst das eine und dann das andere.» Er grinste wieder und die anderen Männer taten es ihm gleich. «Dann schneide ich dir die Zunge heraus, dann deinen verfluchten Schwanz ab und hänge dich an den nächstbesten Baum, damit du so richtig ausbluten kannst. So wie das Schwein, das du bist.»

«Aber Capitaine, Eure Befehle?», fragte der Mann, dessen Schwert immer noch vor Matthias' Gesicht verharrte.

«Halt Deine verfluchte Fresse!», zischte ihn der Mann neben Matthias an und schlug mit dem Knauf des Messers brutal auf Matthias' Schläfe.

Die Welt wurde dunkel.

* * *

Als er wieder zu sich kam, war die Welt zuerst völlig verschwommen. Er konnte sich nicht bewegen und sein Kopf schmerzte höllisch. Es dauerte eine geraume Zeit, bis sich sein Sehvermögen wieder einstellte, aber schliesslich bemerkte er, dass er an einen Baum gefesselt war. Die Arme waren unnatürlich nach hinten gezogen und seine Hände, Arme und Gelenke schmerzten von der Haltung. Er sass auf dem Boden. Als er versuchte, den Kopf zu heben, stöhnte er vor Schmerzen auf. Sein ganzer Körper tat weh.

Er lehnte an einem Baum, welcher am Rande einer Lichtung stand. Auf der Lichtung waren über zwei Dutzend Männer. Sie sassen, lagen oder standen um ein grosses Feuer herum. Einfache Zelte waren aufgestellt, die Pferde waren zusammengetrieben worden und wurden in einer behelfsmässigen Koppel gehalten, er erkannte Artus darunter. Die Männer unterhielten sich lautstark, aber trotzdem verstand er nur einzelne Worte. Erst jetzt fiel Matthias auf, dass die meisten von ihnen das Wappen Burgunds auf den Wams gestickt hatten.

«Capitaine!», schrie eine Stimme in seiner Nähe. «Der Scheisshaufen ist wach!»

Eine Figur löste sich aus der Gruppe und kam auf ihn zu. Es war derselbe Mann, der ihm den Schlag verpasst hatte. Ein weiterer Mann ging an der Seite des Burgunders. Er trug die Kleidung eines Söldners. Matthias kam das Gesicht bekannt vor, aber er konnte es nicht einordnen.

Die beiden Männer kamen zu ihm, stellten sich vor ihm auf. Matthias bemerkte, dass sein Schwert, welches er Herzog Karl nach dessen Tod abgenommen hatte, an der Seite des Burgunders baumelte.

«Willkommen zurück», sagte der burgundische Capitaine. In seiner Stimme herrschte Hohn und Spott. «Wo sind Eure Kumpanen?»

Matthias seufzte innerlich erleichtert. Also hatten es Sven und De Porteau und der Rest aus dem Wald hinausgeschafft. Er schüttelte nur langsam den Kopf. Und der Burgunder beugte sich nieder, knallte ihm die Faust ins Gesicht. Ein tobender Schmerz durchzuckte Matthias. Blut sammelte sich in seinem Mund und er spuckte aus. Der Burgunder lachte, holte erneut aus, doch der andere Mann neben ihm hielt dessen Arm zurück.

«Lasst», sagte er. «Ich brauche ihn noch lebend. Er hat noch Informationen, welche ich aus ihm herauskriegen will. Später könnt Ihr mit ihm machen, wie es Euch beliebt.» Sein Französisch hatte einen groben Akzent. Der Mann ging vor ihm in die Hocke. «Ritter Matthias von Altstetin», sagte er, den Berner Dialekt gebrauchend. Das Gesicht hatte eine gewisse Ähnlichkeit, aber mit wem? Matthias suchte in seinem schmerzenden Kopf nach einem Namen oder einem Gesicht, aber es gelang ihm nicht.

«Wo ist die Herzogin?», fragte der Berner und sah Matthias durchdringend an.

«Sie ist nicht mitgeritten.» Matthias sprach leise, nur mit Mühe.

Der Mann nickte. «So so, sie ist nicht mitgeritten.» Er seufzte. «Und, warum nicht? Sie kümmert sich doch sonst immer selber um solche Angelegenheiten.»

«Sie geht nicht auf Wildschweinjagd», antwortete Matthias mit einer Grimasse, doch der Mann lächelte nur ob der Beleidigung. «Und Euer Kumpan? Wo ist der Riese?»

Matthias zuckte mit den Schultern. «Woher soll ich das wissen? Aber die müsst Ihr nicht suchen, die kommen schon zu Euch.» Er versuchte zu grinsen, aber sein Gesicht war angeschwollen und der Versuch misslang.

«Ah!», machte der Berner. «Wollt Ihr uns drohen?» Er schüttelte langsam den Kopf. «Wir werden auf sie warten und dann werden wir sie einzeln in kleine Stücke zerteilen.»

«Hat der andere schon gesagt, aber ich bin immer noch als Ganzes hier.» Matthias nickte zu dem Burgunder und seine Stimme klang verächtlich, doch wieder lächelte der Mann nur.

«Aber nicht mehr lange, geschätzter Herr Ritter.» Das letzte
Wort triefte vor Verachtung. «Und dann werdet Ihr Euch wünschen, Ihr wärt nie nach Chambéry gekommen.» Er erhob sich,
drehte sich um und nickte dem Burgunder zu. Dieser beugte sich
zu Matthias hinunter, grinste ihn an und schlug mit aller Wucht
zu. Matthias sackte zusammen, verlor das Bewusstsein.

* * *

Als er das nächste Mal zu sich kam, dämmerte es gerade und
die Dunkelheit kroch durch den Wald. Es regnete wieder und die
Tropfen prasselten auf ihn herunter, liefen über sein Gesicht. Er
war völlig durchnässt. Auf der Lichtung brannte immer noch ein
grosses Feuer. Er spürte seine Arme nicht mehr und sein ganzer
Körper war ein einziger Schmerz. Ihn wunderte, dass sie immer
noch auf der Lichtung waren, aber genau in diesem Moment kamen Reiter mit Fackeln auf die Wiese geritten. Er konnte erkennen,
dass sie absassen und zu einer Gruppe von Männern hingingen.
Die Fackeln schmissen sie achtlos in das lodernde Feuer. Sie sprachen mit den Männern in der Gruppe, was sie sagten, konnte er
nicht verstehen.

«Verdammt. Ich hatte gesagt, wir sollten so schnell wie möglich
aus dem Wald hinaus.» Er erkannte die Stimme des Capitaine der
Burgunder. Matthias wusste, sie hatten Sven und De Porteau immer noch nicht gefunden. Hoffnung keimte in ihm auf.

«Verdoppelt die Wachen! Ich will nicht, dass diese Bastarde
uns überraschen.»

Die nächste Stimme gehörte dem Berner. «Wir bleiben hier! In
diesem verfluchten Wetter können wir nicht weiter. Und sie werden uns nicht angreifen, dafür sind wir einfach zu viele. Die meisten dieser savoyischen Hunde sind tot, es sind höchstens noch
eine Handvoll übrig und die sind alle verletzt oder sogar unterdessen tot. Und diejenigen, welche noch leben, sind längst
über alle Berge.»

«Aber der Hüne …», begann der Burgunder, doch der Berner
unterbrach ihn: «Scheiss auf ihn! Wir sind über dreissig Männer, das wird er alleine nicht wagen.»

«Und wenn doch?» In der Stimme des Burgunders lag Furcht und Matthias musste unwillkürlich lächeln.

«Würdet Ihr das tun? Nein! Die haben den Schwanz eingezogen und sind nach Chambéry zurück. Und wenn nicht, dann sind sie tot!»

Den weiteren Verlauf der Unterhaltung konnte Matthias wieder nicht mehr verstehen, aber plötzlich verschwand der Schmerz und wich der Hoffnung. Er versuchte, seinen Körper zu entspannen und schloss die Augen.

Als er seine Augen wieder öffnete, stand der burgundische Capitaine vor ihm, Matthias' eigenes Schwert in den Händen. Er stützte sich auf der Waffe ab, grinste seinen Gefangenen an. Es war dunkelste Nacht.

«Ich übernehme die erste Wache von dir, du Schwein, gleich selber», erklärte er und Matthias nickte nur leicht, antwortete aber nicht. Der burgundische Capitaine stand vor ihm, sagte aber ebenfalls nichts mehr.

Die Stunden verrannen und irgendwann setzte sich der Burgunder in das hohe Gras. Matthias döste vor sich hin. Er wusste, irgendetwas könnte noch passieren und er wollte bereit sein, wenn Sven kommen würde. Schliesslich schlief er ein.

Dann, plötzlich, schreckte er auf. Ein Gurgeln war zu hören und schemenhaft erkannte er, dass ein Bär auf dem Burgunder sass. Von der Grösse her konnte es nur ein Bär sein. Eine Klinge blitzte im Schein des Feuers auf, welches aber schon fast heruntergebrannt war, und der Mann lag still. Ein schabendes Geräusch war hinter Matthias zu vernehmen und plötzlich lösten sich seine Fesseln. Der Bär stand auf, hielt eine riesige Axt in seinen Händen, die Klinge lag auf dem Halsansatz des Burgunders.

Matthias versuchte, seine tauben Arme und Hände zu lockern, bewegte sie, um die Durchblutung anzuregen. Ein weiterer Schatten löste sich aus dem Wald, türmte sich neben ihm auf.

«Kommt hoch», sagte der Schatten leise, und er versuchte langsam aufzustehen. Doch seine Beine und der Rücken schmerzten und er sank wieder auf den Boden. De Porteau streckte seinen rechten Arm aus und Matthias zog sich mühsam hoch.

Der savoyische Heerführer trug den linken Arm in einer Schlinge, grinste den Söldner aber fröhlich an.

«Ich dachte, Ihr kommt nicht mehr», meinte Matthias leise und De Porteau lächelte.

«Wir haben es uns lange überlegt, ob wir Euch diesen Hunden überlassen sollen.» De Porteau drehte sich zu Sven um, welcher immer noch über dem Burgunder stand.

«Wo ist der Rest?», fragte Matthias, aber in demselben Moment wurden Schreie im Lager des Feindes laut. Männer liefen hin und her, Waffen wurden gezogen. De Porteau nickte zu dem Feuer hin. «Da!»

Rufe waren zu hören, dann lösten sich dunkle Schatten und kamen näher.

«Lasst mich!», schrie der Berner, doch das Schwert an seiner Kehle liess ihm keine andere Wahl. Zwei von De Porteaus Männern führten ihn zu ihnen, eine Horde von Burgundern, alle mit gezogenen Waffen, folgten in einem respektvollen Abstand.

«Auf!», rief De Porteau dem immer noch am Boden liegenden Capitaine der Savoyer zu und Sven hob die Klinge seiner Axt genau so wenig, dass dieser aufstehen konnte. Er hatte die Hände erhoben, sein Blick sprühte Hass und Zorn.

De Porteaus zwei Männer führten den Berner zu ihnen, stellten ihn mit dem Rücken an den Burgunder hin.

«Wir töten Euch! Alle!», rief einer der Männer der Horde, doch es folgte kein Angriff.

«Tut das und Euer Capitaine hier stirbt als Erster.» De Porteau sprach ruhig. Svens Axt schwebte immer noch vor dessen Gesicht. «Und nun werft Eure Waffen auf einen Haufen.»

Keiner bewegte sich und De Porteau seufzte. «Ich wiederhole mich nur sehr ungern. Also tut lieber, was ich Euch sage.»

«Ihr kommt hier nicht weg», antwortete eine Stimme aus der Horde. «Wir sind fast dreissig Männer, Ihr nur zu fünft.»

De Porteau seufzte erneut. «Da mögt Ihr recht haben. Wir kommen hier nicht lebend weg.» Er machte eine kurze Pause. «Aber Euer Capitaine und dieser bernische Lump sterben als Erstes und ein paar von Euch nehmen wir auch noch mit. Wenn Ihr also alle das Licht des neuen Tages noch erleben wollt, tut Ihr besser, was ich Euch sage.»

«Ihr werdet einen Teufel tun ...», schrie der Burgunder, aber die Klinge der Axt kam bedrohlich näher und der Rest des Satzes ging in einem erbärmlichen Gurgeln unter, als die Schneide die weiche Haut des Halses berührte.

«Entscheidet Euch!», rief De Porteau. «Euer Capitaine, der Berner und einige von Euch, oder die Waffen weg. Jetzt!»

De Porteau hob sein Schwert und Svens Axt drückte sich noch etwas mehr an den Hals des Burgunders. Dieser musste seinen Kopf heben, versuchte sich nicht zu bewegen. Auch der Berner stand da wie aus Stein gemeisselt, eine Schwertspitze direkt an seiner Gurgel. Stimmen wurden laut, sprachen durcheinander.

«Jetzt! Meine Geduld ist am Ende.» De Porteau sprach immer noch ruhig, fast leise, aber mit eiskalter Stimme.

«Nein!», rief der Burgunder, aber der Berner übertönte ihn mit zittriger Stimme: «Los, werft die Waffen weg. Nun macht schon. Ihr bekommt ohne mich keinen einzigen Gulden, also macht, was sie sagen!»

Einen Moment lang passierte gar nichts. Niemand sprach oder bewegte sich. Schliesslich warf der erste der burgundischen Kämpfer seine Waffe in das hohe Gras und andere folgten seinem Beispiel. Immer mehr Schwerter und Äxte flogen und Matthias seufzte innerlich tief und sprach für sich ein leises Dankesgebet.

Er ging zu dem burgundischen Capitaine, löste dessen Schwertgürtel und schnallte ihn sich selbst um. «Das ist meines», sagte er mit bestimmter Stimme und De Porteau lächelte leicht.

«Kümmert Euch um die Pferde! Wir brauchen sieben davon, schneidet dem Rest die Sattelgurte durch und treibt sie in den Wald», befahl Matthias einem von De Porteaus Männern und dieser hob sein Schwert und machte sich langsam, vorsichtig zu der behelfsmässigen Koppel, wo die Tiere standen. Ein Murren entstand, aber wiederum meldete sich der Berner: «Lasst ihn gewähren! Tut einfach, was sie sagen.»

«Du elendes, feiges Schwein!», schrie der Burgunder. Das Murren blieb, aber keiner aus der Horde getraute sich, etwas zu unternehmen.

153

«Ihr lasst uns gehen und Ihr folgt uns nicht!» Es war wieder De Porteau, der sprach. «Wir nehmen Euren Capitaine und diesen verräterischen eidgenössischen Hund mit. Wenn wir Euch noch einmal zu Gesicht bekommen, sterben sie, auf der Stelle!»

Der Tag brach an und tauchte die Landschaft in ein fahles, graues Licht.

Sie hatten die Schwerter, Äxte und vor allem die rund ein Dutzend Armbrüste in das Feuer geworfen. Dann banden sie die beiden Gefangenen auf ihre Pferde, bestiegen die eigenen und ritten langsam davon. Die Burgunder standen da, gingen ihnen ein paar Schritte nach. Flüche, Verwünschungen und Drohungen waren zu hören, aber keiner wagte es, sich ihnen in den Weg zu stellen. Sie ritten langsam zum Pfad, dort gaben sie den Pferden die Sporen.

Unterdessen hatte der Regen aufgehört. Die Zügel der Pferde ihrer beiden Gefangenen nahmen De Porteaus Männer, der Capitaine ritt vorneweg, gefolgt von Matthias, der glücklich war, wieder auf Artus' Rücken zu sitzen, auch wenn sein ganzer Körper schmerzte, die eine Gesichtshälfte immer noch geschwollen und taub war. Dann kamen die beiden Männer mit den Gefangenen und Sven, wie eigentlich immer machte den Schluss.

Sie ritten so schnell es der matschige Boden zuliess. Als sie durch den Wald kamen, wo die Burgunder sie aus dem Hinterhalt angegriffen hatten, schauderte es Matthias. Die Überreste ihrer Truppe lagen immer noch da, wo sie gefallen waren. Die Leichen waren geplündert worden, Helme, Harnische, Schuhe und Waffen wie auch das wenige an Schmuck waren ihnen von den Burgundern genommen worden.

De Porteau zügelte sein Pferd, wurde langsamer. «Das werdet Ihr mir büssen», herrschte er die Gefangenen an, dann gab er seinem Pferd erneut die Sporen, sprengte weiter.

Sie erreichten den Pass und sassen ab. Den beiden Gefangenen fesselten sie die Hände jeweils auf den Rücken und hiessen sie zu Fuss zu gehen, doch der Burgunder setzte sich auf den Boden, weigerte sich. De Porteau zog sein Schwert, aber Matthias legte seine Hand auf dessen Arm. «Lasst, Capitaine.» Er lächelte leicht. «Sven! Kümmere Dich um ihn.» Der Hüne grinste, hob den Burgunder auf, als wäre dieser eine Puppe, und legte ihn bäuchlings

154

quer auf dessen Sattel. Dann nahm er ein Seil, schlaufte es um die Knöchel des Gefangenen, zog es am Sattelgurt entlang unter dem Tier hindurch und band es ihm um die Handgelenke. Der Burgunder stöhnte, als Sven das Seil festzog.

«Lasst mich runter!», schrie der Gefangene. Er zappelte mit den Beinen. «Ich kann gehen.»

«Ihr geht nirgendwo hin», brummte Sven mit seinem Bass und hieb dem Gefangenen mit der flachen Hand auf den Hinterkopf. Matthias sah den Berner an, doch dieser machte nur grosse Augen und setzte sich in Bewegung.

«Na also, geht doch», murmelte er. Er zog sein Schwert und stellte sicher, dass der Berner wusste, wo die Klinge war.

Sie überquerten den Pass ohne Probleme, aber auch ohne Worte. Nur der Burgunder stöhnte immer wieder und rief: «Lasst mich runter! Mir platzt der Kopf.»

«Still!», herrschte ihn einer von De Porteaus Männern an, «sonst trenne ich ihn dir mit meinem Schwert vom Leib. Dann tut er dir wenigstens nicht mehr weh», und der Gefangene war wieder ruhig. Ansonsten waren nur ihre Schritte und Tritte zu vernehmen, vermischten sich mit dem Rauschen des Windes. Sie gingen so schnell es der Weg zuliess und als dieser wieder breiter und flacher wurde, sassen sie auf und ritten weiter gegen Süden.

Schliesslich kamen sie wieder zum See und De Porteau hielt an.

«Sven», der Capitaine wandte sich zu dem Hünen um, «habt Ihr irgendetwas gesehen oder gehört?»

Der Riese schüttelte seinen grossen Kopf. «Nein, Capitaine. Gar nichts.»

De Porteau nickte. «Wir müssen denselben Weg zurück.»

«Wieder über das Kloster?» Matthias runzelte die Stirn. Ihm passte der Gedanke nicht.

«Ja», antwortete der Capitaine. «Es gibt keinen anderen Weg. Aber dort können wir sicher die Pferde wechseln. Von da geht es durch das schmale Tal, aber nicht den gesamten Weg bis nach Annecy, wir nehmen eine südlichere Route.» Er blickte mit kaltem Blick zu den Gefangenen. «Wir können dem Grafen nicht trauen.» Matthias nickte. Er war müde, hätte einfach auf den Boden fallen und schlafen können. Sein ganzer Körper bestand aus einem einzigen Schmerz. Auch De Porteaus Wunde blutete wieder, der weisse Verband war dunkel verfärbt. Sie wussten, sie mussten weiter. Trotz der durchgeschnittenen Sättel, der versprengten Pferde und der ins Feuer geworfenen Waffen hatten sie höchstens drei, vielleicht vier Stunden Vorsprung. Und gegen über zwei Dutzend Männer, auch wenn diese keine oder nur noch etwas Weniges an Waffen besassen, würden sie nichts ausrichten können. Dafür waren sie zu müde, zu angeschlagen und zu wenige. Sie hatten nur eine einzige Möglichkeit: Schneller sein als ihre Gegner.

«Wir reiten den ganzen Tag. Auf dieser Route gibt es dann einen See und dort einen Pass, den kennt fast niemand. Er ist hoch, schmal und ziemlich einsam, aber ab dort sollten wir sicher sein.» De Porteau seufzte, machte eine Grimasse. «Den müssen wir unbedingt erreichen.»

Der Ritt über den Pass, von dem De Porteau gesprochen hatte, war anstrengend und gefährlich. Zu Beginn war der Weg noch breit und sie ritten in stetem Tempo. Doch als der Pfad immer schmaler und steiler wurde, mussten sie wieder absteigen, hielten ihre Pferde an den Zügeln und gingen voran. Sie benötigten keine Fackeln, da der Mond fast schon voll war und sein fahles, kaltes Licht ihnen bei klarem Himmel den Weg wies.

Dieser wurde immer noch schmaler und enger, und als er schliesslich in steilen Kehren den Berg hinaufführte, war er nur noch etwa zwei Fuss breit. Die Kehren waren tückisch, da die Steine auf der Erde von unzähligen Schuhen geschliffen worden waren und sie waren deshalb glatt und rutschig. Vorsichtig setzten sie einen Schritt vor den anderen.

Die Bäume wurden immer weniger, bis sie schliesslich ganz aufhörten und nur noch windgepeitschtem Gras und blankem Fels Platz machten. Sie kamen dem Schnee bedrohlich nahe, aber durch den Sommer war die Schneegrenze so weit oben, dass sie wenigstens nicht über rutschige und kalte Schneefelder stapfen mussten. Der Wind pfiff, zerrte an ihren Kleidern. Er durchdrang die Mäntel und liess die Männer frösteln.

Für Matthias schien es, als wäre der Weg unendlich weit und sie würden geradewegs zum Himmel hinaufsteigen. Sie waren den Sternen so nah, dass er das Gefühl hatte, sie mit Händen greifen zu können. Wiederum dachte er an Jolanda. Ihr würde es hier gefallen. So nahe an den Sternen war sie noch nie gewesen.

Endlich wurde der Weg flacher und schliesslich standen sie vor einem Haufen aufgestapelter Steine, worauf ein kleines, roh gehauenes Steinkreuz stand.

Matthias bekreuzigte sich und schickte ein kurzes Dankesgebet in den Himmel.

Sie waren oben. Und ihre Gegner waren immer noch nicht in Sicht.

Es dauerte die ganze Nacht, den Pass zu überqueren. Die Kälte und die schier unendliche Erschöpfung liess sie ihre Mäntel eng um sich ziehen und sie gingen schleppend und schweigend vor ihren Rössern her. Auch die Gefangenen hielten still, ihnen war die Müdigkeit anzusehen. Sie hatten ihnen die Hände mit Seilen an ihre Sättel gefesselt und so stolperten die beiden neben ihren Pferden her.

De Porteau führte die kleine Truppe an, seine Augen waren gut und er kannte den Pass.

Die Sterne glitzerten über ihnen und Matthias war mit den Gedanken immer bei seiner Jolanda. Und dennoch waren sein Herz und seine Stimmung traurig. So viele Männer waren tot, und er suchte die Schuld bei sich. Er hätte es wissen müssen. Es war zwar eine gut durchdachte Falle gewesen, aber er hatte es geahnt. Und trotzdem waren sie wie Anfänger hineingetappt. Es schauderte ihn bei dem Gedanken an das Gemetzel. Immer wieder quälten ihn die Bilder in seinem Verstand.

Das erste fahle Licht des Morgens kündigte den neuen Tag an, als der Weg schliesslich wieder ebenerdiger und auch breiter wurde. Sie hatten den Pass überwunden.

De Porteau blieb stehen und wandte sich um. Matthias nickte wortlos und sie zogen sich mühsam wieder in ihre Sättel und ritten weiter.

Ritten in Richtung Chambéry. In Richtung Frieden.

Und in Richtung seiner Liebe.

Sie hatten es fast geschafft.

* * *

Sie kamen von Osten her auf die Stadt zugeritten. Es war das erste Mal, dass Matthias von dieser Seite her auf Chambéry zukam, geschuldet dem Umweg, den sie gemacht hatten.

Trotzdem erkannte er sofort das wohlbekannte Klappern von Artus' Hufen auf den Pflastersteinen. Der riesige Rappe war das einzige Reittier, welches nicht gewechselt worden war, aber er hatte die Strapazen mit stoischer Ruhe über sich ergehen lassen. Matthias war stolz auf das Tier, stolz und dankbar.

Die Stadtwache begrüsste sie freudig und bald schon standen sie vor der grossen Treppe, die zur Burg hinaufführte. Jolanda, Fürstbischof Peter und Teile von De Porteaus Truppe wie auch

Bewohner der Stadt standen schon davor, erwarteten die Gruppe. Matthias sah die Blicke der Menschen, ahnte an den Reaktionen in dessen Gesichtern, dass sie einen ziemlich schlimmen Eindruck machen mussten.

Sie fielen mehr aus ihren Sätteln, als dass sie abstiegen, und Matthias führte Artus langsam am Zügel, übergab diese einem der herbeigeeilten Stallburschen und De Porteau, Sven und die beiden Soldaten taten es ihm gleich, behielten aber die Zügel der Pferde mit den Gefangenen. Dann stand er vor der Herzogin. Sie fuhr sanft mit einem Finger über seine immer noch heftig geschwollene Gesichtshälfte.

«Mein Lancelot», in Jolandas Augen schimmerten Tränen, als sie ihn trotz der umstehenden Menge umarmte, «ich hatte die Befürchtung, Dich nie wieder zu sehen.»

Matthias drückte sie fest. «Die hatte ich auch, meine Liebste.» Er schloss die Augen und sog ihren Geruch von Lavendel und Jasmin tief in sich auf. Jolanda löste sich von ihm, sah zu De Porteau und Sven und dem kärglichen Rest der Truppe. Ihr Blick war traurig. «Wo habe ich Euch nur hingeschickt? Ich stehe tief in Eurer Schuld!»

Jolanda hustete. Ihr Gesicht war bleich und Matthias sah sie an, aber sie wich seinem Blick aus. Er runzelte die Stirn, sein Blick ging zum Fürstbischof. Dieser verzog leicht sein Gesicht, sagte aber nichts.

«Nein, meine Liebste, es war nicht Euer Fehler, es war meiner. Ich hätte es wissen müssen.» Er sprach traurig.

Sven nickte zu Peter von Savoyen und dieser erwiderte die Begrüssung. Dann runzelte Peter die Stirn, sah zu den beiden Gefangenen, welche sich nur mit Mühe noch in den Sätteln halten konnten. Peters Blick sprach Bände. «Werft die beiden in den Kerker!», rief er schliesslich den Wachen zu.

«Kommt herein, alle.» Jolanda drehte sich um, zog Matthias an der Hand hinter sich her. «Ich bin einfach nur glücklich, dass Ihr noch lebt.»

Ein grosses Feuer brannte im Kamin und Diener wuselten im Saal umher, brachten Speisen und Getränke. Für die Herzogin hatten sie einen tönernen Krug mit dampfendem, heissem Wasser, in welches Zitronensaft und Honig gemischt worden waren. Sie trank mit leichten, kleinen Schlucken aus einem Henkelbecher, ebenfalls aus Ton.

Sie hustete regelmässig und immer wieder atmete sie schwer, aber sie unterband jegliche Fragen oder Bemerkungen mit abrupten Handbewegungen oder kurzen, abweisenden Kommentaren.

«Erzählt», forderte sie irgendwann Matthias und ihren Heerführer auf und die beiden berichteten, liessen kein Detail aus.

Als sie geendet hatten, war lange Stille im Raum. Peter schüttelte immer wieder den Kopf, Jolandas Gesicht war dagegen steinern, zeigte keine Regung.

«Janus», sagte sie dann leise, tonlos.

«Es tut mir leid, meine Herzogin», antwortete De Porteau. «Aber es kann nicht anders sein. Sie hatten ihm wahrscheinlich Geld geboten, damit er uns nicht warnte. Das Ganze war ein ausgeklügelter Plan, um Euch und uns loszuwerden.» Er trank einen langen Schluck seines Weines. «Der Bauer, der Graf, die toten Dorfbewohner, die Spur, welche sie uns legten. Sie wussten, dass wir», er stockte, sah kurz zu Matthias, «den anderen Weg nehmen würden, um sie zu umgehen. Es ist anzunehmen, dass sie Späher hatten, die uns immer im Blick hatten.» Er schüttelte traurig den Kopf. «Ich habe Euch enttäuscht, meine Herzogin! Wir hätten es wissen sollen. All diese Männer ...» Er liess den Satz unvollendet. Wiederum breitete sich Stille aus.

«Aber Ihr lebt, mein Capitaine! Ihr und ...» Sie warf einen langen, warmen Blick auf Matthias. «Ihr lebt und dafür bin ich unserem Herrn im Himmel über alle Massen dankbar.» Sie hustete, trank dann einen Schluck ihres heissen Wassers.

«Was machen wir mit den Gefangenen?», fragte Peter in die nachfolgende Pause hinein und Jolandas Blick wechselte innerhalb eines Herzschlages. Zorn und Wut sprühten aus ihren Augen. Sie brauchte keine Antwort zu geben.

Jeder im Raum kannte sie auch so.

* * *

Es dauerte einige Tage, bis sich Matthias, De Porteau und dessen beiden Männer, aber sogar auch Sven wieder von den Strapazen erholt hatten. Doch schliesslich verschwanden die Schmerzen und auch sein Gesicht sah langsam wieder einigermassen normal aus. Er hatte viel geschlafen und in den wachen Stunden die ganze Geschichte auch seinen beiden Söhnen erzählen müssen. Sie waren beide verärgert gewesen, dass De Porteau sie nicht in der Truppe mitgenommen hatte, aber Matthias wusste, sie würden heute nicht mehr leben. Und dafür war er dem Capitaine von Herzen dankbar.

Auch hatte er die ganze Sache in einem Brief an Hans Waldmann erläutert und war gespannt, wie sein alter Hauptmann darauf reagieren würde.

Es waren diese Tage, in denen die Herzogin die Vorbereitungen für die Hinrichtungen durchführen liess. Das Wetter blieb schlecht, am Himmel wechselten sich tiefhängenden Wolken und kalter Regen ab.

Auf dem Platz vor der Burg war ein hölzernes Gestell aufgebaut worden, an einem deren Querbalken hingen drei Seile.

Seile, an deren Enden Schlaufen geknüpft waren.

Jolanda, Peter und Matthias besahen sich die Hinrichtungsstelle.

«Habt Ihr schon mit den Gefangenen gesprochen, Herzogin?», fragte Peter und sie antwortete, ohne ihren Blick von dem Galgen zu nehmen: «Nein, das werden wir alle gemeinsam tun. Wir beide, mein lieber Peter, würden sie auf der Stelle erdolchen. Ich wollte deshalb warten.» Sie sah Matthias an. «Würdest Du, mein Liebster?»

Matthias nickte langsam.

Der Kerkermeister öffnete quietschend die grosse, aus Eisenstäben bestehende Tür und Matthias betrat die Zelle. Ketten klirrten. Er benötigte einige Momente, bis sich seine Augen an das Halbdunkel gewöhnt hatten. Der Bauer sass auf der einen Seite am Boden, der Berner unter dem kleinen, vergitterten Fenster und der Burgunder an der rechten Wand. Alle sassen sie auf dem dürftig mit Stroh belegten Boden, eiserne Ringe um ihre Fussgelenke, verbunden mit an den Wänden festgemachten Ketten.

Der Kapitän stellte sich in die Mitte des Raumes, verschränkte die Arme. Die Herzogin, Peter und der Kerkermeister blieben auf dem Gang stehen, sahen durch die Gitterstäbe.

«Wessen Idee war das?», fragte Matthias. Seine Stimme war dunkel, eisig.

«Sie haben mich gezwungen», rief der Bauer und Matthias warf ihm einen kalten Blick zu. «Euch hatte ich nicht gefragt.»

«Aber …»

«Euch hatte ich nicht gefragt!» Seine Tonlage verschärfte sich und der Bauer schwieg, senkte den Kopf und sah traurig auf den Boden.

«Wessen Idee war das?» Keine Antwort. Matthias wartete lange. «Ihr könnt mit mir sprechen oder mit dem Kerkermeister. Er ist ein hervorragender Folterknecht.» Er nickte mit dem Kopf zu dem Kerkermeister hin und dieser schlug mit dem eisernen Schlüsselbund in seiner Hand an die Gitter. Der Bauer zuckte zusammen, doch die beiden anderen reagierten nicht.

Der Kapitän presste seine Lippen zusammen, nickte leicht. Er wandte sich an den Burgunder: «Was sagtet Ihr zu mir?» Er machte eine kurze Pause, als würde er überlegen. «In Stücke schneiden wolltet Ihr mich. Die Augen ausstechen und die Zunge abschneiden.» Wieder nickte er. «Dann wolltet Ihr mich entmannen und ausbluten lassen wie ein Schwein.» Er hörte, wie Jolanda scharf die Luft einsog, doch sie sagte nichts.

«Sollen wir das nun mit Euch tun?»

Der Burgunder hob den Kopf, grinste Matthias böse an. «Und Du hättest richtig schön geblutet, Du verdammter Hund.»

Auch Matthias lächelte, aber das Lächeln erreichte nicht seine Augen. «Das hätte ich, sicherlich. Aber ich denke, Ihr werdet ebenfalls richtig schön bluten.»

«Tut, was Ihr wollt! Ich werde Euch nichts sagen.» Er senkte wieder den Kopf, starrte auf seine Füsse.

«Na dann.» Matthias machte eine kurze Pause. «Eure Männer sterben! Alle! Jetzt gerade, in diesem Moment. Der Capitaine jagt sie in den Bergen, Ihr könnt also vergessen, dass Euch hier irgendjemand herausholt.»

«Ah», des Burgunders Stimme war voller Hohn, «deshalb ist das andere Stück Dreck nicht hier. Nur du, du Schwein.»

Matthias hörte, wie Peter einen undefinierbaren Laut ausstiess und die nur angelehnte Tür öffnete sich mit einem leisen

Quietschen. Matthias drehte sich zu ihm um. «Lasst, Fürstbischof. Er ist es nicht wert.»

Peter von Savoyen stockte, stellte sich dann neben Matthias. Sein Gesicht war vor Wut gerötet, seine Augen sprühten. Matthias' Stimme war immer noch kalt, aber ruhig. «Aber was ist mit Euch?», fragte er den Berner. «Wollt Ihr auch ausbluten?» Der Mann hob den Kopf, antwortete im Dialekt: «Es … Es tut mir leid, Kapitän. Wir haben doch …» Er stammelte, der Rest des Satzes war nicht mehr zu verstehen.

«Nur Befehle ausgeführt?» Der Berner nickte. «Und wessen Befehle waren es?»

«Ihr sagt nichts!», schrie der Burgunder auf Französisch, aber Peter machte einen Schritt zu ihm hin und knallte ihm seine Faust mit aller Wucht ins Gesicht, sodass die Lippe aufsprang und sein Kopf heftig hinten gegen die Wand stiess. Trotzdem lachte er ein böses Lachen, spuckte dann Blut und zwei Zähne vor Peters Füsse.

«Wessen Befehle habt Ihr ausgeführt?», fragte Matthias erneut, wieder im Dialekt.

«Lasst mich leben und ich erzähle Euch alles.»

Der Kapitän sah ihn lange an. «Nein! Aber ich kann Euch einen schnellen Tod versprechen, wenn Ihr redet.»

«Dann nehme ich mein Wissen ins Grab.» Der Berner sprach mit leiser Stimme und Matthias nickte. «Dann soll es so sein. Aber denkt daran, Euer Tod wird nicht nur grauenvoll, sondern vor allem lang werden.» Er machte eine Pause, um seine Worte wirken zu lassen. «Ihr könnt Euch nicht mal mit all Eurer Fantasie vorstellen, was Euch in der Folterkammer erwartet.» Er machte wiederum eine Pause und der Berner sah ihn mit grossen Augen an.

«Aber es ist Eure Entscheidung. Doch entscheidet Euch schnell, die Geduld der Herzogin ist nicht allzu gross.» Matthias nahm den Fürstbischof am Arm und sie verliessen die Zelle. Sie waren schon auf der Treppe, als sie hörten, wie die Tür mit einem metallischen Knallen ins Schloss fiel.

«Wird er reden?» Jolanda trank einen Schluck ihres mit Honig und Zitronensaft versetzten, heissen Wassers. Peter und sie sahen Matthias an. Dieser überlegte, nickte dann. «Ich denke schon. Er ist ein Feigling. Und wir werden ihm am Beispiel des Burgunders zeigen, was wir mit ihm tun werden, wenn er nicht redet. Und das wird ihn schon weichklopfen.»

Matthias und Peter hielten ein Glas mit Wein in der Hand. Sie standen alle drei vor dem Kamin, darin brannte ein grosses Feuer, damit die Herzogin es warm hatte. Für Matthias war es etwas zu warm, er schwitzte leicht.

«Und was machen wir mit dem Bauer?», fragte Peter mit einem Stirnrunzeln. Beide Männer sahen Jolanda an, diese zuckte mit den Schultern. Sie nahm nochmals einen kleinen Schluck. Trotz der Kräuter und Säfte hustete sie immer noch. Wenn es auch in den letzten Tagen wieder etwas besser geworden war.

«Er wurde gezwungen, denke ich.» Sie zuckte wieder mit den Schultern.

«Davon gehe ich auch aus.» Peter nahm sich einen Schluck Wein und Matthias nickte. «Das denke ich ebenfalls.»

«Dann lassen wir ihn laufen. Aber ich werde ihn aus Savoyen wegschicken. Sollte er nochmals gesehen werden, gibt es kein Erbarmen mehr.» Sie nickte, die Entscheidung war gefallen.

* * *

Der Kerkermeister liess Matthias zu sich rufen. Als dieser in den dunklen Gang trat, kam ihm der Wärter entgegen. «Der Berner will mit Euch sprechen, Herr Ritter.»

«Was habt Ihr mit ihm gemacht?»

«Nichts.» Der Kerkermeister lächelte böse, zeigte dabei seine wenigen dunkelbraunen Zähne. «Absolut nichts, mein Herr. Aber er hat gesehen, was wir mit ihm machen werden, wenn er nicht redet.»

«Wie das?»

«Seht selbst. Dem Burgunder wurde das erste Auge vor drei Tagen ausgestochen.» Der grosse, breite Mann schüttelte den Kopf. «Aber er hat nur gelacht, obwohl die Schmerzen enorm sein müssen. Aber als wir ihm heute das zweite Auge auch noch genommen haben, hat der Berner nach Euch verlangt.»

Matthias nickte. «Und der Burgunder selber?»

«Es tut mir leid, mein Herr, aber er schreit nur Verwünschungen und Drohungen.»

«Ich habe auch nichts anderes erwartet.» Matthias Stimme zeigte trotz seiner Aussage eine Spur Resignation. Er hatte irgendwie gehofft, dass der burgundische Kämpfer sich dem Schlimmsten entziehen würde. «Lasst mich zu ihm.»

Der Kerkermeister zog den grossen, eisernen Ring mit den Schlüsseln von seinem Gürtel und öffnete die Zellentür.

Matthias trat ein und zuckte gleich wieder zurück. Der Gestank in der Zelle war kaum auszuhalten. Es roch nach Kot, Verwesung und verfaulendem Fleisch.

Der Burgunder lag auf seinem Platz, angekettet, war aber nicht bei Bewusstsein. Über seinen Augen war eine Binde, welche durch und durch mit altem und auch frischem Blut getränkt war. Sein Körper zitterte immer wieder unkontrolliert. An seinen Hosen waren Spuren von Exkrementen, das ehemals weisse Hemd war zerrissen und völlig verschmutzt.

Der Berner sass immer noch am selben Platz wie bei seinem ersten Besuch. Dessen Blick wanderte immer wieder zwischen Matthias und dem Burgunder hin und her. Den Bauer, Matthias suchte in seinem Kopf nach dessen Namen, konnte er aber nicht mehr finden, er war schon vor Tagen aus dem Kerker geholt worden. Jolanda hatte ihm klargemacht, dass er von ihr Vergebung erhalte, aber auch im Herzogtum nicht mehr erwünscht sei. Dann war er aus der Stadt gejagt worden.

Der Berner sah Matthias mit angsterfülltem Blick an. «Herr Kapitän, bitte, tut mir das nicht an.»

«Warum?» Matthias sprach mit eiskalter Stimme. «Ihr wolltet mich töten, Ihr wolltet die Herzogin töten und …»

«Aber nein! Wir wollten die Herzogin nicht töten. Niemals!» Er schluckte, sah den Söldner mit einem flehenden Blick an. «Wirklich!» Seine Stimme überschlug sich fast. «Ihr müsst mir glauben. Wir hatten nicht den Auftrag, sie zu töten.»

«Aber mich.» Er stand wieder in der Mitte der Zelle, die Arme verschränkt. Der Berner senkte den Blick.

«Ja, Euch schon», gab er nach einer Pause zu. Matthias nickte wissend. «Und warum sollte ich Euch jetzt verschonen?»

Der Berner hob den Kopf und holte Luft für eine Antwort, aber er sprach sie nicht aus. Tränen begannen ihm über die Wangen zu rollen.

Matthias empfand kein Mitleid, nur Abscheu. Er hatte an Jolanda die Bitte gerichtet, den Berner eigenhändig töten zu dürfen, aber sie hatte abgelehnt. Sollte der Mann die Wahrheit sprechen, wollte sie Gnade walten lassen.

Und Matthias hatte sich zu fügen, sie war die Regentin.

Doch er sagte zu dem Berner nichts, wollte ihn zappeln lassen.

Schliesslich rief er den Kerkermeister. «Macht ihn los. Aber legt ihm Eisen an, sodass er die Hände nicht bewegen und auch nicht weglaufen kann.»

Matthias ging über den Burghof, den Gefangenen an einer Kette hinter sich herziehend. Es war morgens und seine beiden Söhne übten mit Sven. Als er auf den Hof hinaustrat, unterbrachen sie ihre Übungen und sahen zu ihnen herüber. Sven wandte sich zu ihnen um, stellte sich breitbeinig hin, seine Übungsaxt lässig auf den Boden gestellt. Der Berner stockte und Matthias riss an der Kette.

«Wird er …?», fragte der Gefangene, aber Matthias gab ihm keine Antwort, riss nur noch heftiger an der Kette, sodass der Mann sich wieder in Bewegung setzen musste.

Der Kapitän hatte eine solche Wut, dass er es sich nicht nehmen liess und mit seinem Gefangenen geradewegs auf Sven zuging. Als sie auf seiner Höhe waren, riss der Hüne seine Holzaxt hoch, als wolle er den Berner erschlagen, und dieser schrie angsterfüllt auf, versuchte seine gefesselten Hände hochzureissen. Doch Sven senkte die Waffe wieder und begann zu lachen. Noah und Valentin sahen nur zu, die Mienen ernst, aber beide sagten nichts.

Matthias riss den Mann weiter, die Treppen hoch, die Gänge entlang und schliesslich in den grossen Saal hinein. Jolanda hatte heute einen guten Tag, ihre Gesichtsfarbe war wieder zurückgekehrt und sie sah … einfach nur umwerfend aus, dachte Matthias, als er durch die Tür trat. Wie immer, wenn er sie erblickte, sprang sein Herz und er spürte den schönen Schmerz in seiner Brust.

Sie trug ein helles, fast weisses Kleid, schlicht und trotzdem mit einer gewissen Eleganz. Ihre Haare waren offen, ein Zeichen, dass es ihr an diesem Tage besser ging.

Sie sass auf ihrem goldbemalten Stuhl am Tisch, hatte verschiedene Papiere vor sich, in welche sie vertieft war.

Sie sah auf, als die Tür aufging, nahm die Papiere zusammen, legte sie auf einen Stapel, lehnte sich in ihrem Stuhl zurück und faltete die Hände. Ihr Gesicht zeigte keine Regung. Erst als ihr Blick von dem Gefangenen zu Matthias ging, zeigte sich ein leises Lächeln auf ihrem kleinen, vollen Mund. Der Berner sah es, runzelte leicht die Stirn und blickte von der Herzogin zu Matthias, dann wieder zurück.

Der Kapitän verpasste ihm einen Stoss und der Gefangene stolperte in seinen klirrenden Ketten ein paar Schritte vorwärts.

«Werte Herzogin», sagte er dann mit einem heftigen Akzent auf Französisch. Er verneigte sich.

Jolanda wiegte den Kopf leicht zur Seite, antwortete nicht.

«Bitte, Majestät, bitte ...»

Er kam nicht weiter, da in diesem Moment die grosse Tür zum Saal wieder aufgeschlagen wurde und Peter eintrat. Der Berner und Matthias sahen sich um, der Kapitän nickte dem Fürstbischof zu, der aber hatte nur einen bösen Blick für den Gefangenen übrig. Er ging an den beiden vorbei, verneigte sich leicht vor Jolanda und setzte sich dann auf einen der Stühle. Einen Moment herrschte Stille.

Dann schliesslich sprach Jolanda: «Wie ist Ihr Name, Monsieur?»

Der Gefangene räusperte sich. «Ich bin Sebastian von Diesbach.»

Matthias zuckte leicht zusammen bei dem Namen. Jetzt wusste er, woher ihm die Züge bekannt vorgekommen waren, aber er hatte sie bisher nicht einordnen können.

Jolanda sah zu ihm hin. Er zuckte leicht mit den Schultern.

«Erklärt Euch, Monsieur von Diesbach.»

Sebastian holte tief Luft und sprach dann auf Französisch: «Ich bin der Neffe von Niklaus von Diesbach, Madame.»

«Ihr meint, den …» Sie suchte nach dem richtigen Wort, sah hilfesuchend Matthias an. «Schultheiss von Bern», half dieser ihr aus.

«Ja, genau den. Den Schu…», sie kämpfte mit dem ihr ungewohnten Wort, «Schultheiss von Bern.»

«Ja, meine werte Herzogin. Er war mein Onkel und Pate.» Sebastian sah immer wieder zwischen Matthias und Jolanda hin und her. «Und ich muss Euch mitteilen, dass wir nie die Absicht hatten, Euch etwas anzutun.»

«Verfluchter, verdammter Blödsinn!», rief Peter erbost. Sein Gesicht war rot angelaufen, was sonst selten bei ihm vorkam. «Wie könnt Ihr es wagen?»

«Lasst, mein lieber Peter.» Jolandas Stimme war sanft. «Er soll sich erklären.» Sie machte eine kurze Pause, aber bevor der Gefangene weitersprechen konnte, ergänzte sie, immer noch zu dem Fürstbischof gewandt: «Ich werde am Schluss urteilen, ob ich ihm glaube oder nicht. Wenn ja, dann lebt er. Und wenn nicht, endet er wie der burgundische Capitaine.»

Sebastian erbleichte.

«Bitte Herzogin, Ihr müsst mir glauben.» Seine Stimme war flehentlich, doch es zeigte sich keine Regung in ihren zierlichen Gesichtszügen. Dann meinte sie mit trockener Stimme: «Das, Monsieur von Diesbach, überlasst Ihr bitte mir.»

«Selbst… Selbstverständlich», stammelte der Gefangene. Er blickte sich um zu Matthias, der mit verschränkten Armen und regungslosen Gesichtszügen schräg hinter ihm stand.

Sie rümpfte ihre Stupsnase, etwas, das Matthias so sehr an ihr liebte. «Und jetzt sagt Ihr uns die Wahrheit, sonst gewähre ich Ritter von Altstetin seinen Wunsch, Euch mit eigener Hand zu töten.» Sie liess ihre Worte wirken. «Und ich denke, nachdem er Euren Namen nun weiss, ist sein Wunsch nicht kleiner geworden.»

Sebastian nickte heftig. «Das werde ich, werte Herzogin, das werde ich.»

Sebastian von Diesbach erzählte ihnen die ganze Geschichte. Es war, wie sie geahnt hatten: Walter auf der Flüe oder Supersaxo, wie er auch genannt wurde, der Fürstbischof von Sitten, hatte sich an die Berner gewandt, um den unteren Teil des Wallis, welcher immer noch unter savoyischer Herrschaft war, an sich zu bringen.

Von Diesbach war daher mit der Idee aufgekommen, die Herzogin zu verschleppen und sie nur unter der Bedingung wieder freizulassen, wenn sie ihre Ländereien im Wallis, aber auch die Teile der Vaud, welche ebenfalls noch zu ihrem Gebiet gehörten, an Supersaxo und an die Stadt Bern abtrat. Und Von Diesbach wollte seine fünfzigtausend Gulden wieder zurückbekommen, die er der Herzogin für verschiedene Gemeinden bezahlt hatte. Da sie sich aber keinesfalls König Louis XI. von Frankreich zum Feind machen wollten, hatten sie Capitaine Froissier und dessen Männer angeheuert. Diese, nach Herzog Karls Tod in Nancy ohne Anstellung und Bezahlung, hatten bereitwillig zugesagt. Und Matthias hätten sie nach Bern bringen sollen, wo ihn Von Diesbach als Pfand gegen Waldmann und die Stadt Zürich behalten hätte.

Als Sebastian geendet hatte, blieb es lange still. Peter schüttelte immer wieder nur den Kopf. Jolanda überlegte, sah dabei immer wieder Matthias an, der mit wütendem Gesicht neben dem Gefangenen stand. Er hätte den Halunken am liebsten auf der Stelle umgebracht.

Schliesslich meinte Jolanda: «Bringt Herrn von Diesbach wieder in den Kerker.»

«Aber, Ihr habt gesagt ...» Sebastian schreckte hoch.

«Ich habe gesagt, ich lasse Ritter von Altstetin Euch nicht töten, wenn Ihr die Wahrheit sagt», unterbrach sie ihn mit scharfer Stimme.

«Herzogin?», fragte Matthias und Jolanda nickte. Er wandte sich an Sebastian: «Ihr sagtet *war Euer Onkel und Pate*. Wo ist Euer Onkel jetzt?»

Der Gefangene sah ihn mit bleichem Gesicht an. «Er ist tot.»

«Tot?» Matthias konnte nicht glauben, was er da hörte. «Wie soll das sein?»

«Er ist kurz nach meiner Abreise verstorben.»

«Und wie wollt Ihr das wissen?» Seine Stimme zeigte die Zweifel, welche er an der Aussage hatte.

«Ein Bote ist uns nachgeritten.»

«Und Ihr seid nicht zurückgekehrt?» Auch Peter schien Zweifel zu hegen.

«Nein, Herr.» Sebastian sprach wieder in Richtung Jolanda und Peter. «Ich wollte …» Er stockte, verzog leicht sein Gesicht. «Ich wollte meinem Onkel einen letzten Wunsch erfüllen.»

Peter runzelte die Stirn. «Und wie ist Euer Onkel verstorben?», wollte er wissen und der Gefangene presste die Lippen zusammen, bevor er antwortete: «An der Pest, Monsieur.»

«An der Pest?» Jolandas Stimme klang alarmiert. Jeder wusste, wie gefährlich diese Krankheit war und wie schnell sie sich verbreiten konnte.

«Ja, werte Herzogin.»

Matthias wusste nicht, ob er lachen oder wütend werden sollte. Er hätte Niklaus von Diesbach ohne zu zögern sein Schwert in den Leib gerammt, aber jetzt tat er ihm fast leid. Einen Tod durch die Pest hatte auch ein Ritter von Diesbach nicht verdient. Dann kam ihm ein Gedanke: «Und was wäre dann mit mir gewesen, wärt Ihr erfolgreich gewesen?» Matthias' Stimme bebte, er wusste die Antwort schon, bevor Sebastian sie aussprach.

«Capitaine Froissier hätte Euch getötet», sprach er leise.

* * *

Bedrohlich ragte der Galgen aus der Menschenmenge hervor, welche den grossen Platz vor der Burg bis auf den letzten Platz füllte. Die meisten Menschen waren aus der Stadt, aber es waren auch solche von ausserhalb zu sehen.

Capitaine d'Aramitz hatte mit seiner Palastwache einen Korridor bilden lassen, sodass ein freier Weg von der Treppe der Burg zum Richtplatz hinführte.

Der Galgen bestand aus einem hölzernen Gestell. Vier Pfosten bildeten den Rahmen, vier weitere Balken hielten das Ganze zusammen. An einem der Längsbalken hingen die drei Seile, darunter standen je ein kleines Fässchen. Die Schlingen baumelten leicht im Wind.

Die Menschen auf dem Platz lachten, redeten, sangen. Viele tranken oder assen etwas von den Ständen, die am Rande aufgebaut waren und allerlei Waren anboten.

Matthias stand mit Peter und Sven am oberen Ende der Treppe, besah sich das bunte Treiben auf dem Platz. Es erinnerte ihn stark an die Hinrichtung des Peter von Hagenbach. Dann bemerkte er, dass neben dem Gerüst noch ein Richtblock platziert worden war, darauf lag eine grosse Axt, wie sie dazu benutzt wurde, Menschen die Köpfe abzuschlagen. Er hob seine Augenbrauen, blickte Peter fragend an. Dieser bemerkte den Seitenblick, lächelte aber nur leicht und sagte nichts.

Ein lauter Befehl ertönte und die Männer der Palastwache nahmen Haltung an. Sie zogen ihre Schwerter, richteten sie gegen die Menge. Der Capitaine wollte die Menschen auf Distanz halten, sodass die beiden Hinrichtungen ohne Probleme erfolgen konnten.

Das Raunen in der Menge wurde lauter und als die Herzogin, gefolgt von Wachen und den beiden Gefangenen, am äusseren Tor erschien, noch einmal.

Matthias und Peter machten Platz. Sie schritt an ihnen vorbei, doch nicht ohne ihrem Liebsten sanft zuzunicken. Er lächelte leicht.

Jolanda trug ein schwarzes, langes Kleid, hochgeschlossen, und eine passende, schlichte Haube. An ihren Ohren baumelten Ohrringe mit grossen, dunkelgrauen Perlen, sonst trug sie keinerlei Schmuck.

Hinter ihr schleiften zwei Männer der Wache Froissier aus der Burg und die Treppe hinunter. Seine ausgestochenen Augen waren immer noch mit derselben blutdurchtränkten Binde bedeckt. Die Hände hatten sie ihm mit einem Hanfseil auf den Rücken gebunden und an den Fussgelenken klirrten schwere eiserne Fesseln. Da er nichts mehr sehen konnte, stolperte er auf der obersten Stufe und die beiden Wachen hielten ihn unter den Armen fest, zogen ihn unbarmherzig mit sich.

Auch Sebastian von Diesbach waren die Hände auf den Rücken gefesselt und er trug ebenfalls die schweren Ketten. Aber er ging aus eigener Kraft, das Gesicht weiss wie ein Leinentuch. Matthias und Peter von Savoyen bildeten den Schluss. Sven blieb oben an der Treppe stehen.

Jolanda stoppte vor dem Galgengerüst, drehte sich um und wartete, bis beide Gefangenen vor ihr standen.

Von Diesbach konnte kaum den Blick von den drei Schlingen lösen. «Ihr habt gesagt …», begann er zu schreien, aber einer seiner Wärter schlug ihm mit der Hand ins Gesicht. Von Diesbach spuckte Blut auf den Boden, sah mit angstverzerrtem Gesicht die Herzogin an. Diese stand nur da, wartete auf den richtigen Moment.

Froissier hielt seinen Rücken gerade, den Kopf erhoben. Sein Gesicht war so geschwollen, dass Matthias dessen Gesichtsausdruck nicht zu deuten vermochte.

Schliesslich nickte Jolanda Peter zu und dieser stellte sich unter das Gerüst und rief laut, sodass die Menge es hören konnte: «Werte Bürger von Chambéry, Mesdames et Messierus von Savoyen. Diese beiden Männer kamen in unser Land, um unsere geliebte Herzogin zu verschleppen.» Er wurde von Flüchen und Verwünschungen unterbrochen und wartete geduldig, bis die Menge wieder leiser wurde. Dann fuhr er weiter: «Sie kamen als Söldner im Auftrag von unseren Feinden im Wallis und der Stadt Bern.» Wieder Unruhe und d'Aramitz versuchte mit lauten Rufen die Menge zu beruhigen.

«Unter dem Kommando dieser Männer haben sie im Norden mehrere Dörfer geplündert, unschuldige Savoyer ermordet, Frauen und Mädchen vergewaltigt und das Vieh gestohlen.» Die Menge drängte vorwärts und die Männer d'Aramitz hatten alle Hände voll zu tun, die Menschen im Zaum zu halten.

«Sie haben über ein Dutzend unserer Soldaten in einen niederträchtigen Hinterhalt gelockt und sie erbarmungslos erschlagen!» Wieder drängte die Menschenmenge vorwärts, wieder wurden sie von Schwertern der Palastwache zurückgedrängt.

«Aber wir haben sie bestraft. Unser werter Capitaine De Porteau hat sie aufgespürt und sie ihrer gerechten Strafe zugeführt. Und jetzt werden wir dies hier mit den beiden Anführern ebenfalls vollführen!»

Jubel brandete auf. Rufe wurden laut, die beiden Männer endlich aufzuhängen, aber Peter hob beschwichtigend die Hände und fuhr weiter: «Aber wir alle kennen unsere geliebte Herzogin. Sie ist in ihrer Grösse barmherzig und hat deshalb das eine Todesurteil umgewandelt.» Vereinzelte Buhrufe waren zu hören und Peter rief: «Sebastian von Diesbach», er zeigte auf den Berner, «wird verschont.» Matthias sah, wie die Erleichterung in dessen Gesicht erschien, Tränen begannen über sein Gesicht zu laufen. Er selbst machte eher eine mürrische Miene. Er hätte den Berner lieber hängen sehen. Oder noch besser, ihm sein Schwert in die Brust gerammt.

«Monsieur von Diesbach», Peter wandte sich jetzt direkt an den Berner, «unsere geliebte Herzogin hat entschieden, Euer Leben zu verschonen. Aber Euch werden beide Hände abgehackt als Strafe, dass Ihr unser Land und unsere Herrscherin angegriffen habt.» Matthias wusste nun, wofür der Richtblock neben dem Gerüst stand. Von Diesbachs Erleichterung wich blankem Entsetzen.

«Nein!» schrie er mit lauter und spitzer Stimme. «Nein, das könnt Ihr nicht machen!» Ein erneuter Faustschlag seines Wächters schickte den Berner zu Boden, wo er in sich gesunken sitzen blieb, jetzt aber still.

«Capitaine Froissier», Peter sprach nun zu dem Burgunder, «Ihr jedoch werdet nicht verschont. Ihr werdet hängen dafür, dass Ihr nicht nur unser Land angreifen und unsere Herzogin verschleppen wolltet, sondern auch für den hinterhältigen und feigen Angriff auf unsere Männer.»

Der Burgunder versuchte zu grinsen, spuckte angewidert auf den Boden. Die Menge schrie erbost auf. «Bringt den Bastard endlich um!», rief irgendjemand und viele fielen in diese Rufe mit ein.

Jolanda stand da, winkte dann den Wärtern des Burgunders. Diese packten ihn, zogen den Gefangenen zum Galgen, wo sie Froissier auf das Fässchen hoben. Der Henker, auf einem kleinen Schemel stehend, legte ihm die Schlinge um den Hals.

Jolanda stellte sich vor ihn, blickte den Delinquenten von unten an. «Wollt Ihr noch etwas sagen, Capitaine?»

«Fahrt zur Hölle! Und als Erster dieser verfluchte eidgenössische Bastard, Mörder unseres grossen Herzogs Karl!» Seine Worte waren schlecht zu verstehen, da ihm durch die Folter alle Zähne fehlten, aber Matthias verstand sie gut genug. Jolanda sah ihn an, aber er zuckte nur mit den Schultern.

«Möge der Herr Eurer Seele gnädig sein, Capitaine», sagte sie leise und nickte dem Henker zu. Dieser trat von hinten an das Fässchen.

Froissier stiess einen gurgelnden Laut aus, als die Schlinge sich um seinen Hals zusammenzog. Die Beine begannen zu zittern und die Füsse schlugen in der Luft umher. Für eine kurze Zeit liess er immer wieder gutturale Laute hören, doch nach wenigen Minuten war er ruhig, aber seine Beine zuckten noch lange. Froissier, als Schwertkämpfer, hatte gut ausgebildete Muskeln in den Schultern und im Halsbereich und sein Todeskampf dauerte über zehn Minuten. Die Menge auf dem Platz sah zu, immer wieder waren Hochrufe zu hören, wenn eines seiner Beine ausschlug.

Matthias sah immer wieder zu Jolanda hin, wartete, dass sie irgendwann Erbarmen zeigte und dem Henker ein Zeichen gab. Aber sie reagierte nicht, sah mit stoischer Ruhe zu, wie der Burgunder seinen Kampf ausfocht. Einen Kampf, den er nicht gewinnen konnte.

Irgendwann schliesslich hörte das Zucken auf und er blieb still. Seine Zunge hing aus seinem Mund, das Gesicht war schwarz angelaufen und aufgequollen. Der Henker sah sie fragend an, doch sie schüttelte nur den Kopf. «Lasst ihn hängen», befahl sie dann und richtete ihre Aufmerksamkeit zu Sebastian von Diesbach, welcher den Tod des Burgunders mit grossen Augen auf dem Boden sitzend mitverfolgt hatte. Als er ihren Blick spürte, begann er wieder zu schreien und zu betteln, doch wiederum zeigte sie kein Erbarmen. Jolanda nickte den beiden Burgwächtern zu und diese hoben den Berner auf. Er schüttelte sich und versuchte sich zu befreien. Ohne Erfolg.

Sie schleppten den schreienden Gefangenen zum Richtblock, wo sich der Henker schon aufgestellt hatte.

«Bitte! Bitte! Tut dies nicht!», brüllte Von Diesbach, doch die beiden Wärter zwangen ihn auf die Knie. Einer hielt ihm sein Schwert an die Kehle, der andere löste die Handfesseln und schnürte dann dessen Hände vor dem Körper wieder zusammen. Er zog an dem Strick, sodass Von Diesbach Hände mitten auf dem Block lagen.

Sebastian wimmerte, immer wieder stammelte er Unverständliches. Jolanda stellte sich vor ihn und der Wärter mit dem Schwert dirigierte seinen Kopf nach oben, sodass dieser die Herzogin ansehen musste.

«Monsieur von Diesbach, Ihr wolltet mich verschleppen und
den Ritter Matthias von Altstetin töten.» Von Diesbach wimmerte
irgendetwas und die Herzogin fuhr mit lauter Stimme fort: «Ich
müsste Euch dafür ebenfalls hängen lassen, aber ich versprach
Euch Erbarmen und lasse Euch deshalb am Leben.» Sie machte
eine Pause, um ihre Wörter wirken zu lassen. «Euch werden beide
Hände genommen. Solltet Ihr das überleben, werde ich dafür sorgen, dass Ihr aus unserem Herzogtum verschwindet. Wenn Ihr
oder jemand Eurer Familie noch einmal einen Fuss auf unser Gebiet setzt, werdet Ihr sterben, das verspreche ich Euch.»

«Bitte», schluchzte Sebastian, Speichel lief aus seinem Mund
und tropfte auf den nassen Boden. Wiederum setzte ein leichter
Regen ein, vermischte sich mit seinen Tränen, welche unentwegt
aus seinen Augen liefen. Jolanda trat einen Schritt zurück und sah
zu dem Henker. Dieser nahm die grosse Axt, hob sie über den
Kopf und liess sie in einem einzigen Schwung auf den Holzblock
sausen. Sauber trennte die Schneide beide Hände an den Handge-
lenken von den Unterarmen.

Einen Moment lang passierte nichts. Dann schoss Blut aus Von
Diesbach Stümpfen, er begann aus voller Kehle zu schreien, bis er
wieder verstummte und das Bewusstsein verlor. Er kippte auf die
Seite. Die beiden Wächter nahmen bereitgelegte Verbände und begannen, die Stümpfe zu verbinden. Dann hoben sie ihn auf und
trugen ihn zurück in seinen Kerker.

Jolanda sah mit ihren Bergsee–blauen Augen zu Matthias, ihre
Gesichtszüge waren steinern. Der Kapitän nickte und bot ihr seine
Hand. Sie nahm sie und zusammen mit Peter gingen sie zurück in
die Burg.

Es klopfte heftig an seiner Tür. Matthias, gerade erst erwacht, schüttelte seinen Kopf, verliess sein Bett und ging zu dem Waschbecken, spritzte sich frisches, kühles Nass ins Gesicht. Es verging ein Moment und klopfte erneut laut.

«Ich komme ja schon», rief er, schlüpfte in seine Hose und öffnete die Tür. Draussen stand Fürstbischof Peter mit ungeduldiger Miene. «Matthias, los auf. Ihr könnt nicht den ganzen Tag schlafen.»

Matthias zog die Tür ganz auf und bat den Fürstbischof mit einer Handbewegung ins Zimmer. Dieser trat ein, rümpfte die Nase, ging zu einem der Fenster und öffnete es.

«Hier braucht es frische Luft.»

«Peter, warum seid Ihr hier?»

Der Fürstbischof grinste, rieb sein perfekt gestutztes Bärtchen. «Wir haben Besuch», meinte er dann, sagte aber nichts weiter.

Matthias zog ein frisches Hemd aus dem Schrank, schlüpfte hinein. Dann setzte er sich auf das Bett und begann, seine hohen ledernen Stiefel anzuziehen. «Und wer besucht uns? Lasst Euch nicht alles aus der Nase ziehen.» Er warf einen Seitenblick auf den immer noch grinsenden Peter. «Das sagt Ihr immer zu mir.»

«Jemand, den Ihr gut kennt.» Der Fürstbischof schien bester Laune zu sein und es machte ihm Spass, Matthias etwas zappeln zu lassen.

«Nun kommt schon, sagt es mir. Wer?»

«Na, wer wohl?», fragte eine Stimme von der offenen Türe her. «Wie wäre es mit einem alten Freund?» Waldmanns Augen blitzten, seine Haare standen ihm in alle Richtungen vom Kopf und er lachte breit durch seinen Bart hindurch.

Erlesenste Speisen wurden von den Dienern und Lakaien aufgetragen. Es wurden verschiedene Fische aufgetischt wie getrockneter Kabeljau, gesalzener Hering sowie in Gemüse und mit Eiern eingesäuerte Aale. Dazu gab es gekochtes und gesiedetes Fleisch vom Schwein und vom Huhn. Als Hauptgang gab es Wildbret vom Hirsch. Schüsseln mit Kohl, Lauch und Zwiebeln fehlten ebenso wenig wie Körbe mit mehreren Brotsorten und eine grosse

Platte aus wunderschönem, schneeweissem Marmor, auf der über ein halbes Dutzend verschiedener Käsesorten lagen.

Jolanda hatte mehrere Glaskaraffen mit weissen und roten Weinen aufstellen lassen und speziell für Sven stand ein grosser Krug frisch gebrautes Bier auf der Tafel. Sie selbst trank heisses Wasser mit Zitronensaft und Honig und sie ass nur sehr wenig, was ausser Matthias und Peter aber niemandem sonst auffiel.

«Ich habe Matthias Brief erhalten, betreffend die Vorkommnisse mit Supersaxo und Von Diesbach, werte Herzogin.» Er neigte den Kopf. «Es tut mir sehr leid um Eure Männer, es wäre vermeidbar gewesen.» Er warf einen Blick zu Matthias, welcher das Gesicht verzog. «Jedoch, ich weiss nicht, ob man es wirklich hätte voraussehen können. Aber ich bin froh, dass der Capitaine und Matthias Euch gebeten haben, nicht mitzureiten. Stellt Euch nur vor, was das für Auswirkungen gehabt hätte. Ich kann mir nicht vorstellen, wie Euer werter Bruder, der König, reagiert hätte, wäre der Plan aufgegangen.» Jolanda nickte langsam.

«Wäre es ans Tageslicht gelangt, hätte König Louis den Bernern den Krieg erklärt», meinte Peter und Waldmann nickte heftig. Er nahm sich einen Schluck Wein, stellte das leere Glas dann auf den Tisch und gab einem Diener ein Handzeichen, es wieder zu füllen. «Das denke ich auch, werter Fürstbischof, das denke ich auch.»

«Und was hättet Ihr dann getan, Hauptmann?», fragte Jolanda und Hans ereiferte sich: «Ich? Ich hätte den ganzen Rest der Stände dazu gebracht, die Füsse still zu halten. Was glaubte der Hund eigentlich? Wäre er nicht tot, würde ich ihn vor Gericht stellen lassen. Aber es ist gut, dass Ihr seinen Neffen nicht hingerichtet habt, obwohl es Euer sehr gutes Recht gewesen wäre.» Er schüttelte den Kopf. «So werden sie sich in Bern mit ihm auseinandersetzen müssen. Obwohl», er verzog das Gesicht, «bestraft ist er schon genug.»

«Ihr seid auf dem Weg zu König Louis?», fragte Peter dazwischen und Waldmann nickte. «Nach der ganzen Sache, die hier passiert ist, hat der König mich zu ihm gebeten.»

«Warum Euch und nicht die Herzogin?», fragte Matthias, aber Jolanda antwortete ihm: «Das hat er. Der Brief kam heute am Morgen.»

Matthias sah sie erstaunt an, er wusste noch nichts davon. «Aber Ihr wollt doch nicht …»

Sie lächelte leicht. «Nein, ich werde nicht reisen. Ich fühle mich zurzeit nicht stark genug. Aber ich werde einen Brief aufsetzen lassen, welchen ich Ritter Waldmann mitgebe.»

Matthias atmete auf. Er wusste, ihre Gesundheit würde eine solche Reise nicht zulassen, und er war froh, sich nicht mit ihr deswegen streiten zu müssen.

«Der König will unsere Söldner anwerben. Was hatte ich Dir gesagt, Matthias?» Er knallte seinem alten Gefährten eine Hand auf die Schulter. «Ich sagte Dir doch, da ist einiges an Geld zu verdienen.»

Peter nahm sich ein grosses Stück des Hirsches, begann es mit seinem Messer zu zerteilen. «Er möchte eine königliche Garde aufstellen», meinte er mit ernster Miene.

«Aus eidgenössischen Kämpfern?», fragte Sven und der Fürstbischof und Waldmann nickten beide. «Ja! Er ist so angetan von dem, was gegen Herzog Ar…» Hans sah zu der Herzogin, grinste, verbesserte sich: «Was wir gegen Herzog Karl geleistet haben, dass er unsere Männer anwerben will. Und ich denke, das könnte für beide Seiten ein sehr gutes Geschäft werden.»

Matthias sah Sven fragend an, aber dieser schüttelte nur seinen grossen Kopf. Auch er nahm sich ein Stück Fleisch vom Teller, hielt es zwischen den Fingern. «Ist nichts für mich, Kapitän», brummte er mit seinem Bass und Matthias lächelte leicht.

«Warum nicht, Sven? Das wäre doch ein richtig guter Posten für Dich?», fragte Waldmann erstaunt, aber die Antwort kam nicht von dem Hünen selbst, sondern von Jolanda: «Weil Sven Ivarsson von Einsiedeln von mir zum Ritter geschlagen wird. Als Dank, dass er Capitaine De Porteau und Matthias das Leben gerettet hat.»

Stille trat ein. Ausser Peter, welcher breit den Hünen anlächelte, hatte noch niemand davon gewusst. Der riesige Kämpfer sah die Herzogin mit grossen Augen an, wusste nicht, was er antworten sollte. «Ihr …», versuchte er es dann trotzdem. «Ihr macht einen Scherz mit mir, Herzogin.» Jolanda sah den Hünen mit ihren grossen Augen an, lächelte sanft und schüttelte den Kopf. «Nein, mein

lieber Sven, ich scherze nicht. Nehmt Ihr die Belohnung an?»
Svens Blick ging zu Matthias, dieser nickte.

«Ich weiss nicht, wie ich Euch danken soll.» Selten hatte
Matthias Svens Stimme belegt erlebt.

«Ihr müsst mir nicht danken! Ihr habt mir, unserem Herzogtum
und Euren Gefährten schon so viel Gutes getan. Es ist an der Zeit.»

«Aber … Aber ich kann nur sehr schlecht lesen und gar nicht
mal schreiben.»

Jolanda lachte auf, aber das Lachen ging in ein Husten über.

«Wenn Ihr das möchtet, lasse ich es Euch beibringen», meinte
Peter, welcher für die Herzogin übernahm. «Aber Ihr seid mutig,
stark und äusserst loyal. Das ist viel mehr wert als das Lesen
und das Schreiben.»

Ich danke Euch, meine Herzogin.» Sven stand von seinem Stuhl
auf und verneigte sich auf seine unbeholfene Art. Jolanda, das Gesicht bleich, lächelte etwas gequält und winkte mit der Hand.
«Bleibt sitzen, mein lieber Freund. Bleibt sitzen.»

* * *

Nach dem Essen liess sich Jolanda entschuldigen und Peter von
Savoyen, Hans Waldmann und Matthias gingen nach draussen.
Sven war schon wieder auf dem Weg zu seiner Magd.
Er wollte ihr die Neuigkeiten sofort mitteilen.

Der Kapitän führte die beiden Männer in die hintere Ecke der
Burg und durch die kleine Pforte hindurch, welche ihm damals
Jolanda gezeigt hatte.

Sie gingen schweigend nebeneinanderher.

«Der Herzogin Gesundheit ist nicht gut», meinte Hans schliesslich ernst und Peter nickte.

«In den letzten paar Tagen wurde es wieder schlimmer, seit das
Wetter nicht mehr so warm ist.» Er seufzte tief, zeigte damit
seine Besorgnis. Ihre Schritte knirschten auf dem Weg.

«Ihr Leibarzt versucht alles, hat schon verschiedenste Mittel
und Kräuter verabreicht, aber so wirklich bessern will der Husten sich nicht.»

«Kann sie sich aber noch um die Geschäfte kümmern?» Auch
Waldmanns Stimme zeigte Besorgnis.

«Aber sicher kann sie das», antwortete Matthias und der Fürstbischof nickte.

«Sie kann. Aber es ist nicht immer einfach. Ich stehe ihr mit all
meiner Kraft zur Verfügung.» Der Fürstbischof seufzte wieder.
«Doch Ihr kennt ja die Herzogin, Hauptmann. Sie kann so un-
glaublich stur sein.» Er lächelte leicht bei dem Gedanken.

«Oh ja, das kann sie», bestätigte Matthias. «Wir hatten die
grösste Mühe, sie davon abzubringen, gegen die burgundischen Lumpen mitzureiten.»

«Gott sei es gedankt!» Waldmann rollte mit den Augen. «Nicht
auszudenken, was hätte alles passieren können, wenn sie mit dabei gewesen wäre.»

Schweigend gingen sie weiter. Nur ihre langsamen Schritte waren zu vernehmen. Kein Vogel zwitscherte, kein Lüftchen wehte.
Über den Himmel zogen langsam Wolken, wechselten
sich mit Flecken blauen Himmels ab.

«Wie ergeht es Euch in Zürich?», wechselte Peter das Thema.
Matthias hatte sie zu einer hölzernen Bank im Park geführt, wo
sich der Fürstbischof und der Hauptmann setzten. Matthias
blieb vor ihnen stehen.

«Ach, die Geschäfte gehen gut», meinte Waldmann. Er über-
kreuzte seine Beine, lehnte sich zurück. Die Sonne kam zwischen
den Wolken hervor und er genoss ihre wärmenden Strahlen auf seinem Gesicht.

«Ich komme soeben von einem Schiedsgericht zwischen dem
Wallis und dem Herzogtum Mailand. Seit der Ermordung von
Herzog Galeazzo Sforza regiert ja seine Witwe, die ehrwürdige
Herzogin Bona von Savoyen …»

«Sie ist eine Schwägerin von Herzogin Jolanda», unterbrach ihn
Peter und Hans nickte. «Ja, das ist mir bekannt. Sie ist die Schwester der werten Königin Charlotte von Frankreich.» Er nickte erneut. «Ich komme soeben aus dem Wallis. Als Gesandter der Tagsatzung war ich involviert in das Schiedsgericht für die Grenz-
streitigkeiten zwischen Mailand und dem Wallis.»

«Und wie ist es ausgegangen?», fragte Peter, aber Hans zuckte
nur mit den Schultern. «Es gab nicht wirklich eine Entscheidung.

Das wird sicherlich noch einmal verhandelt werden müssen. Beide Seiten waren nicht zu einer Lösung bereit.»

«Habt Ihr Supersaxo wegen der Überfälle angesprochen, Hauptmann?», fragte Matthias dazwischen und Waldmann hob den Kopf, blinzelte gegen die Sonne. «Das habe ich, Matthias, aber wie erwartet streitet er jegliches Wissen darüber ab.» Noch einmal zuckte er mit den Schultern, hob die Hände in einer Geste der Resignation. «Und es wird schwierig, dies beweisen zu können. Sebastian wird definitiv nicht gegen Supersaxo aussagen und der Rest der Bande ist tot oder in alle Winde verstreut. Also von dem her ...» Er liess den Satz unbeendet.

«Aber was ist mit den Aussagen von Sebastian von Diesbach?»

«Die wurden unter Androhung von Folter und Tod gemacht.» Hans verzog das Gesicht zu einer Grimasse, fuhr dann mit den Händen durch seinen Bart. «Da wird es keine Möglichkeit geben, gegen Supersaxo vorgehen zu können. Und, wie gesagt, Sebastian wird nicht reden.»

Matthias gab einen grollenden Laut von sich, der Ärger stand ihm ins Gesicht geschrieben.

«Aber», der Hauptmann lächelte leicht, «diese Geschichte wird König Louis noch weiter auf unsere Seite ziehen. Er ist jetzt schon begeistert von unseren Erfolgen gegen Karl und mit der Anwerbung von Söldnern wird das Band noch enger.» Er machte eine Pause, sog tief die frische Luft ein. «Und, da Niklaus von Diesbach nun tot ist, wird sich so etwas kaum mehr wiederholen.»

«Wer ist der Nachfolger des Von Diesbach?», fragte Peter interessiert und Waldmann sah ihn von der Seite her an. «Schultheiss Adrian von Bubenberg.»

«Der Von Bubenberg? Aus Murten?» Matthias Stimme zeigte Überraschung und Hans nickte. «Genau der.» Er sah den fragenden Blick Peters und ergänzte: «Von Bubenberg hat mit uns in Murten gekämpft. Er war der Kommandant der Stadt, als diese von Karl angegriffen wurde. Als wir dem Bastard gegenüberstanden, hat er die Einkesselung komplett gemacht.»

«Nicht komplett genug», raunzte Matthias mit grollender Stimme und Hans sah ihn an, seufzte. «Das mag sein, Matthias, aber letztendlich haben wir ihn ... Nein, Du hast ihn erschlagen.

Also lass es gut sein.» Wieder holte er tief Luft. «Von Bubenberg ist eine völlige andere Art Mensch, als es Von Diesbach war …»

«Und nicht Euer persönlicher Feind», warf Peter ein und Hans nickte.

«Auch das. Er wird bei den Verhandlungen wegen der Söldner bei König Louis mit dabei sein. Und ich denke, somit wird das Ganze nun endlich ein Ende haben.» Er stand von der Bank auf. «Ich werde morgen früh abreisen. Es war mir ein grosses Vergnügen, Euch zu treffen, werter Fürstbischof.» Waldmann verneigte sich leicht und auch Peter erhob sich. «Bitte bestellt der Herzogin meine besten Genesungswünsche.»

«Das Vergnügen ist ganz auf meiner Seite, Herr Ritter.»

Hans drehte sich zu Matthias um. «Wir sehen uns sicher bald wieder, alter Freund.» Er grinste, dann blitzten seine Augen. «Und mal sehen, was der Herr im Himmel noch so alles für uns bereithält.»

Er klopfte Matthias mit einem heftigen Schlag auf die Schulter, drehte sich um und ging in Richtung der Burg zurück. Peter von Savoyen und Matthias sahen ihm nach.

Eine Weile sagten sie nichts.

«Jetzt muss nur noch Jolanda wieder zu Kräften kommen», meinte Matthias mit leiser Stimme.

Peter nickte. «Möge uns der Herrgott im Himmel beistehen.»

* * *

Matthias ging über den Burghof, seinen Hut tief in das Gesicht gezogen. Der Regen peitschte über den Hof und kleine Rinnsale bildeten sich auf dem unebenen Boden. Er umrundete die Pfützen und ging in eines der Häuser der Bediensteten hinein. Er wandte sich nach links, dann den Gang hinunter und klopfte schliesslich an eine grosse, hölzerne Tür.

Eine Stimme aus dem Inneren bat ihn einzutreten und Matthias betrat die Stube des Leibarztes der Herzogin, Alexandre de Crussol.

«Ah, der werte Herr von Altstetin», begrüsste ihn der Arzt, «womit darf ich Ihnen dienen?»

«Guten Tag, Monsieur de Crussol.» Matthias klopfte seinen Mantel und Hut ab und hängte beides an einen Haken an der Wand. Dann setzte er sich auf einen einfachen, gezimmerten Schemel und besah sich die vielen Fläschchen und Gläser, die auf des Arztes Tisch standen.

«Ich mache mir grosse Sorgen um die Herzogin», begann er dann. «Sie hustet immer noch und dies schon seit Monaten. Auch atmet sie immer wieder schwer, hat Mühe zu reiten oder Treppen zu steigen.»

Der Arzt, ein kleiner, schmaler Mann mit fast weissen Haaren und einem gepflegten Spitzbart, sah ihn besorgt an.

«Ich weiss, werter Herr.» De Crussol zog ebenfalls einen Stuhl heran und setzte sich Matthias gegenüber. Er bot ihm einen Becher mit heissem Met an, den Matthias dankend entgegennahm. «Unsere werte Herzogin hat diese Beschwerden schon den ganzen Sommer. Es wurde immer wieder mal besser, aber dann auch wieder schlechter und geht einfach nicht völlig weg.» Der Arzt seufzte leise. «Ich versuche mit verschiedensten Mitteln ihre Mühen zu lindern. Wir geben ihr Fenchelsaft, aber sie hat kein Fieber. Auch einen Trunk aus Fingerkraut oder heissem Zitronensaft mit Honig verabreiche ich ihr regelmässig.» Er machte eine Pause, überlegte. «Ach ja, und Andorn gegen die Beklemmung in ihrer Brust.»

Matthias nickte, nippte an dem heissen Getränk. «Macht Ihr Euch Sorgen?», fragte er dann und der Leibarzt der Herzogin nickte. «Aber ja, Monsieur! Wer nicht? Alle in der Burg machen sich Sorgen. Der Sommer war nur zu Beginn wirklich warm und schön und jetzt kommt die kalte Jahreszeit und das macht ihre Beschwerden nicht besser.» Der Arzt verzog das Gesicht, als er sich am heissen Met leicht die Zunge verbrannte.

«Wie kann ich helfen?», fragte Matthias und sah den kleinen Mann durchdringend an.

Dieser seufzte wieder. «Ich kenne einen Morisken, der in Granada lebt.»

Matthias runzelte die Stirn. «Was ist ein Morisk?»

«Ihr meint einen Morisken», erklärte de Crussol. «Dabei handelt es sich um einen zum Christentum bekehrten Mauren. Er stammt aus Asqalän in der Nähe von Gaza. Dort und dann später in Alexandria hat er Medizin und weitere Wissenschaften studiert und ich kenne ihn aus meiner Zeit am Hofe der Medici in Florenz.»

«Habt Ihr schon nach ihm schicken lassen?», fragte Matthias dazwischen und der Leibarzt nickte.

«Das habe ich, Monsieur. Er lebt zurzeit in Granada, welches unter Abu I–Hasan Ali ein offenes Verhältnis zwischen Christen und Mauren pflegt. Wir hegen seit unserer gemeinsamen Zeit in der Republik Florenz ein gutes Verhältnis und schreiben uns gelegentlich Briefe.» Er seufzte. «Ich hoffe sehr, dass er abkömmlich ist.»

«Wie ist sein Name?» Matthias nahm sich einen grossen Schluck Met.

«Hunain Ibn Hajar Ibn at-Tawil», antwortete de Crussol.

Obwohl sich der Gesundheitszustand von Jolanda mit dem Einbruch des Winters langsam, aber stetig verschlechterte, liess sie von ihren Staatsgeschäften nicht ab. Ihre Gesichtsfarbe war meistens blass und der Blick ihrer Augen oft trüb und stumpf. Der Husten war wieder vermehrt zu hören und oft war ihr Atem schwer und kam stossweise. Schliesslich gab es aber Tage, an denen sie nicht mehr die Kraft hatte, aus dem Bett aufzustehen.

Matthias war fast unentwegt an ihrer Seite. Er versuchte, sie immer wieder zum Lächeln zu bringen, sah zu, dass sie ihre Getränke und die von de Crussol verabreichte Medizin trank und nahm ihr die administrativen Aufgaben ab, wenn sie sie nicht selbst erledigen konnte.

Es war der erste Tag mit Schnee, als ein grosser, schlanker Mann durch das Burgtor ritt. Er trug einen kunstvoll geflochtenen, weissen Turban auf dem Kopf und hatte ein schmales Gesicht mit durchdringend blickenden, dunklen, fast schwarzen Augen unter buschigen, schwarzen Brauen. Er besass eine grosse Hakennase und einen äusserst gepflegten kurzen Bart.

Seine Kleidung bestand aus einem langen, dicken und mit Fell besetzten Mantel in leuchtenden Farben, darunter ein ebenso bunter Umhang, der ihm vom Hals bis zu den Knöcheln ging und den er mit einem kunstvoll verarbeiteten Ledergürtel mit goldener Schnalle geschlossen hatte. Um den Hals hing ihm eine silberne Kette, an der ein grosser, schlichter, silberner Halbmond befestigt war.

Matthias sah den Leibarzt mit gerunzelter Stirn an. Dieser schüttelte den Kopf, raunte ihm zu: «Ich dachte, er sei ein Christ.»

«Er ist ein Heide!» In Matthias Flüstern war sein Zorn zu hören.

De Crussol sah ihn von der Seite her an. «Er ist ein hervorragender Arzt und Gelehrter. Und das ist doch alles, was zählt, oder etwa nicht?»

Matthias sah beschämt zu Boden, nickte dann.

Im Gürtel des Arabers steckte ein gekrümmtes, schmales Schwert in einer wunderbar gefertigten, leuchtend roten Scheide.

Matthias wusste, dass solche Schwerter osmanische Säbel genannt wurden, hatte aber noch nie eines zu Gesicht bekommen.

Der Mann besass speziell anzusehende Schuhe, welche mit glitzernden Verzierungen und Perlen besetzt waren und eine Art Schnabel an der Spitze besassen. Er sass auf einem riesigen, schneeweissen arabischen Hengst.

Für Matthias, der mit Peter von Savoyen und Jolandas Leibarzt, Alexandre de Crussol, auf den Gast wartete, sah der Mann aus wie aus einem der Märchen, die ihm von seiner Hebamme als Kind erzählt worden waren.

Der Reiter sass ab und sofort rannte ein Stallbursche zu ihm und nahm die Zügel des prächtigen Hengstes, führte diesen dann zu den Stallungen. Der Mann bedankte sich mit einem Kopfnicken, mass die drei wartenden Männer mit langem Blick, dann verbeugte er sich tief.

«Salam aleikum. Ich bin Hunain Ibn Hajar ibn at-Tawil», sagte er mit einer tiefen, ruhigen und angenehmen Stimme und einem Französisch, das einen kleinen, aber sehr speziellen Akzent besass.

Auch Peter, Matthias und de Crussol verbeugten sich und der Fürstbischof stellte sie vor: «Friede sei auch mit Euch! Unser ehrenwerter Gast, Herr ibn at-Tawil, ich bin Fürstbischof von Tarentaise, Peter von Savoyen, der Berater unserer Herzogin. Das hier», er deutete jeweils auf den Angesprochenen, «sind der Ritter Matthias von Altstetin und Herr Alexandre de Crussol, der Leibarzt der Prinzessin, den Ihr ja bereits kennt.»

«In der Tat», machte der Araber, lächelte und liess dabei wunderbare weisse Zähne sehen, dann verbeugte er sich gegenüber de Crussol noch einmal. «Es ist mir eine Freude, Euch wiederzusehen.» Er sah zu Peter und Matthias. «Und es ist mir eine Freude, hier zu sein, auch wenn die Umstände ...«, Er stockte, schien nach dem richtigen Wort zu suchen, «leider erschwerter Natur sind.»

Peter zeigte auf das Haupthaus. «Mein werter Herr, dürfen wir Euch bitten einzutreten? Es ist uns eine Ehre, Euch als Gast hier begrüssen zu dürfen.»

Der Fürstbischof ging voran und Ibn at-Tawil, Matthias und de Crussol folgten ihm. Sie gingen über die grosse Treppe in das Haupthaus und Peter führte sie durch die Gänge bis vor das

Schlafzimmer der Herzogin. Dort drehte er sich zu Ibn at-Tawil um. «Die Herzogin fühlt sich nicht wohl heute. Sie ist sehr müde und kann kaum richtig atmen. Auch ist der Husten am heutigen Tage besonders schwer.

Der Gelehrte nickte immer wieder und überlegte. «Darf ich die Herzogin sehen? Ich würde mir gern ein eigenes Bild ihres Zustandes machen.»

Peter von Savoyen sah den Leibarzt an und dieser nickte.

«Aber gerne. Ich danke Euch für Eure Bemühungen.» Peter verbeugte sich leicht und öffnete die Tür und führte Ibn at-Tawil in das Zimmer. Matthias und de Crussol wollten folgen, aber der Araber drehte sich um und meinte: «Meine Herren, ich würde gerne die Patientin selbst begutachten. Herr de Crussol, bitte sekundiert mir. Die anderen Herrschaften sowie die Dienerschaft bitte ich jedoch, das Zimmer zu verlassen.»

Der Fürstbischof runzelte die Stirn, sah Matthias an, der den Kopf schüttelte.

«Ich werde Euch nach der Untersuchung selbstverständlich mitteilen, was ich herausfinden konnte. Aber das muss ich ohne Störungen und mit Geduld erledigen», meinte Ibn at-Tawil mit seiner angenehmen, ruhigen Stimme und schliesslich nickte Peter. Er befahl der Dienerschaft den Raum zu verlassen und nahm Matthias am Arm und führte ihn durch die Tür.

Der Fürstbischof schloss die Tür von aussen und Matthias riss seinen Arm los. «Wie konntet Ihr nur, Fürstbischof? Wir kennen den Mann nicht.»

«Ich weiss Eure Sorge um unsere Herzogin sehr zu schätzen, auch ich zergehe selber fast vor Sorge, aber de Crussol kennt den Mann.» Peter seufzte tief. «Und Ihr wisst auch, wie schlecht es ihr heute geht.» Er machte eine Pause, blickte Matthias mit sorgenvollem Blick an. «Kommt, werter Ritter, geht mit mir zur Kirche und betet für die Prinzessin!»

Auch Matthias seufzte, dann nickte er langsam und ging mit gesenktem Kopf hinter dem Fürstbischof her.

* * *

Sie sassen schweigend an der grossen Tafel im Saal.

Der Schneefall war stärker geworden und die Burg wurde langsam mit der weissen Pracht überzuckert. Diener und Mägde kamen und gingen, brachten Speisen und Getränke, sahen zu, dass das grosse Feuer im Kamin brannte. Einer der Diener wollte dem arabischen Gelehrten Wein einschenken, aber dieser hielt seine Hand über das Glas. «Für mich nicht, danke. Wasser reicht mir völlig aus.»

Matthias runzelte die Stirn und Ibn at-Tawil bemerkte es. «Mein werter Herr Ritter, meine Religion verbietet es mir, alkoholische Getränke zu mir zu nehmen, ebenso wie das Fleisch vom Schwein.» Er nahm seinen Halbmond, der an seiner Halskette hing, in die Hand und neigte leicht den Kopf. «Ich hoffe, ich habe Euch nicht beleidigt.»

«Aber nein, mein Herr», antwortete Matthias schnell. «Ich hoffe, Ihr verzeiht mir meine Unwissenheit. Ich habe noch nie einen Mann …» Er studierte kurz. «Aus dem Orient getroffen.»

Der Gelehrte lächelte, zeigte wieder seine makellosen Zähne. «Ich habe gehört, Ihr seid ein grosser Kämpfer und Ihr seid dem Herz der Herzogin wichtig.» Matthias schluckte verlegen, aber Ibn at-Tawil sah ihn mit gütigem Blick an. «Das ist gut, mein werter Ritter. Liebe ist ein starkes Gefühl und Eure Herzogin kann dies gut gebrauchen.»

«Was ist mit ihr?», fragte Peter dazwischen. «Könnt Ihr helfen?»

Ibn at-Tawil seufzte, nahm sich etwas Wasser. «Ich weiss es nicht. Ich denke, sie leidet an einer Pneumonia.» Der Leibarzt nickte, aber Peter und Matthias sahen ihn nur fragend an. Ibn at-Tawil bemerkte die Blicke und erklärte: «Hier wird das, glaube ich, Alpstich oder Alpelf oder so ähnlich genannt, aber auch Lungenentzündung habe ich schon gehört.»

«Alle Namen sind richtig. Aber müsste sie dann nicht Fieber haben?», fragte Peter.

«Nein, werter Fürstbischof», erklärte der Araber mit ruhigem Ton weiter, «es gibt von der Pneumonia, also dem Alpstich, auch eine Art, welche wir Gelehrten Kalte Pneumonia nennen. Dabei bildet sich selten Fieber.» Die dunkelbraunen, fast schwarzen Augen wanderten zu Matthias. «Hattet Ihr ebenfalls Husten, Kopfschmerzen oder Brustschmerzen, Monsieur?»

Matthias überlegte kurz. Dann nickte er. «Das hatte ich. Das war aber irgendwann im Sommer.»

«Und das ging einfach so nach ein paar Tagen wieder weg?»

«Vielleicht nach einer Woche», antwortete Matthias. «Dann war alles wieder gut.»

«Daran erinnere ich mich», meinte Peter und auch de Crussol nickte, «das war kurz vor den Problemen mit den Burgundern. Ihr hattet aber keinerlei Fieber, oder?»

Matthias schüttelte bestimmt den Kopf. «Gar nicht. Ich war nur etwas müde, konnte schlecht schlucken.»

Ibn at-Tawil nickte wissend. «Die Kalte Pneumonia ist ansteckend und Ihr hattet sie demnach auch.»

«Aber warum verschwindet sie bei Jo..., bei der Herzogin nicht?»

Der Gelehrte seufzte. «Bei den meisten Menschen verschwindet die Krankheit einfach so nach vielleicht einer oder zwei Wochen. Wie bei Euch, Ritter von Altstetin.» Er zeigte mit der Hand auf Matthias. «Aber es kommt leider vor, dass die Krankheit sich einnistet.» Er nahm sich einen Schluck Wasser.

«Wird sie wieder gesund?», fragte Matthias, und die Sorge war hörbar in seiner Stimme.

Der arabische Gelehrte sah ihn mit ernstem Blick an. «Ich weiss es nicht, mein werter Herr. Ich habe ihr etwas gegeben, damit sie schlafen kann. Somit kann sich ihr Körper erholen. Und wir werden morgen mit der Behandlung beginnen. Aber es ist eine ernste Sache und es obliegt nicht an mir zu entscheiden. Dies allein ist in Allahs Hand.»

Es breitete sich Stille im Raum aus.

Ibn at-Tawil sah von einem Gesicht zum anderen. Schliesslich meinte er mit Zuversicht: «Aber ich denke, sie ist eine starke Frau. Ich habe gute Hoffnung, dass sie sich erholt.» Er trank nochmals einen Schluck. «Sie darf einfach kein Fieber bekommen.»

«Und wenn sie welches bekommt?», fragte Matthias.

Hunain Ibn Hajar ibn at-Tawil sah ihn an. Lange. Ernst.

Dann schüttelte er leicht den Kopf.

* * *

Das Fieber kam ungefähr eine Woche später.

Jolandas Husten wurde immer stärker und sie selbst immer schwächer. Als das Fieber einsetzte, war an ein Aufstehen nicht mehr zu denken. Sie schlief viel und wenn sie wach war, döste sie die meiste Zeit vor sich hin. Ihr zierlicher Körper begann, sich unter Fieberschüben zu schütteln. Ibn at-Tawil und de Crussol versuchten mit verschiedensten Getränken, Kräutern und Medizin, ihre Beschwerden zu lindern, aber es schien nichts zu geben, was ihr wirklich half.

Die Ärzte hatten veranlasst, dass sie in Pelze gewickelt wurde und das Feuer im Kamin ihres Schlafzimmers stetig brannte, doch immer noch zitterte sie, wenn die Schübe einsetzten. Matthias wich kaum mehr von ihrer Seite. Oft sass er stundenlang an ihrem Bett, betrachtete sie, wenn sie schlief, hielt ihre Hand in den seltener werdenden Wachphasen, tupfte ihr den Schweiss von der Stirn oder deckte sie zu, wenn sie fror. Meistens schlief er sogar im Sessel neben ihrem Bett. Die Dienerschaft musste ihn immer wieder aus dem Zimmer befehligen, wenn sie sie wuschen oder ihr frische Kleider überzogen.

Als ihn Ibn at-Tawil wieder mal aus dem Zimmer befehligte, ging Matthias in den grossen Saal. Draussen war es schon dunkel und die Öllampen im grossen, schmiedeeisernen Leuchter waren angezündet worden. Auch das Feuer prasselte im Kamin.

Peter von Savoyen sass allein an der grossen Tafel, eine Unzahl von Papieren vor sich. Er blickte auf, als Matthias durch die Tür getreten kam.

«Wie geht es ihr?», fragte er und Matthias schüttelte nur den Kopf. Er ging an Peter vorbei und holte sich eines der Murano-Weingläser, bei welchen das Glas weiss war wie Porzellan, von der Kommode hinter dem Tisch und befüllte es. Dann setzte er sich dem Fürstbischof gegenüber.

«Ist der Gelehrte bei ihr?», fragte dieser.

«Er ist», antwortete Matthias knapp. «Auch de Crussol. Aber ihr Fieber ist heute wieder besonders stark.»

«War sie wach?»

«Nur ganz kurz.»

«Und was meint Ibn at-Tawil?» Peter sah ihn mit müdem Blick an. Unter dessen Augen waren grosse, dunkle Ringe zu erkennen und er schien um Jahre gealtert zu sein.

So sehe ich wahrscheinlich auch aus, dachte sich Matthias. «Ich denke, er weiss auch nicht mehr weiter.»

Den Schmerz, der ihn innerlich regelrecht auffrass, konnte Peter gut in seinen Augen erkennen.

Der Fürstbischof schüttelte langsam den Kopf. «Ich bete jeden Tag für sie. Auch all die Menschen der Stadt. Sie strömen unentwegt in die Kirche, spenden Blumen, Kerzen und was weiss ich noch alles, aber es scheint, als ob der Herr uns ...» Er beendete den Satz nicht. Stattdessen stützte er seine Ellbogen auf den Tisch und vergrub das Gesicht in den Händen. Er rieb sich seine Augen.

«Was tut Ihr da?», fragte Matthias und nickte mit dem Kopf zu den Papieren, die vor dem Fürstbischof lagen.

«Ach das.» Er sah zu den Dokumenten hin. «Nichts, Matthias. Es sind nur die normalen Geschäfte.»

Beide wussten, dass er log.

«Ihr bereitet alles vor, nicht?», fragte der Kapitän schliesslich, sehr leise.

Peter von Savoyen sah ihn an. Sein Blick war nicht nur müde, sondern vor allem traurig. «Lasst es, Matthias, bitte!» Seine Stimme war fast ein Flüstern.

«Wer?», fragte Matthias knapp und Peter seufzte tief.

«Philibert», antwortete er schliesslich. «Er ist der älteste Sohn unserer Prinzessin und er weilt zurzeit am Hofe der mailändischen Herzogin. Er wurde dort ausgebildet und ich muss ihn zurückholen, falls ...» Seine Stimme versagte.

Matthias nickte langsam. Sein Weinglas stand unberührt vor ihm.

«Es ...» Peter stockte, «Es tut mir leid, Matthias, ich muss das tun.» Der Fürstbischof sah ihn mit traurigen Augen an.

«Ich weiss.» Matthias Stimme war nur noch reiner Schmerz. «Ich weiss.»

  * * *

Der Tag war ein Samstag.

Es waren nur noch drei Tage bis zum heiligen Weihnachtsfest und der Winter hatte die Stadt fest im Griff. Matthias sass in dem grossen Sessel bei Jolandas Bett. Sein Kopf hing zur Seite, sein Atem ging ruhig. Draussen war es dunkel. Er schlief einen unruhigen Schlaf. Immer wieder plagten ihn Träume. Immer wieder kam dieses grosse, feuerspeiende Ungeheuer mit den riesigen, schwarzen Zähnen. Und jedes Mal war er wehrlos, konnte nichts gegen dieses Monster unternehmen.

Er erwachte, als er spürte, wie Jolanda seine Hand ergriff, seine Finger drückte.

Matthias öffnete die Augen, sah sie an. Jolandas Blick war klar, ihre Bergsee–blauen Augen schimmerten. Sie lächelte leicht und ihre Grübchen neben den Augen erschienen.

Matthias wischte ihr eine Locke ihres braunen Haares aus dem Gesicht. Er betrachtete ihre zierliche Stupsnase, ihren kleinen, vollen Mund.

«Mein Lancelot», sagte sie. Ihre Stimme war kaum mehr als ein leises Flüstern und er beugte sich über sie, um besser verstehen zu können.

«Mein grosser Lancelot, liebt Ihr mich?»

Seine Stimme war tränenerstickt. «Mit all meiner Seele, meine Guinevere. Mit all meiner Seele.»

Sie lächelte noch etwas breiter, doch ein Hustenanfall machte dem Lächeln ein Ende. Sie hielt sich mit der anderen Hand ein Taschentuch vor den Mund. Als der Anfall vorüber war, konnte Matthias Blut auf dem weissen Stoff erkennen.

Tränen flossen ihm über das Gesicht. Jolanda hingegen lächelte ihn wieder an.

«Ich Euch auch. Ich liebe Euch, wie ich es nie für möglich hielt.» Sie stockte, musste ihre Kräfte sammeln. «Mit Euch, mein Matthias, durfte ich die Sterne sehen. Ich durfte mit Euch zu ihnen hinauffliegen.» Ihre Stimme wurde schwächer. «Ich werde auf Euch warten.»

Jolanda schloss die Augen. Ein Seufzen entfuhr ihr, dann lösten sich langsam ihre Finger von den seinen.

Sein entsetzlicher Schrei war durch die gesamte Burg zu hören. Als der Schrei endete, schlug langsam eine Glocke.

Und wieder. Und wieder. Und wieder.

Ihr trauriger Klang hallte durch die eisige Nacht.

Er roch noch einmal Lavendel und Jasmin, dann wurde die Welt dunkel.

* * *

Matthias und Sven verstauten ihre Habseligkeiten hinter den Sätteln. Peter von Savoyen, Capitaine De Porteau und Matthias' Söhne standen neben ihnen.

«Wo wollt Ihr denn hin?», fragte Peter und Matthias sah ihn lange und traurig an.

«Mein werter Herr Fürstbischof», antwortete er schliesslich, «wohin uns das Schicksal auch bringen mag.» Dann wandte er sich an den Capitaine: «Bitte sorgt gut für meine Söhne!»

Dieser nickte. «Wir werden sie gut ausbilden. Aus ihnen werden mal grosse Kämpfer.»

Matthias lächelte leicht, seine Augen blieben traurig. «Ich danke Ihnen, Capitaine. Und Ihnen, Peter. Ich danke Euch für Eure Gastlichkeit und für Eure Freundschaft.»

Dann wandte er sich seinen Söhnen zu, nahm sie einen nach dem anderen in den Arm, drückte sie.

«Sehen wir uns wieder, Vater?», fragte Valentin und Matthias sah ihn an. Dann nickte er.

Schliesslich schwang er sich auf Artus und Sven und er ritten langsam über den grossen Platz vor der Burg, durch die schmalen Gassen von Chambéry und unter einem der Stadttore hindurch.

Hinaus aus der Stadt und hinein in eine kalte, dunkle Welt.

Graue Wolken flogen über einen garstigen Himmel, dicke Schneeflocken tanzten im Wind.

Er zügelte Artus und blieb stehen. Dann blickte er in den Himmel. Die Landschaft war vollkommen weiss und die Sonne war nicht am Himmel zu erblicken.

Matthias wunderte sich, ob er sie je wiedersehen würde.

Epilog – Tag

D ie Sonne schien vom kalten Winterhimmel. Ihr Licht war fahl, als wollte sie sich verstecken vor dem, was auf dem Schlachtfeld zu sehen war. Der Tag ging zur Neige, die Dunkelheit kroch wieder hervor und die Sonne ging erleichtert hinter den hohen Bergen unter. Nebel begann vom Wasser des Flusses Tessin hochzusteigen, breitete sich langsam und unheimlich über der Landschaft aus.

Matthias von Altstetin atmete schwer. Er kniete mit dem rechten Knie auf dem rot gefärbten Eis. Sein langes Schwert lag neben ihm. An der Klinge waren einige Scharten und Hacken zu sehen. Jedenfalls dort, wo das blanke, kalte Metall nicht dick mit Blut bedeckt war.

Sogar der edelsteinbesetzte Knauf war vollgespritzt. Auch sein Dolch musste hier irgendwo liegen.

Matthias begann ihn mit den Augen zu suchen. Ansonsten bewegte er sich nicht.

Für ihn war die Welt völlig still.

Still wie der Tod.

Er konnte keinen Laut hören. Nicht das Stöhnen und Schreien der Verwundeten, nicht die Verwünschungen oder die Hilferufe oder diejenigen, die nach ihren Müttern, ihren Ehefrauen oder sonst wem riefen.

Er hörte nichts.

Mit hektischen Blicken suchte er seinen Dolch in dem Chaos, das um ihn herum herrschte. Ein Chaos, bestehend aus Gefallenen, Verwundeten oder einfach aus völlig erschöpften Männern, gemischt mit Waffen und Ausrüstungsgegenständen verschiedenster Art. Verbogene Schwerter, abgebrochene Lanzen und Hellebarden, dick mit Blut verkrustete Äxte, Schilde, welche geborsten waren, oder Helme, zerbeult und zerlöchert. Kleidungsstücke und sogar eine lombardische Fahne, zerrissen und zerfetzt, lagen in einem Gemisch von Blut, Erbrochenem und Exkrementen.

Vom weissem, fast durchsichtigen Eis, das die Eidgenossen durch den Bau des Dammes über die letzte Nacht in dicker Schicht auf das Feld gelegt hatten, war kaum mehr etwas zu sehen.

Matthias fand schliesslich seinen Dolch unter dem abgehackten Bein eines lombardischen Soldaten. Er konnte den goldüberzogenen Knauf sehen. Langsam versuchte er sich zu erheben, aber ein heftiger Schmerz durchzuckte sein rechtes Bein. Erstaunt sah er hinunter und bemerkte erst jetzt, dass seine Hose aufgerissen war und Blut aus einer Wunde am Unterschenkel rann. Er schüttelte leicht seinen Kopf und biss die Zähne zusammen und schliesslich, mit sehr viel Mühe, gelang es ihm, sich vom Boden zu erheben.

Erschöpft stand er einen Moment da, einfach nur da. Dann schliesslich entledigte er sich der beiden Fusseisen, die an seinen Schuhen angeschnallt waren, und schob das abgetrennte Bein auf die Seite und hob langsam, fast wie in Trance, seinen Dolch und sein Schwert auf. Erstaunt bemerkte er, dass der Dolch immer noch sauber und blank war. Kein Tröpfchen Blut war an der Klinge zu sehen. Schliesslich steckte er ihn wieder in die kurze Scheide an seiner rechten Hüfte. Er versuchte, sein Schwert an einer lombardischen Fahne zu reinigen. Das Schwert, das früher mal dem Herzog Karl von Burgund gehört hatte.

«Kapitän!» Matthias hörte das Wort wie durch Watte hindurch. «Kapitän!»

Er sah sich um. Es war Sven, der vorsichtig über die am Boden liegenden Körper und Gegenstände auf ihn zukam. «Kapitän! Kapitän! Ist alles in Ordnung bei Euch?» Sven war jetzt bei ihm und Matthias blickte den Hünen an, musterte ihn von Kopf bis Fuss.

Sven sah schrecklich aus. Er blutete aus zwei Wunden am linken Arm, seine Kleidung war zerrissen oder zerschnitten, es war nicht auszumachen, was genau für Verletzungen er hatte. Seinen Umhang hatte er nicht mehr bei sich. In der rechten Hand trug er seine schwere Streitaxt, deren Farbe fast schwarz war vom Blut. In seinem wilden Bart hatten sich Schweiss, Spucke und Blut von einem Schnitt an der Wange gesammelt. Es machte die Farbe des Bartes noch dunkler. Seine Wollmütze, welche eigentlich von grauer Farbe war, hatte ebenfalls einen grossen dunklen, braunen Fleck.

«Mir geht es gut», meinte Matthias leise. Svens Gesichtsausdruck liess aber darauf schliessen, dass sein Kapitän alles andere als gut aussah.

«Wo sind meine Söhne?», fragte Matthias seinen langjährigen Weggefährten und reinigte sein Schwert weiter, bevor er es wieder in die weisse, lederne, mit Edelsteinen besetzte Scheide steckte.

«Valentin geht es gut», meinte der Hüne. «Er ist noch etwas bestürzt, was er hier auf dem Schlachtfeld erlebt hat, aber er hat sich tapfer geschlagen.»

«Und Noah?» Matthias war plötzlich besorgt. Irgendetwas in Svens Stimme war mitgeschwungen.

«Kapitän,», meinte Sven mit leiser Stimme, «Noah ist ziemlich heftig verletzt. Er hat einen tiefen Schnitt im Gesicht und ist schon beim Wundarzt.»

Der Kapitän war sofort wieder hellwach. Die Müdigkeit, die sich nach einer Schlacht normalerweise einstellte, war wie weggeblasen.

«Der Wundarzt meint, er werde sich wieder erholen», erklärte Sven leise.

«Aber?», fragte Matthias scharf.

«Aber,», der grosse Recke drückte sich etwas um die Antwort, «aber er hat ein Auge verloren.»

Der Kapitän schloss seine eigenen Augen, wollte nicht, dass sein alter Freund und Weggefährte den Schmerz sah.

«Kommt, ich bringe Euch zu ihm.»

Der Hüne nahm seinen Kapitän sanft am Ellbogen und führte ihn langsam und vorsichtig durch das Chaos.

Am Rande des Schlachtfeldes sah Matthias ein grosses, fleckiges Zelt aus ehemals weissem, jetzt völlig verdrecktem Tuch. Davor lagen oder sassen viele Streiter, die darauf warteten, zu einem der Wundärzte vorgelassen zu werden. Die meisten von ihnen sahen nicht einmal auf, als Sven den Kapitän durch sie hindurchführte. Diejenigen, die es doch taten, nickten dem Offizier zu.

Drinnen im Zelt roch es noch schlimmer als draussen auf dem Schlachtfeld. Auf der linken Seite waren rohgezimmerte Feldbetten aufgestellt, auf denen Kämpfer lagen mit verschiedensten Verletzungen. Auf der anderen Seite standen ebenso roh gezimmerte

Tische, vier an der Zahl. An jedem dieser Tische stand ein Wundarzt, der mit verschiedensten Werkzeugen versuchte, irgendwelche dieser Verletzungen zu behandeln. Der Boden triefte vor Blut, sodass ihre Stiefel bei jedem Schritt am Boden leicht kleben blieben.

Sven führte seinen Kapitän zu einem der Betten. Noah lag darauf. Sein Kopf und das halbe Gesicht waren dick mit Leinen umwickelt, er schien nicht bei Bewusstsein zu sein.

Neben dem Bett stand Matthias' jüngerer Sohn. Valentins Gesicht war weiss, sein volles Haar klebte ihm im Gesicht. Er drehte sich um, als er seinen Vater bemerkte und nickte nur kurz, als er dessen fragenden Blick sah.

Matthias schob ihn sanft beiseite und beugte sich zu seinem anderen Sohn hinunter.

«Noah?»

Ein leises Stöhnen kam als einzige Antwort.

«Sohn!»

Noah stöhnte nochmals, drehte aber jetzt den Kopf und öffnete sein Auge.

«Vater.» Seine Stimme war mehr ein Flüstern. Trotz des Verbandes und der offensichtlichen Schmerzen versuchte er ein einseitiges, leichtes Lächeln.

«Deine Mutter würde mir den Hals umdrehen.» Matthias lächelte zurück.

Noah nickte müde, schloss sein Auge wieder und schien sogleich wieder einzuschlafen.

«Wie geht es Dir, Valentin? Bist Du verletzt?» Er erhob sich und wandte sich an seinen jüngeren Sohn.

«Nein Vater, es geht mir gut.»

Matthias nickte leicht.

«Gut. Ich will, dass Du hier über Deinen Bruder wachst. Sven wird Euch dann später beide holen.» Der Kapitän war wieder der Offizier, den man von ihm gewohnt war. Er drehte sich um und blickte Sven an, der hinter ihm stand.

«Sven, Du kümmerst Dich um die Pferde und einen leichten Wagen. Ich will Artus, zwei Reitpferde und zwei weitere für einen Wagen, damit wir Noah transportieren können.» Sein Kopf nickte zu seinem verletzten Sohn. «Dazu benötigen wir etwas Proviant und Wasser und Wein, um über die Berge zu kommen. Und vergiss nicht Kleider und Decken, am besten Pelze.»

Sven nickte und wandte sich zum Gehen.

«Sven.» Des Kapitäns Stimme war scharf und der Hüne stockte, drehte sich nochmals halb um. «Du wolltest doch auf ihn aufpassen!»

Sven senkte den Kopf, presste seine Lippen zusammen. «Ja, Kapitän», sagte er ganz leise.

«Geh jetzt! Ich werde mich zu Hauptmann Theiling begeben und ihm berichten, dass wir auf dem Weg sind. Du nimmst dann meine beiden Söhne und wir treffen uns bei der Kirche San Nicolao. Wir sollten ein kurzes Gebet abhalten und brechen dann noch in der Nacht auf.»

Sven drehte sich weg und ging davon und Matthias von Altstetin blickte ihm nachdenklich nach.

Langsam schüttelte er seinen Kopf.

«Kommt, wir gehen nach Hause.» Er sagte es leise, mehr zu sich selbst als zu jemand anderem. «Wo auch immer dies sein mag.»

* * *

Die kleine Kapelle war dunkel, nur wenige Kerzen brannten. Matthias ging zwischen den Chorstühlen hindurch, kniete vor das einfache Steinkreuz, woran aus rohem Holz eine Jesusfigur hing.

«Meine Liebste», er betete leise, fast tonlos, «Du musst noch etwas auf mich warten. Der Herr hat mich noch immer nicht zu sich gerufen, aber ich weiss, allzu lange wird es nicht mehr dauern. Und dann bin ich wieder bei Dir, meine Prinzessin.» Tränen liefen ihm über die Wangen. «Bitte warte noch auf mich.»

Er ächzte, als er aufstand.

Neben dem Altar war ein Gestell, worauf ein paar wenige Opferlichter brannten. Matthias warf eine kleine Silbermünze in eine Schale, dann nahm er zwei Kerzen und entzündete die erste. «Mein lieber Freund und Hauptmann, trinkt ein Glas Wein und passt bitte gut auf meine Prinzessin auf. Bald werde ich bei Euch sein.»

Er nahm die zweite Kerze und hielt ihren Docht an die Flamme der ersten. Mit einem leisen Knistern entzündete sie sich und Matthias hielt sich die zierliche, flackernde Flamme vor das Gesicht. In ihrem Schein sah er zwei Bergsee–blaue Augen. Dazu eine Stupsnase und den kleinen, vollen Mund. Das Gesicht wurde umrahmt von vollen, braunen Locken, welche ihr über den schmalen Hals und die ebensolchen Schultern fielen. Sie lächelte und es erschienen kleine Grübchen neben ihren Augen. Er nahm einen Geruch war.

Ein Geruch von Lavendel und Jasmin.

Matthias stellte die Kerze auf das Gestell, direkt neben die erste.

«Ich liebe Dich, meine Guinevere! Ich liebe Dich mit meiner ganzen Seele!»

Die Tränen fielen auf den Steinboden, bildeten kleine, kreisrunde Flecken.

Er drehte sich um und ging hinaus in die Dunkelheit.

Historische Notizen

Die Eidgenossenschaft war im 15. Jahrhundert eine militärische Grossmacht. Von der heutigen Neutralität war damals gar nichts zu spüren, weder war sie gewollt und das Land «Schweiz» war noch in ferner Zukunft. Unter machthungrigen Politikern wie Hans Waldmann oder Niklaus von Diesbach, die sich durch militärische Erfolge in ihre Positionen bringen konnten, war eine Expansionspolitik im Gange, welche erst durch die schwere Niederlage der Eidgenossen in Marignano endete. Es ging auch nicht nur um Freiheit oder den Kampf der «kleinen Eidgenossenschaft» gegen die «bösen Aggressoren», wie das uns früher in den Schulen noch gelehrt wurde, sondern vor allem darum, das eigene Territorium – und somit die eigene Wirtschaftsmacht – zu vergrössern.

Und bis zum heutigen Tage ist die Figur von Hans Waldmann umstritten. Zum einen ist er der einzige Zürcher Bürgermeister, der eine Statue auf dem Stadtgebiet erhalten hat, zum anderen wird er darauf *nur* als Bürgermeister, Staatsmann und Feldherr geehrt, nicht aber als Politiker.

Wenn man etwas tiefer gräbt in den – zugegebenerweise spärlichen und vor allem nicht immer wirklich zeitlich akkuraten – Unterlagen, zeichnet sich das Bild eines Menschen, der keinem Streit aus dem Wege ging und diese Streitlust in den Kämpfen der Eidgenossenschaft gut für seine Ambitionen hatte nützen können. Doch soll unsere Geschichte hier kein Werturteil eines Mannes sein, den wir alle persönlich nicht kannten, sondern vor allem eines: eine spannende und fesselnde Geschichte, die Sie, werter Leser, werte Leserin, in unsere gemeinsame Vergangenheit zurückversetzen soll.

Auch ist diese Geschichte hier kein historisches Nachschlagewerk, dafür haben wir unsere Schulbücher und Hunderte von Dokumenten und Werke in den Bibliotheken und Museen unseres Landes, sondern soll Sie als Leser vor allem eines: richtig gut unterhalten.

So habe ich es gewagt, um des Dramas willen Einiges an Änderungen vorzunehmen, die entweder so nicht passiert oder einfach nicht überliefert sind. Als Beispiel hatten die Eidgenossen zwar das Schlösschen Vaumarcus angegriffen, um Karl den Kühnen vor Grandson in Bewegung zu bringen (was ihnen auch gelang), aber der Handstreich selbst misslang und sie mussten ein Detachement vor Ort belassen, um die Burg zu belagern. Aber natürlich wollte ich unseren Protagonisten nicht schon in ihrer ersten Handlung als Verlierer darstellen.

Auch wer zuletzt Herzog Karl den Kühnen erschlagen hat, ist nicht erwiesen. Bekannt ist nur, dass seine nackte, geplünderte Leiche drei Tage nach der Schlacht von Nancy aufgefunden wurde. Es wird angenommen, dass ein deutscher Söldner in Diensten von Herzog René II. von Lothringen letztendlich den fatalen Schlag ausgeführt hat. Überliefert wurde auch, der Leichnam Karls des Kühnen habe zwei Lanzenstiche, einen in den Oberschenkel und einen in den Unterleib sowie den Hieb einer Axt oder Hellebarde aufgewiesen, welcher ihm den Schädel gespalten habe. So steht es jedenfalls in den Chroniken. Ob die Schreiber, so wie ich, die Dramaturgie in den Vordergrund rückten und somit die eigentlich passierten Ereignisse abgewandelt haben oder sie sich an die effektiven Tatsachen hielten, wissen wir nicht und werden wir nie erfahren. Dass aber der Mann, der diesen tödlichen Schlag geführt hat, nicht überliefert wurde, ist für einen Geschichtenerzähler ein gefundenes Fressen und schon habe ich einen Helden erfunden, der diese Handlung letztendlich vollziehen durfte.

Dennoch, Einiges, das ich in meine Geschichte mit eingewebt habe, ist überliefert und wahrscheinlich auch passiert. So liess Herzog Karl von Burgund die Herzogin Jolanda von Savoyen wirklich entführen. Im Gegensatz zu der Befreiung durch unseren Helden Matthias, die ich aus Spannungs- und Dramatikgründen so aufgebaut habe, war die Entführung in Wirklichkeit erfolgreich und Jolanda verblieb über mehrere Monate in dunklen, kalten Verliesen einer von Karls Burgen. Sie starb auch tatsächlich zu jung (kurz vor ihrem 45. Geburtstag), wahrscheinlich an den Folgen dieser Einkerkerung. Die Entführung entstand deshalb, weil Karl das Bündnis Jolandas mit der Eidgenossenschaft als Verrat ansah. Jedoch schloss sie es, da ein eigener Vorstoss ihrerseits ins heutige Wallis (die Schlacht auf der Planta) misslang und nicht aufgrund der Überzeugung und ihrer Liebe zu irgendeinem einfachen Söldner.

Auf der anderen Seite ist über ihr Liebesleben nicht viel bekannt. Also, wer weiss …

Apropos Protagonisten: Viele der beschriebenen Personen sind historisch überliefert. Allen voran Hans Waldmann und Herzog Karl der Kühne von Burgund oder Louis XI., König von Frankreich, und dessen Ehefrau, Charlotte von Frankreich, und, wie oben schon erwähnt, ebenso Jolanda de France, auch genannt Yolande de Valois, Herzogin von Savoyen. Es ist übrigens ebenfalls überliefert, dass sie die erste Frau in Europa war, welche einen echten Tiger besass, den sie sich in Turin hielt! Das sagt Einiges über ihren Charakter aus.

Sie alle haben gelebt und ihre Spuren in der Geschichte Frankreichs, Deutschlands und der Schweiz hinterlassen.

Ob es einen Matthias von Altstetin (aus dem heutigen Stadtzürcher Kreis 9, Altstetten) gab? Vielleicht, vielleicht auch nicht. Jedenfalls gab es den Rang eines «Kapitäns» in den Reihen der eidgenössischen Söldner nicht. Es gab bei den italienisch sprechenden Truppen einen Capitano und bei den französisch sprechenden den Capitaine, beide Ränge entsprachen aber dem Hauptmann. Jedoch suchte ich lange (leider erfolglos) nach einem guten Rang, welcher unterhalb demjenigen des Hauptmannes lag, etwa dem heutigen Leutnant entsprechend, um die Stellung Matthias unterhalb derjenigen von Waldmann anzusiedeln. Man möge mir all diese kleinen Schwindeleien verzeihen.

Matthias, Sven und all die Söldner seiner Truppe sind ein Produkt meiner Fantasie. Und doch stehen sie stellvertretend für Tausende und Abertausende von Männern – und damit natürlich auch deren Frauen und Familien – egal auf welcher Seite, die für die Ambitionen ihrer Politiker, Könige und Herzöge und für ihren eigenen Wohlstand, ihre Freiheit, aber vor allem für gutes Geld kämpften und starben. Diesen Kämpfern ging es nicht um die Zukunft irgendeines Landes, um Wirtschaft oder Macht, sondern vor allem darum, ihr eigenes karges Dasein zu verbessern.

Und doch waren es genau diese einfachen Menschen, welche den Grundstein legten für das Europa, in dem wir heute leben.

Eine Veröffentlichung der EK-2 Publishing GmbH

Friedensstraße 12
47228 Duisburg
Registergericht: Duisburg
Handelsregisternummer: HRB 30321
Geschäftsführerin: Monika Münstermann

E-Mail: info@ek2-publishing.com
Website: www.ek2-publishing.com

Cover/Umschlag: Silver Tales Graphic Design
Autor: Antoine de la Fère
Lektorat & Korrektorat: Julia Sittenauer
Korrektorat: Jill Marc Münstermann
Historische Überarbeitung: James Blake Wiener
Buchsatz: Jill Marc Münstermann

2. Auflage, Juli 2024

Danksagung

So viele Stunden vor dem Bildschirm.

Schreiben, wieder löschen, neu formulieren und das Ganze wieder von vorne … Und natürlich das viele Recherchieren, Google, Wikipedia und weitere Dutzende Webpages sowie Bücher von Historikern sind nur die eine Seite. Dazu die ganzen Youtube-Videos, wie man richtig mit Schwertern kämpft(e) und ganze Strategien tatsächlicher Schlachten abliefen.

Auf der anderen Seite die Ausfahrten mit Auto oder Motorrad, hin zu den tatsächlich beschriebenen Orten und Gemäuern.

Bei jedem dieser Schritte war ich auf Menschen angewiesen, Menschen, welche diese Internetseiten erschaffen haben und sie pflegen, die Autoren der Bücher oder auch meine Herzensdame, die mich wieder mal für einen ganzen Tag auf die Reise schickte, nur um sich am Abend stundenlang langweilige Stories über Burggräben und Schlachtfelder anzuhören.

All diesen Menschen gebührt mein Dank.

Und dann gab es noch weitere, die sich aktiv in das Manuskript hineingearbeitet und mir somit weitere Arbeit auf meinen Schreibtisch geladen haben. Ohne diese Menschen wäre dies nur ein armseliges Word-Dokument, aber kein richtiges Buch geworden. Ich danke Euch!

Beat – Thanks Mate! Dass mich mal mein bester Freund mit Rosamunde Pilcher vergleicht, ist … irgendwie … ein Kompliment?! Aber Du hast auch The Good, the Bad and the Ugly gefunden in meinem Manuskript.

Nur dass hier der Held nicht in den Sonnenuntergang reitet.

Bettina – Ich wusste gar nicht, dass es so viele bunte Büroklammern gibt. Und jede einzelne davon war ein Fehler (und es waren viele!) und zogen eine Korrektur nach sich.

Und vielen Dank für die Tränen, die Du verdrücken musstest.

Mirco – Dass es Menschen gibt bei uns im Büro, die sich nicht nur für IT-Server und Netzwerk-Design interessieren, ist ein Segen. Und danke für das Kupfertor.

James – Thank you for the Tiger und alle die weiteren historischen Informationen, Ergänzungen und Korrekturen.

Aber der Tiger ist mein persönliches Highlight.

Pietro – Grazie mille! Was für ein Cover, was für ein grossartiger Künstler!

Julia – Meine Güte… Ich wusste gar nicht, dass man so viele Fehler machen kann. Und Du hast sie alle gefunden.

Was hätte ich ohne Dich nur gemacht?

Daniel – Wir führen nicht nur zusammen Kundenprojekte durch, sondern Du bist auch ein Experte für Karten.

EK-2 Publishing – Vielen Dank für die Möglichkeit, meine Texte mit Euch zu veröffentlichen.

SandRhoman Geschichte – Vorwärts, rückwärts, anhalten, wieder von vorne beginnen. Eure Videos auf Youtube waren eine der grössten Hilfen.

Einfach nur wow!

Onkel Rainer und Tante Petra – Ihr seid nicht nur meine liebste Familie, sondern einfach nur grossartige Kritiker.

Und das, obwohl es nicht wirklich Euer Lieblingsgenre ist.

Andrea – Meiner Herzensdame danke ich für ihre Geduld, obwohl sie keinerlei Interesse an irgendwelchen tatsächlichen oder fiktiven Ereignissen hat, die irgendwann vor über 500 Jahren passiert sein sollen.

Danke für Deine Liebe, Deine Geduld und Dein Augenrollen, wenn ich wieder mal nicht aufhören wollte zu erzählen.

Last, but not least danke ich Euch, meine lieben Leser! Vielen Dank für Euren Kauf, Euer Interesse und dass Ihr bis zum Schluss durchgehalten habt.

Noch nicht genug von der Schweiz im Mittelalter?

Entdecken Sie jetzt die ganze Schweizer Mittelalter-Saga von EK-2 Publishing! Weiter geht es mit dem Zyklus «Prato» über einen Säumer aus dem Lande Uri im frühen 15. Jahrhundert, der schon bald zum meistgesuchten Gesetzlosen der ganzen Eidgenossenschaft aufsteigt. Freuen Sie sich auf eine packende Geschichte rund um Macht, Gier, Ehre und Verrat, garniert mit Zitaten und Abbildungen, die Einblicke in die historischen Hintergründe liefern.

Holen Sie sich jetzt Prato Band 1 – Die acht alten Orte!

Über die **Schweizer Mittelalter-Saga**

Die Autoren **Antoine de la Fère** und **Adrian Steiner** sind Schweizer und so ist es nur folgerichtig, dass sich ihre Romanreihe «*Schweizer Mittelalter-Saga*» um jene militärischen Auseinandersetzungen der Eidgenossen im Spätmittelalter dreht, die massgeblich zur Bildung der heutigen Schweiz beigetragen haben.

Ihre Reihe besteht aus unterschiedlichen Zyklen, die jeweils eigenständige Geschichten erzählen. Die einzelnen Zyklen sind lose miteinander verknüpft, funktionieren aber jeweilig ganz wunderbar, ohne die anderen Zyklen gelesen zu haben. Gleiches gilt für die Einzelwerke aus dieser Reihe.

Überblick über die Reihe:

Zyklus «Die Nacht am Feuer» (abgeschlossen)

1. Die Nacht am Feuer Band 1 – Die Schlachten am Wasser

2. Die Nacht am Feuer Band 2 – Der Krieg im Winter

Zyklus «Prato» (wird mit Band 3 abgeschlossen)

1. Prato Band 1 – Die acht alten Orte

2. Prato Band 2 (erscheint im 4. Quartal 2024)

3. Prato Band 3 (erscheint im 1. Quartal 2025)

Einzelwerke

- Die Nacht am Feuer – Die Vorgeschichte (Vorgeschichte zum Zyklus «Die Nacht am Feuer», das E-Book ist gratis erhältlich!)

Tragen Sie sich jetzt in den Newsletter ein, um Band 2 nicht zu verpassen!

Tragen Sie sich in den Newsletter von *EK-2 Militär* ein, um über aktuelle Angebote und Neuerscheinungen informiert zu werden und an exklusiven Leser-Aktionen teilzunehmen.

Link zum Newsletter:
https://ek2-publishing.aweb.page

Über unsere Homepage:
www.ek2-publishing.com
Klick auf *Newsletter*

Via Google*: EK-2 Verlag*

Als besonderes Dankeschön erhalten Sie **kostenlos** das E-Book »Die Weltenkrieg Saga« von Tom Zola.

Deutsche Panzertechnik trifft außerirdischen Zorn in diesem fesselnden Action-Spektakel!

Ihre Zufriedenheit ist unser Ziel!

Liebe Leser, liebe Leserinnen,

hat Ihnen unser Buch gefallen? Haben Sie Anmerkungen für uns? Kritik? Bitte zögern Sie nicht, uns zu schreiben. Wir werden jede Nachricht persönlich lesen und beantworten.

Schreiben Sie uns: info@ek2-publishing.com

Wussten Sie schon, dass Sie uns dabei unterstützen können, deutsche Militärliteratur sichtbarer zu machen? Bitte nehmen Sie sich einen Moment Zeit und bewerten Sie dieses Buch auf Amazon. Viele positive Rezensionen führen dazu, dass das Buch mehr Menschen angezeigt wird.

Sie können somit mit wenigen Minuten Zeitaufwand unserem kleinen Familienunternehmen einen großen Gefallen tun. Vielen Dank für Ihre Unterstützung!

PS: In seltenen Fällen kommt ein Buch beschädigt beim Kunden an. Bitte zögern Sie in diesem Fall nicht, uns zu kontaktieren. Selbstverständlich ersetzen wir Ihnen das Buch kostenlos.